Holt German Level 3

Komm mit!®

Listening Activities

HOLT, RINEHART AND WINSTON
Harcourt Brace & Company
Austin • New York • Orlando • Atlanta • San Francisco • Boston • Dallas • Toronto • London

Contributing Writers

Andreas Köhler
Grit Liebscher

Cover Photo/Illustration Credits
Background pattern: Copyright ©1992 by Dover Publications, Inc.
Girl: Michelle Bridwell/Frontera Fotos; boy: George Winkler/HRW Photos; accordion: Image Club Graphics ©1997 Adobe Systems; CD player: Sam Dudgeon/HRW Photo

Printed in the United States of America

ISBN 0-03-053999-4

1 2 3 4 5 6 7 066 03 02 01 00 99

Contents

Student Response Forms for Textbook Listening Activities and Additional Listening Activities

Scripts and Answers for Textbook Listening Activities and Additional Listening Activities

Scripts and Answers for Testing Program

To the Teacher

The *Listening Activities* book presents many of the listening activities available for use with Level 3 of ***Komm mit!*** Here, presented in one book and packaged together by chapter for ease of access, use, and review, you will find the materials needed to include listening practice at every point in your lesson cycle. The recordings for all the activities in this book can be found on the ***Komm mit!*** *Audio Compact Discs.*

What will you find in the Listening Activities *book?*

- **Textbook Listening Activities, Student Response Forms, Scripts and Answers**
  The listening activities in the ***Komm mit!*** *Pupil's Edition* are designed to practice and develop listening comprehension skills in real-life contexts. The Textbook Listening Activities, which are indicated in the *Pupil's Edition* with a listening icon, feature a wide variety of situations and tasks, such as phone messages, exchanges in a store or restaurant, or conversations between friends about school and free-time activities. Many of the activities are art-based, and in some cases, students will need to look at the art on the corresponding page of the *Pupil's Edition* as they complete the activity on the Student Response Form. Copying masters of the Student Response Forms for each chapter's listening activities are included here. Each copying master is referenced by page number to the corresponding page in the *Pupil's Edition*. In addition, this book contains the scripts and answers to all Textbook Listening Activities, also organized by chapter.

- **Additional Listening Activities, Copying Masters, Scripts and Answers**
  Six Additional Listening Activities per chapter, three for each **Stufe,** provide further listening comprehension practice. The purpose of these Additional Listening Activities is to develop, reinforce, and refine listening skills, using contexts that simulate real-life settings. Students hear conversations, announcements, advertisements, radio broadcasts, weather reports, and so on. The Additional Listening Activities are thematically related to each chapter and focus on the target vocabulary and grammar points, but also contain some new and unfamiliar material. This *Listening Activities* book contains the copying masters for the Additional Listening Activities, organized by chapter. Also included are the scripts and answers to each Additional Listening Activity.

- **Quiz and Test Listening Scripts and Answers** The *Listening Activities* book also contains the scripts and answers for the listening sections in each **Stufe** quiz and chapter test of the ***Komm mit!*** *Testing Program*, as well as the scripts and answers to the Midterm and Final Exams. The listening sections of the quizzes and tests are brief, contextualized activities that test both discrete-point and global listening skills. The emphasis is on evaluating students' ability to recognize target vocabulary and structures in a variety of real-life contexts.

How can you use the materials in the Listening Activities *book?*

The goal of ***Komm mit!*** is the development of proficiency in all four skills. To develop proficiency in aural comprehension, the program facilitates incorporation of listening activities into all phases of the lesson cycle, from presentation, to practice and expansion, to review and assessment. The materials gathered together in the *Listening Activities* book allow you to familiarize yourself quickly with the many listening options available to you and your students with this program, and to incorporate these materials easily into your lesson. All the recordings feature a wide variety of native speaker voices, thus allowing students to experience and become familiar with a range of authentic German accents that they may encounter while studying or traveling in the German-speaking countries.

- **Using the Textbook Listening Activities** In each chapter, there are different kinds of Textbook Listening Activities, each appropriate for use at specific points in the lesson cycle. Icons in the *Pupil's Edition* indicate listening activities. First, you may use the listening activity following a **So sagt man das!** or **Wortschatz** presentation to develop students' recognition of new material. Second, as students move from recognition to production, you may use subsequent Textbook Listening Activities, as well as the **Anwendung** listening activities, to develop more global listening skills and to reinforce the language students are beginning to produce. The Textbook Listening Activities are also excellent preparation for the listening sections on the quizzes and tests.

- **Using the Additional Listening Activities** The Additional Listening Activities are ideal for developing global listening skills, and may be best used toward the end of a **Stufe** or chapter. The fact that these activities contain some unfamiliar material helps students to learn an invaluable lesson in developing listening proficiency: they need not understand every word in order to comprehend the main idea. These activities may also be used to review for the test, and to offer the faster-paced students a challenge and the opportunity to experience language that is slightly ahead of their level.

- **Using the Quiz and Test Listening Scripts and Answers** The anxiety many students feel when faced with a listening section on a quiz or test may affect their performance. To help lower anxiety, remind students that the tasks they are asked to do on the quizzes and tests, as well as the voices they will hear, are very similar to what they have done and heard in the Textbook Listening Activities and the Additional Listening Activities. Many teachers find it preferable to administer the listening portion of the quiz or test first, and then have students proceed with the other sections. You may have students complete the listening portion of the quiz or test on one day, and then administer the rest of the test the next day. You may also play the recording once and ask students just to listen, and then replay it and have students complete the task.

Student Response Forms for Textbook Listening Activities and Additional Listening Activities

Name ______________________ Klasse ____________ Datum ____________

Übung 5: Hör gut zu! Seite 9

Schüler erzählen, wann sie Ferien hatten und wo sie waren. Sie sagen auch, warum sie dort Ferien gemacht haben. Schreib ihre Aussagen auf unter den Rubriken (*columns*): Wann?, Wo? und Warum?!

	Wann?	Wo?	Warum?
Heike			
Rüdiger			
Antje			

COPYING MASTERS

Name ____________________ Klasse ____________ Datum ____________

Student Response Forms

Übung 10: Hör gut zu! Seite 10

Schüler erzählen, was sie in der Stadt gemacht haben. Schau beim Zuhören auf den Stadtplan von Dingskirchen! Schreib für jeden Schüler zuerst auf, wo er war und danach, beim zweiten Zuhören, was er dort gemacht hat! Vergleiche deine Notizen mit den Notizen deines Partners!

Habt ihr beide wirklich alles verstanden und wisst ihr, was diese Schüler alles gemacht haben? Wenn ihr nicht alles verstanden habt, müsst ihr euch die Übung zusammen noch einmal anhören.

	Wo?	**Was gemacht?**
Britta		
Volker		
Thomas		

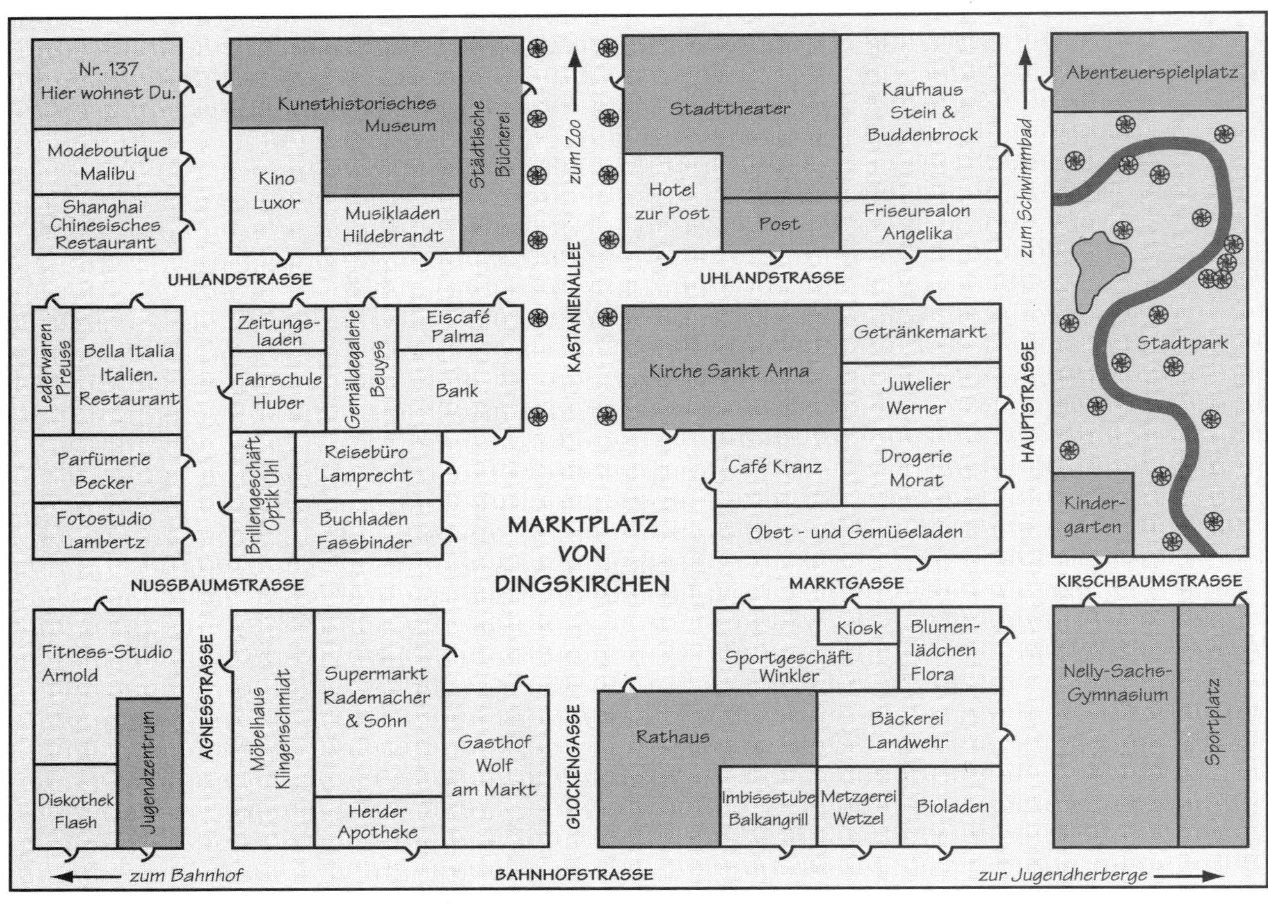

Name ______ Klasse ______ Datum ______

Übung 14: Hör gut zu! Seite 12

Vier Schüler erzählen, wo sie gestern gewesen sind, was sie dort gemacht haben, wie es ihnen gefallen hat und warum oder warum nicht. Trag die Information, die du hörst, in die Tabelle ein!

	Wo?	Was?	Gefallen?	Warum (nicht)?
1. Sabine				
2. Uli				
3. Manuela				
4. Bernd				

Übung 21: Hör gut zu! Seite 17

Drei Schüler sprechen über ihre Essgewohnheiten. Was mag jeder und was nicht? Wer darf etwas überhaupt nicht essen und warum nicht? Schreib die Information, die du hörst, in die Tabelle unten!

	mag was?	mag was nicht?	darf das nicht essen!	Warum nicht?
Julia				
Franziska				
Mehmet				

Name ______________________ Klasse ______________ Datum ______________

COPYING MASTERS

Student Response Forms

Übung 24: Hör gut zu! Seite 19

Vier Schüler erzählen, was sie auf ihrem Brot haben. Wer von diesen vier isst viel Fleisch und Wurst? Wer ist wohl Vegetarier? Wer isst sowohl Tierprodukte als auch Pflanzenprodukte?

	isst viel Fleisch und Wurst	ist Vegetarier	isst Tierprodukte und auch Pflanzenprodukte
Jens			
Markus			
Antje			
Heike			

Übung 26: Hör gut zu! Seite 20

Es war ein ganz tolles Fußballspiel. Aber das Spiel war hart, und viele Spieler haben sich dabei verletzt. — Hör zu, wie jeder Schüler über seine Verletzung spricht und identifiziere jeden Schüler an seiner Verletzung!

	Verletzung
Jürgen	
Markus	
Uli	
Kim	

1. Jürgen hat ______________________________

2. Markus hat ______________________________

3. Uli hat ______________________________

4. Kim hat ______________________________

Erste Stufe

1-1 Dirk und Martin treffen sich zum ersten Mal nach den Sommerferien. Sie unterhalten sich darüber, was sie in den Ferien gemacht haben. Außerdem erzählen sie, was sie am nächsten Wochenende vorhaben. Hör dem Gespräch zu, und füll dann die Tabelle aus! Beantworte danach die Frage!

A.

	Wo gewesen?	Was gemacht?	Wie war's?
Martin			
Dirk			

B. Was machen Martin und Dirk am kommenden Wochenende zusammen?

____

1-2 Marlene und Christine treffen sich durch Zufall (*coincidence*) am Samstag in der Stadt. Sie erzählen sich, was sie alles dort gemacht haben. Hör ihrer Unterhaltung zu, und beantworte dann, ob die Aussagen stimmen (stimmt) oder nicht (stimmt nicht)!

______________ 1. Marlene hat sich neue Klamotten für eine Fete gekauft.

______________ 2. Christine möchte genau wissen, wo Marlene war.

______________ 3. Marlene war im Musikgeschäft und hat sich eine CD gekauft.

______________ 4. Christine hat sich einen Tennisschläger gekauft.

______________ 5. Marlene fand die Idee schlecht, einen Tennisschläger zu kaufen.

______________ 6. Marlene hat sich eine Sonnenbrille gekauft.

______________ 7. Christine meint, dass die Sonnenbrille der Marlene gut steht.

______________ 8. Christine und Marlene gehen ins Steakhaus.

______________ 9. Marlene schlägt vor, in das neue Café zu gehen.

Additional Listening Activities

1-3 Mark hat seine Freunde Michael, Judith und Simone zu einer Feier eingeladen. Alle sitzen bereits zu Tisch, und Mark serviert ein Gericht. Beim Servieren stellt sich heraus, dass seine Gäste aus verschiedenen Gründen nicht alles essen können, was Mark zubereitet hat. Hör dem Gespräch zu, und bestimme danach, welche Antworten am besten passen!

A. 1. Judith möchte von ... ein wenig haben.
   - **a.** dem Rehfleisch
   - **b.** allem
   - **c.** dem Mais
   - **d.** der Kalbsleber

2. Michael möchte kein Rehfleisch essen, weil
   - **a.** es zu fett ist.
   - **b.** es ihm nicht schmeckt.
   - **c.** er ein Naturfreund ist.
   - **d.** er Hasenfleisch lieber mag.

3. Simone isst kein Schweinefleisch, weil
   - **a.** keines mehr da ist.
   - **b.** Mark es lieber isst.
   - **c.** Gemüse gesünder ist.
   - **d.** sie allergisch dagegen ist.

4. Mark nimmt noch etwas Schweinefleisch, weil
   - **a.** Simone keins haben möchte.
   - **b.** es ihm so gut schmeckt.
   - **c.** kein Gemüse mehr da ist.
   - **d.** es sonst schlecht wird.

5. Simone bekommt eine größere Portion Reh- und Hasenfleisch, weil
   - **a.** sie darum gebeten hat.
   - **b.** Mark ihre Portion Schweinefleisch isst.
   - **c.** es ihr so gut schmeckt.
   - **d.** es das einzige Fleisch ist, das sie mag.

B. Wie hätte Mark sich besser auf die Fete vorbereiten können? Schreib drei Sätze!

____

____

____

Zweite Stufe

1-4 Dr. Hübner ist zu Gast bei einer Schulklasse und beantwortet allgemeine Gesundheitsfragen, die ihm die Schüler stellen. Hör dem Gespräch zu, und beantworte danach die Fragen!

A.
1. Was ist Michaela passiert?

   ____

2. Was hat sich Michaela verletzt?

   ____

3. Wobei hat sich Jochen verletzt?

   ____

4. Was rät Dr. Hübner dem Jochen?

   ____

5. Warum hat Arndt Schmerzen?

   ____

6. Wer klagt über Schmerzen im Ellbogen?

   ____

7. Was soll Bärbel tun, damit ihre Schmerzen nachlassen?

   ____

B. Beschreibe in mindestens vier Sätzen, was für Schmerzen du einmal hattest und was du dagegen getan hast!

____

____

____

____

____

Name ______________________ Klasse ____________ Datum ____________

COPYING MASTERS

Additional Listening Activities

1-5 Gabi und Elke treffen sich am Montag in der Schule. Am Wochenende ist viel passiert, und sie erzählen sich die Neuigkeiten. Hör der Unterhaltung genau zu, und beantworte danach die Fragen!

1. Welches Bein hat sich Elke verletzt, und was für eine Verletzung ist es?

   ____

   ____

2. Warum war die Straße so gefährlich?

   ____

   ____

3. Was ist mit Elkes Moped passiert, und was meint Elke dazu?

   ____

   ____

4. Wie kommt Elke jetzt zur Schule? Was hat sich deswegen geändert?

   ____

   ____

5. Wird Elke weiterhin Moped fahren?

   ____

   ____

1-6 Paul und Günther unterhalten sich über Verletzungen beim Fußballspielen. Sie haben beide die Berichte von der Bundesliga im Fernsehen gesehen und sprechen über die neusten Ereignisse. Hör ihrem Gespräch zu, und schreibe eine Zusammenfassung (*summary*) darüber!

____

____

____

____

____

____

____

____

Übung 6: Hör gut zu! Seite 33

Schüler sprechen über Ferienorte. Wer war schon dort? Wer fährt erst dorthin? Schreib den Ferienort, den du hörst, in die richtige Spalte!

Schüler	war schon dort	fährt erst hin
Herbert		
Uschi		
Frank		
Moni		

Übung 9: Hör gut zu! Seite 34

Schüler erzählen, was sie in Dingskirchen machen. Schreib auf, wo jeder zuletzt hingeht oder zuletzt war!

Schüler	war zuletzt wo?	geht zuletzt wohin?
Uta		
Thomas		
Jürgen		
Angelika		

Name ______________________ Klasse ______________ Datum ______________

Student Response Forms

Übung 13: Hör gut zu! Seite 35

Vier Schüler (Christoph, Annette, Jörg und Isabella) unterhalten sich darüber, wo sie am liebsten eine Ferienwoche verbringen würden. Am Anfang möchte jeder woandershin fahren und sagt auch warum. Am Ende einigen sie sich (*they agree*) auf ein Ziel. Trag ein, was du hörst!

Schüler	Wohin?	Warum?
Christoph		
Annette		
Jörg		
Isabella		

1. Auf welches Ziel einigen sie sich? ______________________
2. Welche Freizeitmöglichkeiten gibt es? ______________________
____
3. Wo werden sie wahrscheinlich übernachten? ______________________

Übung 18: Hör gut zu! Seite 37

Du hörst als Kellnerin im Café verschiedene Gesprächsfetzen (*scraps of conversation*). Wer von den Sprechenden bezweifelt etwas, und wer ist sicher?

	Gespräch	bezweifelt etwas	ist sicher
1			
2			
3			
4			

Übung 26: Hör gut zu! Seite 41

Schüler unterhalten sich über Jugendherbergen. Sprechen sie über Jugendherbergen im Allgemeinen (*in general*) oder über Jugendherbergen in Weimar? Hake ab, was du hörst.

Jugendherbergen

Gespräch	im Allgemeinen	in Weimar
1		
2		

Übung 30: Hör gut zu! Seite 42

Claudia macht ihren Freunden einen Vorschlag. Wie reagieren sie darauf? Sind sie damit einverstanden oder nicht? Warum oder warum nicht?

Notizen

Was Claudia vorschlägt: ______

______

Was Holger lieber machen will und warum: ______

Was Jens machen will: ______

______

Was Jens noch vorschlägt: ______

______

Was Ute vorschlägt und warum: ______

______

Was am Ende gemacht wird: ______

______

Verwende deine Notizen, um (*in order to*) die Tabelle unten einzufüllen.

Schüler	einverstanden	nicht einverstanden	wenn nicht, warum?
Holger			
Jens			
Ute			

Name ______________________ Klasse ______________ Datum ______________

Student Response Forms

Übung 33: Hör gut zu! Seite 43

Drei Schüler planen ein Picknick. Hör ihrem Gespräch gut zu, und schreib auf, was sie alles mitnehmen wollen!

Behälter (*containers*)	Zum Essen und Trinken	Besteck/Teller/Sonstiges

Name ________________ Klasse ________ Datum ________

Additional Listening Activities 

COPYING MASTERS

Erste Stufe

2-1 Karen aus Houston ist mit ihrer deutschen Freundin Ursula unterwegs in Deutschland. Sie unterhalten sich über ihre nächsten Pläne. Hör dir das Gespräch an! Dann entscheide, ob die Antworten unten richtig (stimmt) oder falsch (stimmt nicht) sind!

_______ **1.** Die beiden waren schon in Eisenach, wo es eine Burg gibt.

_______ **2.** In Leipzig gibt es keine Burg.

_______ **3.** Leipzig hat ein zweites Rathaus, das Alte Rathaus, das jetzt ein Museum ist.

_______ **4.** Im Verzeichnis der Jugendherbergen steht, dass die Jugendherberge in Leipzig 80 Betten hat.

_______ **5.** In der Jugenherberge gibt es keine Küche.

_______ **6.** Die beiden haben keinen Jugendherbergsausweis.

_______ **7.** Die Jugendherberge in Leipzig befindet sich ungefähr 10 Minuten mit der Straßenbahn vom Zentrum entfernt, und es ist ein Park in der Nähe.

2-2 Karen und Ursula sind gerade in Leipzig auf dem Bahnhof angekommen. Was nun? Hör dir das folgende Gespräch an, und entscheide, welche Antworten am besten passen!

1. Ursula und Karen unterhalten sich zuerst darüber, dass ...
 a. es 17.25 Uhr ist und der Zug pünktlich war.
 b. es 18.25 Uhr ist und der Zug eine Stunde Verspätung hatte.
 c. es 17.25 Uhr ist und der Zug 20 Minuten Verspätung hatte

2. Die beiden wollen von der Frau wissen,
 a. ob es in Leipzig eine Jugendherberge gibt.
 b. wie sie vom Bahnhof zur Jugendherberge kommen.
 c. ob die Frau sie vielleicht zur Jugendherberge mit dem Auto mitnehmen kann.

3. Die Hausnummer der Jugendherberge lautet:
 a. 147.
 b. 374.
 c. 174.

4. Folgende Verkehrsmittel fahren zur Jugendherberge:
 a. die Straßenbahnen Nummer 4, 27 und 2.
 b. die Straßenbahnen 14, 37 und 12.
 c. die Busse 4, 27 und 11.

5. Die Jugendherberge befindet sich in
 a. Richtung Westpark, auf der linken Seite der Straße.
 b. Richtung Westhausen, auf der rechten Seite der Straße.
 c. Richtung Westpark, auf der rechten Seite der Straße.

Name ______________________ Klasse ______________ Datum ______________

Additional Listening Activities

2-3 Julia und Heike sind Freundinnen. Sie wollen zusammen in den Herbstferien verreisen und besprechen das Reiseziel. Hör ihrem Gespräch zu, und beantworte danach die Fragen!

1. Wo möchte Heike gern hinfahren, und warum gefällt Julia die Idee nicht besonders?

____

____

____

2. Wovor hat Heike Angst?

____

____

____

3. Für welche Stadt entscheiden sich die beiden, und was gibt es in dieser Stadt und in der Gegend zu sehen?

____

____

____

4. Wann wollen sie fahren, und warum entschließen sie sich, gleich in der Jugendherberge anzurufen?

____

____

____

Zweite Stufe

2-4 Karen ist Danielas Brieffreundin in Amerika. Sie hat gerade einen Brief von Daniela erhalten, den sie vorliest. Hör zu und entscheide dann, ob die Antworten richtig oder falsch sind!

________ 1. Im Brief berichtet Daniela über eine Fahrt mit ihren Eltern an die Ostsee.

________ 2. Karen war noch nie an der Ostsee.

________ 3. Nach einer 5-km-Wanderung am Strand taten fast allen die Füße weh.

________ 4. Heike, die behindert ist, konnte auf die Wanderung nicht mitkommen.

_______ 5. Heike kennt Karen und lässt ihr schöne Grüße ausrichten.

_______ 6. Leider war das Wetter schlecht, so dass sie nicht oft baden gehen konnten.

_______ 7. Sie haben auf dem Zeltplatz oft gekocht, aber nur einmal Lagerfeuer gemacht.

2-5 a. Beate, Vanessa, Heiko und Jens wollen ein Picknick in einem Naturpark in der Nähe machen. Sie haben vorher Listen gemacht, was jeder mitbringen soll. Auf dem Picknickplatz merken sie, dass da etwas durcheinander gekommen ist. Hör dem Gespräch zu und schreib die Dinge, die jeder zum Picknick mitbringen soll, in die Tabelle unten! Danach beantworte die Frage!

	Was jeder mitbringen sollte:
Vanessa	
Beate	
Jens	
Heiko	

b. Welche Ideen haben die vier als Ersatz (*substitute*) für die Sachen, die sie vergessen haben?

____

____

Name ______________________ Klasse ____________ Datum ____________

COPYING MASTERS

Additional Listening Activities

2-6 Beate und ihre Freunde singen gern, wenn sie draußen in der Natur sind. Hör zu und versuche zu verstehen, worüber sie singen. Dann versuch mal mitzusingen!

1. Where is the bedbug sitting? ______________________
2. What can the bedbug do? ______________________
3. **Auf der Lauer** is an expression that means "lurking" or "waiting for an opportunity." What is the bug probably waiting to do?

   ____
4. Can you think of an American children's song that is sung in the same way as this one?

   ____

Übung 4: Hör gut zu! Seite 57

Zweimal in der Woche beantwortet „Radio Pop-shop" Höreranrufe junger Leute. Jungen und Mädchen können mit dem bekannten Jugend-Psychologen Dr. Uwe Behrens über ihre Probleme sprechen. Hört euch das Problem eines Jugendlichen an und schreibt auf, was das Problem ist und was Dr. Behrens dem Jugendlichen rät (*advises*)!

	das Problem	der Ratschlag
Kristina		

Name ______________________ Klasse ____________ Datum ____________

Student Response Forms

Übung 7: Hör gut zu! Seite 57

Hör zu, wie verschiedene Schüler ihre Meinungen zu bestimmten Themen äußern! Worüber äußern sich die Schüler? Welche Meinung hat jeder Schüler? Ist sie positiv oder negativ? Mach dir Notizen!

____

____

____

____

____

____

____

	Positive Meinungen	Negative Meinungen
Vanessa		
Martin		

Übung 22: Hör gut zu! Seite 66

Welche Ratschläge passen für wen?

a.

b.

c.

d.

______ 1.

______ 2.

______ 3.

______ 4.

Name ______________________ Klasse ______________ Datum ______________

COPYING MASTERS

Student Response Forms

Anwendung Übung 1b, Seite 73

Du hörst im Radio einen Bericht über gesunde Ernährung. Schau dir noch mal die Umfrage von Übung 1 an und die Antworten, die du gewählt hast! Wie viele Antworten hast du richtig?

Umfrage: Nährwert von Lebensmitteln

1. Das beste Brot ist dunkles Brot. richtig ☐ falsch ☐
2. Braune Eier sind gesünder als weiße Eier. richtig ☐ falsch ☐
3. Kartoffeln machen dick. richtig ☐ falsch ☐
4. Fisch hat weniger Nährwert als Fleisch. richtig ☐ falsch ☐
5. Öl ist Öl. Es spielt keine Rolle, welches man im Haushalt gebraucht. richtig ☐ falsch ☐
6. Orangen und Zitronen sind die Vitamin-C-reichsten Früchte. richtig ☐ falsch ☐
7. Brot macht dick. richtig ☐ falsch ☐
8. Alle Mineralwässer sind gleich. richtig ☐ falsch ☐
9. Wenn es heiß ist, soll man nichts oder weniger trinken. richtig ☐ falsch ☐
10. Brauner Zucker enthält mehr Vitamine und Mineralien als weißer Zucker. richtig ☐ falsch ☐

Erste Stufe

3-1 Wie stehen Jugendliche zur Mode? Um diese Frage zu beantworten, haben wir Maria, Stefan, Claudia und Ralf interviewt. Hör dir ihren Kommentar an, und füll danach die Tabelle aus!

	für das Hobby	wichtig, was andere sagen	ihm/ihr wichtig	spricht von Anlässen	macht Spaß
Maria					
Stefan					
Claudia					
Ralf					

3-2 Iris und Anke unterhalten sich über den Stress in der Schule. Sie sprechen auch darüber, was sie tun, um diesen Stress abzubauen. Hör der Unterhaltung zu und entscheide dich, ob die Sätze richtig oder falsch sind!

__________ **1.** Iris beschwert sich, weil sie so viel für die Schule arbeiten muss.

__________ **2.** Anke meint, dass man auf Stress nicht weiter achten muss.

__________ **3.** Iris kann sich nicht entspannen, weil sie oft an die Schule denkt und sich um ihre Noten sorgt.

__________ **4.** Iris hat häufiger Erkältungen als andere Schüler.

__________ **5.** Iris will ihr Verhalten nicht ändern.

__________ **6.** Anke meint, Iris spielt zu oft Tennis.

__________ **7.** Iris will nächste Woche schwimmen gehen.

3-3 Jürgen und Frank erholen sich gerade vom Frühsport am Wochenende. Nachdem sie sich den Durst erst mal mit Mineralwasser und Orangensaft gelöscht haben, wechselt die Unterhaltung vom Sport zur Musik. Hör ihrer Unterhaltung zu, und entscheide, welche Antworten am besten passen!

1. Jürgen und Frank waren am Morgen
  a. Fußball spielen.
  b. Handball spielen.
  c. in Franks Wohnung.
  d. in einem Café.

Additional Listening Activities

2. Sie haben das Spiel gewonnen, weil
   a. Frank zum Schluss noch Tore geschossen hat.
   b. die Gegner müde waren.
   c. sie gute Laune hatten.
   d. die Gegner viel zu stark waren.

3. Jürgen hat sich auf den Nachmittag vorbereitet,
   a. indem er Fußball gespielt hat.
   b. indem er Handball gespielt hat.
   c. indem er ein Keyboardstück eingeübt hat.
   d. indem er genügend Schlaf gehabt hat.

4. Nach der ersten Aufführung der Band, will Frank
   a. eine Feier veranstalten.
   b. einen anderen Sponsor besorgen.
   c. neue Lautsprecher kaufen.
   d. in einer anderen Stadt auf Tour gehen.

5. Frank ärgert sich ein wenig über Jürgen, weil
   a. Jürgen an Franks Plänen zweifelt.
   b. Jürgen ihm nicht zuhört.
   c. Jürgen nicht gut genug Fußball gespielt hat.
   d. Jürgen immer nur schlechte Laune hat.

6. Jürgen und Frank interessieren sich für
   a. Handball und Fußball.
   b. Fußball.
   c. Handball und Musik.
   d. die Schule und Handball.

Zweite Stufe

3-4 Thorsten hat ein paar CDs von seiner älteren Schwester Petra ausgeliehen. Petra will nun ihre CDs zurückhaben. Hör dem Gespräch zwischen den beiden zu, und entscheide, welche Antworten am besten passen!

1. Thorsten wird seiner Schwester die CDs
   a. später als geplant zurückgeben.
   b. früher als geplant zurückgeben.
   c. gar nicht zurückgeben.
   d. leihen.

2. Thorsten hat Anne die CDs geliehen
   a. und hat Petra vorher nicht gefragt.
   b. und hat Petra vorher um Erlaubnis gebeten.
   c. und hat sie dann Petra wieder zurückgegeben.
   d. und ihr gesagt, dass die CDs Petra gehören.

3. Thorsten gibt zu, dass er
   a. die CDs auf der Fete vergessen hat.
   b. die CDs kaputtgemacht hat.
   c. die CDs verloren hat.
   d. die CDs verliehen hat.

4. Petra wird Thorsten das nächste Mal
   a. bestimmt wieder ihre CDs leihen.
   b. bestimmt nichts mehr leihen.
   c. bestimmt ihr Mofa leihen.
   d. bestimmt ihren CD-Spieler leihen.

5. Damit Petra nicht mehr sauer ist, will Thorsten
   a. die CDs heute von der Anne abholen.
   b. neue CDs für Petra kaufen.
   c. jeden Samstag für Petra Staub saugen.
   d. diesen Samstag für sie Staub saugen.

6. Am Samstag will Petra
   a. auf eine Fete gehen.
   b. Staub saugen.
   c. in die Stadt gehen.
   d. ihre CDs zurückhaben.

3-5 Bernd und Uwe gehen zusammen aufs Gymnasium in die elfte Klasse. Uwe merkt, dass mit Bernd etwas nicht stimmt und erkundigt sich warum. Hör dem Gespräch zu, und beantworte danach die Fragen!

1. Warum hat Bernd schlechte Laune?

____

____

2. Was sagt Uwe über Bernds Fußballspielen?

____

____

3. Wie ist Bernds Probetraining mit der Mannschaft abgelaufen?

____

____

4. Was für Gründe gibt Uwe dafür an, dass man Bernd nicht aufgenommen hat?

____

____

Name ______________________ Klasse ______________ Datum ______________

Additional Listening Activities

5. Was hat Bernd vor, um nächste Saison mehr Glück zu haben?

____

____

6. Welchen Rat gibt Uwe dem Bernd zum Schluss?

____

____

3-6 Silke wollte eine der wichtigsten Rollen in einem Schauspiel übernehmen, welches ihre Schule aufführen wird. Die Rollenverteilung fand gestern statt, und Gabi fragt Silke danach, wie es gelaufen ist. Hör dem Gespräch gut zu, und beantworte danach die Fragen!

1. Was ist Silke bei der Rollenverteilung passiert?

____

____

2. Für welchen Akt hat sich Silke vorbereitet? Warum war das ein Fehler von ihr?

____

____

3. Was sagt Gabi, um Silke zu ermutigen (*to encourage*)?

____

____

4. Warum war Silke bei der Rollenverteilung zu nervös?

____

____

5. Was für eine Rolle hat Silke in dem Stück bekommen?

____

____

6. Was schlägt Gabi der Silke zum Schluss vor?

____

____

Name ______________________ Klasse ______________ Datum ______________

Übung 1: Verhältnis zu Eltern und Freunden Seite 83

Welche Aussagen (*statements*) machen die vier Schüler zu den Fragen?

a. Wie ist euer Verhältnis zu den Eltern?
b. Wer sind eure Freunde, und was macht ihr mit ihnen?

NAME	ELTERN	FREUNDE
Michael		
Tanja		
Philipp		
Sonja		

Übung 5: Hör gut zu! Seite 85

Ihr hört jetzt vier Gespräche. Die Leute, die sich unterhalten, streiten sich. Worüber streiten sie? Endet in jedem Fall der Streit gut, also produktiv, oder schlecht, d.h. die Personen erreichen nichts?

	GUT	SCHLECHT
Gespräch 1		
Gespräch 2		
Gespräch 3		
Gespräch 4		

Übung 7: Hör gut zu! Seite 85

Claudia erzählt Patrick, dass sie Streit mit ihrem Vater hatte. Hör gut zu, und mach dir Notizen, worum es geht! Stimmt Patrick Claudias Meinung zu oder nicht? Anhand deiner Notizen spiel dann mit einem Partner die Rollen von Claudia und ihrem Vater!

NOTIZEN

Was hat der Vater von Claudia gefragt/gesagt?	Was hat Claudia ihrem Vater gesagt?	Was meint Patrick dazu?

Student Response Forms

Übung 9: Was zeigt die Statistik? Seite 86

Mit wem verbringen Jugendliche ihre Freizeit? Schreib einen kurzen Bericht darüber, indem du die Satzlücken in dem folgenden Text füllst! Die Information dafür findest du in der Grafik rechts unten auf Seite 86.

An ____________ Stelle steht die Clique. Die Statistik zeigt, dass die Jugendlichen ____________ Prozent ihrer Freizeit mit der Clique verbringen. 24 ____________ ihrer Freizeit sind die Jugendlichen mit ____________ ____________ zusammen. An ____________ Stelle steht mit 18 Prozent die ____________ . Nur ____________ Prozent ihrer Freizeit verbringen die Jugendlichen allein. An ____________ Stelle nannten die Jugendlichen ____________ mit 10 Prozent.

Übung 11: Ich verstehe mich schon ganz gut mit ihnen! Seite 87

Eine Schülerin erzählt, wie ihr Verhältnis zu Eltern, Freunden und Lehrern ist. Füll die Satzlücken mit den richtigen Relativpronomen!

Mir geht's eigentlich sehr gut. Ich habe Eltern, ____________ ganz vernünftig und tolerant sind. Ich habe Freunde, mit ____________ ich mich gut verstehe. Ich habe Lehrer, ____________ sehr nett sind. Ein Lehrer, ____________ wir alle furchtbar gern haben, trifft sich mit uns nach der Schule. Wir diskutieren über irgendein Problem, ____________ einer von uns gerade hat. Meine Freundin Renate, mit ____________ ich schon in der Grundschule war, ist auch immer dabei. Nach einer Diskussion, ____________ besonders interessant war, sind wir in ein Café gegangen, ____________ nicht weit von der Schule ist, und haben uns noch lange darüber unterhalten.

Übung 14: Hör gut zu! Seite 90

Kalle und Hannes sind in der 10. Klasse. Es ist zu Anfang des Schuljahres, und sie sprechen über die neuen Schüler in der Klasse. Hör ihrem Gespräch gut zu und bestimme, welche von den neuen Schülern sich anpassen und welche nicht!

	Notizen	passt sich an	passt sich nicht an
Thomas			
Silke			
Renate			
Joachim			

Übung 16: Hör gut zu! Seite 91

Der Paul hat zu allem eine Meinung und gibt gern seinen Freunden Rat. Aber nicht alle akzeptieren blind, was er meint. Hör zu, wie er versucht, einem unglücklichen Kumpel Rat zu geben! Was ist das Problem? Welchem Rat will der Kumpel folgen, welchem nicht?

Was ist das Problem?	Ratschläge	Folgt er dem Rat?	
		ja	nein

Name ______________________ Klasse ______________ Datum ______________

Student Response Forms

Übung 19: Hör gut zu! Seite 92

Kerstin und Gertrud sprechen über ihre nächste Reise, die sie in den amerikanischen Westen machen wollen. Hör gut zu, wie sie über ihre Pläne spekulieren! Was werden sie bestimmt machen? Was bleibt spekulativ?

Pläne	wird bestimmt gemacht	wird bestimmt nicht gemacht	bleibt noch spekulativ

Anwendung Übung 1, Seite 100

Manche Leute sind tolerant, manche nicht. Hör zu, was folgende Leute sagen! Wie würdest du jede Aussage bezeichnen — tolerant oder nicht tolerant?

	tolerant	nicht tolerant
Martin		
Eva		
Britta		
Andreas		

Erste Stufe

4-1 Jan und Heike sind Klassenkameraden. Ein Freund fragt sie, wie das Verhältnis zu ihren Eltern ist, weil er zur Zeit Probleme mit seinen Eltern hat. Hör dir an, was Jan und Heike antworten, und entscheide dann, ob die Fragen unten richtig (stimmt) oder falsch (stimmt nicht) sind!

_______ 1. Jan hatte schon immer ein gutes Verhältnis zu seinen Eltern.

_______ 2. Jans Mutter schimpft nicht, wenn er die Musik zu laut spielt.

_______ 3. Jan trägt gern alte Jeans und lange Hemden, und seine Mutter hat nichts dagegen.

_______ 4. Heikes Eltern haben akzeptiert, dass Heike erwachsen wird.

_______ 5. Heike zieht sich gern ordentlich an.

_______ 6. Heike hat sich die Haare rot gefärbt.

_______ 7. Heikes Vater schimpft, wenn sie zu viel fernsieht oder zu spät nach Hause kommt.

4-2 Dirk, Britta und Heike unterhalten sich darüber, wie sie sich mit ihren Eltern verstehen. Dabei zählen sie auf, was die Ursachen für Streit zu Hause sein können. Hör dir das Gespräch an, und trag dann in die Tabelle ein, welche Ursachen für Streit mit den Eltern jeder von ihnen nennt!

	Ursachen für Streit mit den Eltern
Dirk	
Britta	
Heike	

Additional Listening Activities

4-3 Hans-Georg und Andrea sind Geschwister. Sie unterhalten sich im Gespräch über Elke, die im Haus neben ihnen wohnt. Hör ihrem Gespräch zu, und beantworte danach die Fragen!

1. Worüber beschwert sich (*complains*) Hans-Georg bei Andrea?

   ____

   ____

2. Aus welchen Gründen gibt es Streit zwischen Hans-Georg und Elke?

   ____

   ____

3. Was meinst du, warum Elke nicht will, dass die Katze im Garten herumläuft?

   ____

   ____

4. Was sagt Andrea zu Elkes Beschwerden (*complaints*)?

   ____

   ____

Zweite Stufe

4-4 In Ludwigsfelde ist eine Schule, an der es viele ausländische Schüler gibt. Julia, Andrea und Jens werden gefragt, was sie alles für die ausländischen Schüler tun würden, wenn sie Direktor (*principal*) dieser Schule wären. Hör dir ihre Aussagen an, und schreibe hinter jeden Namen den Vorschlag, den diese Person gemacht hat! Unterstreich den Vorschlag, der dir am besten gefällt!

Julia: ______________________________

____

Andrea: ______________________________

____

Jens: ______________________________

____

Additional Listening Activities

4-5 Ein Reporter der Stadtzeitung von Duisburg möchte einen Artikel über das Verhältnis zwischen deutschen und ausländischen Schülern schreiben. Er befragt mehrere Schüler einer Hauptschule in Eschweiler. Hör dir das Interview an, das er mit Achmed, einem türkischen Schüler, führt! Entscheide danach, welche Antworten am besten passen!

1. Achmed ist in Deutschland geboren und
   a. in der Türkei aufgewachsen.
   b. in Deutschland aufgewachsen.
   c. in Spanien aufgewachsen.
   d. in Deutschland und in der Türkei aufgewachsen.

2. Achmed findet, dass die meisten ausländischen Schüler, die in Deutschland geboren und aufgewachsen sind,
   a. Deutsch ohne Akzent sprechen.
   b. Schwierigkeiten mit der Sprache haben.
   c. ihre Muttersprache am besten sprechen.
   d. ihre Muttersprache nicht lernen wollen.

3. Wolfgang und Achmed kennen sich
   a. aus der Türkei.
   b. aus der Clique.
   c. seit der Grundschule.
   d. seit kurzem.

4. Achmed hat
   a. mehr deutsche Freunde als türkische Freunde.
   b. keine Freunde.
   c. genauso viele deutsche wie türkische Freunde.
   d. mehr türkische Freunde als deutsche Freunde.

5. Welche Gründe nennt Achmed für die Probleme zwischen den deutschen und den ausländischen Schülern?
   a. Die ausländischen Schüler sondern sich ab und werden nicht von den deutschen Schülern eingeladen.
   b. Die deutschen Schüler sondern sich ab und fühlen sich isoliert.
   c. Die ausländischen Schüler sind intolerant im Unterricht und lassen keine deutschen Schüler in ihre Cliquen rein.
   d. Die deutschen Schüler haben Angst, dass sie nicht von den ausländischen Schülern akzeptiert werden.

6. Wie kann man Achmeds Meinung nach das Verhältnis zwischen deutschen und ausländischen Schülern verbessern?
   a. Die ausländischen Schüler müssen den Anfang machen.
   b. Die deutschen und ausländischen Schüler müssen aufeinander zukommen.
   c. Die deutschen Schüler müssen den Anfang machen.
   d. Die deutschen und ausländischen Schüler müssen unter sich bleiben.

COPYING MASTERS

Additional Listening Activities

4-6 Die Schüler der 12b haben im Unterricht intensiv über die Ausländer in Deutschland diskutiert. Klaus, Jens und Anita unterhalten sich in der Pause weiter über dieses Thema. Hör ihrer Diskussion zu, und schreib danach auf, welches Argument dir am besten gefallen hat und warum!

____

____

____

____

____

Übung 1: Der 18. Geburtstag: Was bedeutet er für diese Schüler? Seite 107

Schreib in Stichworten die wichtigsten Dinge auf, die Martin, Angie, Stefan und Julia gesagt haben! Erzähle dann der Klasse, was einer von den vier deutschen Schülern erzählt hat!

Martin	
Angie	
Stefan	
Julia	

Übung 3: Hör gut zu! Seite 109

Schüler erzählen, was sich in ihrem Leben mit dem 18. Geburtstag geändert hat. Welche Aussagen passen zu den Illustrationen auf Seite 109?

1. ______
2. ______
3. ______
4. ______
5. ______

Name ______________________ Klasse ______________ Datum ______________

Student Response Forms

Übung 4: Hör gut zu! Seite 109

Drei Freunde sprechen über ihre Pläne. Hör zu und schreib auf, was die drei vorhaben! Wer scheint am meisten vorzuhaben?

Martina	
Tobias	
Christa	

Wer scheint am meisten vorzuhaben? ______________________

Übung 12: Was haben die vier Schüler gesagt? Seite 113

Macht eine Liste mit vier Spalten und tragt die wichtigsten Dinge ein, die die vier Schüler gesagt haben! Nehmt dann eure Notizen zur Hand und berichtet der Klasse, was die vier Schüler zum Thema „Wehrdienst" gesagt haben! Was fällt dir an Martins Aussagen auf?

Stefan	Martin	Angie	Julia

Name ______________________ Klasse ______________ Datum ______________

Übung 14: Hör gut zu! Seite 117

Du stehst in einer langen Schlange am Bankschalter. Zwei Leute vor dir sprechen darüber, was sie am Vormittag alles erledigt haben oder noch tun müssen. Hör ihrem Gespräch gut zu, und mach dir Notizen über die Besorgungen (*errands*)! Anhand der Notizen erzähl dann deinem Partner von dem Gespräch, das du mit angehört hast!

Frau Erhard	
Herr Heckel	

Übung 17: Hör gut zu! Seite 118

Hör gut zu, wie einige Schüler darüber diskutieren, ob sie zum Bund gehen oder nicht! Welche Schüler drücken Überraschung aus? Resignation? Erleichterung?

	Überraschung	**Resignation**	**Erleichterung**
Paul			
Alfred			
Gerd			
Ingo			

COPYING MASTERS

Student Response Forms

Anwendung Übung 1, Seite 124

Eine Schülerin fragt ihren Großvater, wie das Leben war, als er jung war. Hör gut zu, und schreib in Stichworten auf, was der Großvater über seine Jugendzeit berichtet!

Was der Großvater über seine Jugendzeit berichtet ...

Anwendung Übung 3, Seite 124

Schreib auf, was die Schüler zu Omas Zeiten alles tun mussten und was sie nicht tun durften!

sie mussten:	sie durften nicht:

Name ______________________ Klasse ______________ Datum ______________

Additional Listening Activities

COPYING MASTERS

Erste Stufe

5-1 Mark und Anja unterhalten sich während der Schulpause darüber, dass sie bald achtzehn Jahre alt werden. Hör dem Gespräch zu, und füll danach die Tabelle aus!

	Wann Geburtstag?	Wie alt wird er/sie?	Führerschein angefangen?	Freut sich über Volljährigkeit?
Mark				
Anja				

5-2 Suse und Ditmar gehen in eine Fahrschule. Vor dem Unterricht reden sie darüber, was sie machen werden, wenn sie ihren Führerschein haben. Hör dem Gespräch gut zu, und beantworte danach, ob die Aussagen stimmen oder nicht!

______ 1. Suse fragt Ditmar, ob er den Motorradführerschein macht.

______ 2. Ditmar sagt, er ist am Motorradführerschein interessiert.

______ 3. Ditmar hat keine Lust, bei Schnee und Regen Motorrad zu fahren.

______ 4. Suse findet, dass Ditmar seinen Motorradführerschein jetzt machen soll.

______ 5. Ditmar findet Motorradfahren als Hobby zu gefährlich.

______ 6. Suse versteht Ditmars Meinung.

______ 7. Suse denkt, dass Ditmar seine Meinung bald ändert.

______ 8. Ein Motorrad steht auf Ditmars Wunschliste.

______ 9. Suse wird auf alle Fälle Motorrad fahren.

5-3 Birgit und Astrid sind gerade volljährig geworden und stehen nun vor der Entscheidung, ob sie wählen gehen sollen oder nicht. Hör dem Gespräch gut zu, und schreib danach eine kurze Zusammenfassung (*summary*) des Gespräches mit den Wörtern im Kasten!

Bundestagswahl / Wahlamt / Wahlschein / welche Partei wählen? / Birgit — Umweltpolitik / Astrid — sich informieren / andere wichtige Themen / Entscheidung treffen

____

____

____

____

COPYING MASTERS

Additional Listening Activities

____

____

____

____

____

____

Zweite Stufe

5-4 Axel muss bald zum Bund, um seinen Wehrdienst zu leisten. Lisa diskutiert mit ihm, ob Frauen im Militär sinnvoll wären. Hör dem Gespräch gut zu, und entscheide, welche Antworten am besten passen!

A.

1. Axel möchte nach dem Abitur so schnell wie möglich
   - **a.** zur Bundeswehr.
   - **b.** zum Zivildienst.
   - **c.** nach Spanien.
   - **d.** mit dem Studium beginnen.

2. Lisa wird mit dem _____ Semester fertig sein, wenn Axel mit dem Bund fertig ist.
   - **a.** zweiten
   - **b.** vierten
   - **c.** ersten
   - **d.** dritten

3. Axel _____ , dass Lisa es ernst meint.
   - **a.** bezweifelt
   - **b.** will
   - **c.** möchte
   - **d.** erwähnt

4. Lisa findet, dass Frauen beim Bund _____ sind.
   - **a.** überflüssig
   - **b.** gefährlich
   - **c.** nicht gleichberechtigt
   - **d.** gleichberechtigt

5. Axel würde es nicht gut finden, wenn Frauen _____ wären.
   - **a.** in einer gefährlichen Situation
   - **b.** in einer solchen Angelegenheit
   - **c.** in einer Kampfeinheit
   - **d.** ohne Meinung

6. Lisa meint, dass es beim Bund nicht mehr auf _____ ankommt.
   - **a.** die Intelligenz
   - **b.** den Willen
   - **c.** die Muskelkraft
   - **d.** die Männer

Additional Listening Activities 

B.

Welche Gründe gibt Lisa für ihr Interesse an der Bundeswehr an?

____

____

____

____

____

5-5 Wolfgang und Veronika sprechen darüber, ob Wolfgang sich für den Zivildienst oder den Wehrdienst entscheiden soll. Hör der Unterhaltung genau zu, und beantworte danach die Fragen!

1. Wofür muss sich Wolfgang in zwei Wochen entscheiden?

____

____

____

2. Welchen Nachteil des Zivildienstes erwähnt Veronika?

____

____

____

3. Welche Vorteile des Zivildienstes erwähnt Wolfgang?

____

____

____

4. Warum spricht Wolfgang über sein Auto?

____

____

____

Additional Listening Activities

5. Was würde Wolfgang an der Bundeswehr interessieren?

6. Was rät Veronika ihm?

5-6 Markus und Stefan haben sich beide entschlossen, den Wehrdienst zu leisten. Sie sprechen darüber, wo sie gern dienen würden. Hör der Unterhaltung genau zu, und schreibe auf, was sie über jeden Wehrdienst sagen! Beantworte danach die Fragen!

A.

die Marine: ______

das Heer: ______

die Luftwaffe: ______

B.

Welchen Wehrdienst werden Markus und Stefan wählen? Woher wollen sie Information über diesen Wehrdienst bekommen?

Name ______________________ Klasse ____________ Datum ____________

Student Response Forms

COPYING MASTERS

Übung 1: Zeitung, Radio, Fernsehen Seite 131

Was haben die Schüler über die verschiedenen Medien gesagt? Mach eine Liste mit drei Spalten: Zeitung, Radio, Fernsehen! Schreib in Stichworten auf, was die Schüler gesagt haben!

	Zeitung	Radio	Fernsehen
Sandra			
Christof			
Frank			
Nicole			
Alex			
Ralf			
Martina			
Natalie			

Übung 4: Hör gut zu! Seite 133

Wer von diesen Leuten informiert sich hauptsächlich durch Zeitunglesen, Fernsehen oder Radiohören? Hör gut zu, und schreib die Information in die entsprechende Spalte!

Schüler	Zeitung	TV	Radio
Kässi			
Antje			
Holger			
Thomas			

Name ______________________ Klasse ____________ Datum ____________

Student Response Forms

Übung 5: Hör gut zu! Seite 133

Im Schulhof wird lebhaft diskutiert. Hör zu und schreib auf, wer von diesen Schülern seine Meinung begründet und wer nicht! Welcher Schüler begründet seine Meinung am besten und warum?

Schüler	Grund	keinen Grund
Markus		
Michaela		
Rüdiger		
Cornelia		

Begründet seine Meinung am besten? ____________________

Übung 11: Hör gut zu! Seite 136

Im Schulhof unterhalten sich einige Schüler über die Vorteile und Nachteile des Fernsehens. Schreib mindestens drei Vorteile und drei Nachteile auf, die du hörst! Stimmst du auch mit diesen Meinungen überein?

Vorteile	Nachteile
____________________	____________________
____________________	____________________
____________________	____________________

Übung 16: Hör gut zu! Seite 141

Ein paar Schüler arbeiten für eine Schülerzeitung und müssen morgen eine neue Ausgabe drucken. Hör ihrem Gespräch gut zu und entscheide, wer diese Arbeit gern macht und wer nicht!

	macht die Arbeit gern	macht die Arbeit nicht gern
Bernhard		
Regina		
Gerd		
Heidi		

Übung 17: Hör gut zu! Seite 141

Die Mitglieder der Schülerzeitung haben dich zu ihrer Versammlung eingeladen. Hör gut zu, wie einige Schüler Überraschung und Frust ausdrücken! Notiere, wer wie reagiert!

	Überraschung	Frust
Angelika		
Bodo		
Georg		
Claudia		

COPYING MASTERS

Student Response Forms

Anwendung Übung 2, Seite 148

Zwei Redaktionsmitglieder einer Schülerzeitung unterhalten sich über Themen, die in der nächsten Ausgabe erscheinen sollen, und danach sprechen sie über einige Arbeiten, die die Schüler noch machen müssen. Hör zu und schreib mindestens drei Themen auf, über die du auch gern in einer Schülerzeitung lesen möchtest! Dann schreib zwei Arbeiten auf, die du gern für deine Schülerzeitung machen möchtest!

Themen, über die du gern lesen möchtest:

____

____

____

____

Arbeiten, die du gern für deine Schülerzeitung machen möchtest:

____

____

Additional Listening Activities 

Erste Stufe

6-1 Julia erzählt ihrer Freundin Heike von dem Stromausfall (*power blackout*), den sie gestern zu Hause hatten. Hör dir den Dialog an, und entscheide, welche Antworten am besten passen!

1. Julia erzählt Heike vom ... zu Hause.
   a. Unfall
   b. Streit
   c. Stromsparen

2. Julia hatte Streit mit ihrem Vater, wegen
   a. des Stromausfalls.
   b. des Fernsehprogramms.
   c. des Stromsparens.

3. Julia wollte sich eine Jugendsendung ansehen, aber ihr Vater wollte lieber
   a. Karten spielen.
   b. Strom sparen.
   c. das Fußballspiel sehen.

4. Heike ist froh, dass sie .... zu Hause hat.
   a. ein eigenes Kartenspiel
   b. ein eigenes Videogerät
   c. einen eigenen Fernseher

5. Während des Stromausfalls haben Julia und ihr Vater
   a. Karten gespielt.
   b. Streit gehabt.
   c. zusammen Fernsehen geguckt.

6. Julia hat ihrem Vater erzählt, dass sie den Tobias aus der 13a
   a. nett findet.
   b. nicht leiden kann.
   c. lustig findet.

Name ______________________ Klasse ______________ Datum ______________

Additional Listening Activities

6-2 Du hörst nun einen Auszug (*excerpt*) aus einer Diskussion zwischen Jugendlichen im Radio. Das Thema lautet: „Der Fernsehkonsum unter Jugendlichen nimmt zu. Sind Bücher und Zeitungen überhaupt noch wichtig?" Hör dir die Diskussion an, und trag danach in die Tabelle ein, was die Schüler vom Fernsehen und von Büchern oder Zeitungen halten!

	Fernsehen	Bücher/Zeitungen
Veronika		
Johannes		
Dorothee		

6-3 Jan, Udo und Eva arbeiten in der Redaktion der Schülerzeitung. Oft bekommen sie Artikel von anderen Schülern ihrer Schule und beraten dann, welcher dieser Artikel sich am besten für die nächste Ausgabe eignet. Hör ihrer Unterhaltung zu, und beantworte danach die Fragen!

1. Welche Artikel/Themen stehen zur Auswahl?

____

____

____

____

____

____

2. Für welche Artikel/Themen entscheiden sie sich?

____

____

____

Zweite Stufe

6-4 Es ist Freitagnachmittag. Rosi, Dirk und Kira stehen auf dem Schulhof zusammen und unterhalten sich über ein Thema aus den Nachrichten. Hör ihrem Gespräch zu, und beantworte danach die Fragen!

1. Über welches Ereignis sprechen Rosi, Kira und Dirk?

   ____

2. Woher wissen Rosi und Kira von dem Ereignis?

   ____

3. Durch welches Medium informiert sich Dirk?

   ____

4. Warum ist Rosi von dem Streik persönlich betroffen?

   ____

5. Wie kann sich Rosi am besten über die Entwicklungen des Streiks informieren?

   ____

6-5 Der Deutschlehrer, Herr Krämer, unterhält sich auf dem Weg zum Klassenzimmer mit Hans-Jürgen, der für die Schülerzeitung verantwortlich ist. Hör dir den Dialog an, und beantworte danach die Fragen!

1. Warum spricht Herr Krämer den Hans-Jürgen an?

   ____

   ____

2. Was sagt Hans-Jürgen über die Schülerzeitung?

   ____

   ____

3. Warum bekommt die Schülerzeitung keine Unterstützung mehr von der Schülervertretung?

   ____

   ____

4. Welchen Vorschlag macht Herr Krämer?

   ____

   ____

Additional Listening Activities

5. Welchen Vorschlag macht Hans-Jürgen?

____

____

6. Warum macht Hans-Jürgen diesen Vorschlag?

____

____

6-6 Als Rolf von der Schule nach Hause kommt, scheint sein jüngerer Bruder Axel keine gute Laune zu haben. Hör dir das Gespräch zwischen ihnen an, und beantworte danach die Fragen!

1. Warum hat Axel schlechte Laune?

____

____

2. Nenne drei Vorschläge, um die Schülerzeitung genauso attraktiv zu gestalten wie den Schulfunk!

____

____

____

____

____

____

Übung 3: Hör gut zu! Seite 161

Einige Freunde reden über Werbung, die sie im Fernsehen gesehen haben. Was regt sie auf? Was ist ihnen egal? Hör gut zu und schreib auf, wie diese Schüler reagieren!

	Was regt sie auf?	Was ist ihnen egal?
Udo		
Rudi		
Brigitte		

Übung 6: Hör gut zu! Seite 161

Du kaufst in einem deutschen Supermarkt ein und bleibst vor einigen Leuten stehen, die lebhaft einige Produkte vergleichen. Hör ihrem Gespräch gut zu und schreib auf, für welche Produkte sie sich entscheiden und warum!

	Welches Produkt?	Warum?
Frau Winter		
Frau Gruber		
Herr Köhler		

 **Student Response Forms**

Übung 10: Hör gut zu! Seite 163

Hör jetzt einigen Werbeslogans gut zu! Welcher Werbeslogan, den du hörst, passt zu welchem Produkt auf Seite 163?

1. ______
2. ______
3. ______
4. ______
5. ______

Übung 17: Hör gut zu! Seite 168

Die Mitarbeiter der Schülerzeitung reden über Werbespots in Zeitungen, die sie gesehen haben. Hör ihrem Gespräch gut zu und entscheide, wessen Meinungen am meisten akzeptiert werden!

	Wessen Meinungen werden am meisten akzeptiert?
Andrea	
Thomas	
Ute	
Achim	

Übung 22: Hör gut zu! Seite 170

Du hörst jetzt, wie Frau Kloses Schüler über den Werbespruch vom kleinen Cowboy sprechen. Welche Schüler sind überzeugt, dass sie Recht haben? Welche sind nicht sicher oder sogar dagegen? Mach eine Tabelle und füll sie aus!

	überzeugt, dass sie Recht haben	sind nicht sicher	sind dagegen
Christian			
Sebastian			
Lisa			

Übung 23: Nein, irgendeine Antwort geht nicht! Seite 171

Welche Form von irgendein passt in diese Lücken?

1. Das ist ______________ Reklame für Videos.
2. Er soll ______________ Werbeslogan schreiben.
3. Das sind ______________ Sachen für Kinder.
4. Das ist ______________ Fertiggericht.
5. Das sind ______________ Slogans für Bekleidung.
6. Ich suche ______________ Autoreklame.
7. Das Auto steht auf ______________ Wiese.
8. Die Wiese ist in ______________ Bergen.
9. ______________ Sportler preisen den Wagen an.
10. Ich kann nicht ohne ______________ Statussymbole sein.

Name ______________________ Klasse ______________ Datum ______________

Student Response Forms

Anwendung Übung 2, Seite 177

Du hörst jetzt einige Werbesendungen im Radio. Schau dir die Illustrationen auf Seite 177 an! Welche Zielgruppe soll mit jeder Werbung erreicht werden?

1. ______
2. ______
3. ______
4. ______
5. ______

Erste Stufe

7-1 Thomas und Robert machen im Sommer das Abitur. Robert hat schon seit längerer Zeit Geld gespart und würde sich gern ein Auto, den Tiger, kaufen. Hör dem Gespräch zu, und füll danach die Tabelle aus!

	Thomas	Robert
will sich einen Tiger kaufen		
hat schon einen Tiger		
findet Tiger-Werbung toll		
ist ein großer Autofan		
schlägt vor, zum Autohändler zu gehen		

7-2 Ute und Bea wollen beide später einmal Medizin studieren; deswegen interessieren sie sich schon heute für Gesundheitsfragen. Diesmal sprechen sie über Zigaretten. Hör dem Gespräch gut zu, und beantworte danach, ob die Aussagen stimmen oder nicht!

_______ 1. Ute findet Beas ältere Schwester eigentlich ganz okay.

_______ 2. Bea regt sich über ihre ältere Schwester auf, weil sie neulich begonnen hat, Zigaretten zu rauchen.

_______ 3. Ute will sich nicht über Zigarettenwerbung unterhalten.

_______ 4. Bea meint, eine große Zielgruppe der Zigarettenwerbung sind die Teenager.

_______ 5. Ute meint, Teenager probieren weniger neue Sachen aus als ältere Leute.

_______ 6. Die Zigarettenfirmen machen viel Werbung, weil sie nicht ihren Marktanteil verlieren wollen.

_______ 7. Ute findet, dass diese Zigaretten-Werbung auch Vorteile hat.

_______ 8. Bea glaubt nicht, dass sie ihrer Schwester helfen kann.

_______ 9. Ute möchte Beas Schwester helfen.

Additional Listening Activities

7-3 Theo und Katrin sind Geschwister. Sie wollen eine Annonce in der Zeitung aufgeben, um ihre Kätzchen zu verschenken, denn ihre Katze hat gerade junge Kätzchen gekriegt. Hör dem Gespräch gut zu und beantworte danach, ob die Aussagen stimmen oder nicht.

_______ 1. Theo und Katrin haben schon einmal versucht, ihre Kätzchen zu verschenken.

_______ 2. Die Geschwister haben sich entschlossen, die Kätzchen dem Tierschutz zu geben.

_______ 3. Am Wochenende wollen sie eine Annonce in der Zeitung aufgeben.

_______ 4. Theo ist mit Katrins Werbeslogan nicht zufrieden.

_______ 5. Katrin ist mit Theos Werbeslogan nicht zufrieden.

_______ 6. Die beiden wollen die Kätzchen mit Garantie verschenken.

_______ 7. Theo glaubt, dass man eine Katze lieber mit einer Garantie nehmen würde.

Zweite Stufe

7-4 Cornelia und Gabi fahren gerade mit der Straßenbahn nach Köln. Sie sprechen über Werbeplakate, die sie während der Fahrt sehen, als sie aus dem Fenster schauen. Hör dem Gespräch gut zu und entscheide, welche Antworten am besten passen.

A.

1. Cornelia meint, dass viele _____ die Landschaft verunstalten.
   - **a.** Straßenbahnen
   - **b.** Menschen
   - **c.** Werbeplakate
   - **d.** Erfindungen

2. Gabi meint, dass Werbeplakate unterhalten und _____
   - **a.** informieren.
   - **b.** verschönern.
   - **c.** anregen.
   - **d.** für junge Leute sind.

3. Cornelia widerspricht Gabi, weil viele Plakate für _____ werben.
   - **a.** Wasser
   - **b.** Fruchtsaft
   - **c.** das Gleiche
   - **d.** junge Leute

4. Gabi gibt zu, dass sie sich gerne durch die Werbung _____ lässt.
   - **a.** erquicken
   - **b.** verbrauchen
   - **c.** abservieren
   - **d.** beeinflussen

5. Gabi rät Cornelia, dass sie doch alles etwas ________ sehen sollte.
   - **a.** lockerer
   - **b.** wie Limo
   - **c.** wie Teenager
   - **d.** enger

6. Nach der Straßenbahnfahrt wollen sie erst mal etwas _______ gehen.
   - **a.** essen
   - **b.** zum Wasser
   - **c.** trinken
   - **d.** schwimmen

B.

Write a short essay in German about your favorite billboard. Contrast it to a billboard which you find particularly distasteful.

7-5 Günther und Dagmar wollen später einmal Betriebswirtschaft studieren. Sie sprechen über Werbung, und ob Werbung wirklich für den Erfolg (*success*) einer Firma wichtig ist. Hör der Unterhaltung genau zu, und beantworte danach die Fragen!

1. Was ermöglicht die Werbung für eine Firma? Welche Vorteile werden von Dagmar und Günther genannt?

   ____

   ____

2. Worauf müssen Firmen aufpassen, wenn sie neue Produkte einführen (*introduce*)?

   ____

   ____

3. Wie unterscheidet sich Popsi von Safti? Oder unterscheiden sie sich überhaupt?

   ____

   ____

4. Welchen Fehler hat die Colafirma „Popsi“ gemacht? Wie hat diese Firma diesen Fehler beseitigt?

   ____

   ____

5. Dagmar sagt etwas über die Werbung von Popsi. Was sagt sie darüber?

   ____

   ____

Additional Listening Activities

6. Dagmar trinkt jetzt lieber Popsi, obwohl sie vorher Safti mochte. Welchen Grund gibt sie dafür an?

7. Welchen Grund gibt Günther an, warum Dagmar jetzt Popsi trinkt?

8. Wirst du überhaupt von Werbung beinflusst? Warum oder warum nicht?

7-6 Trudi und Dieter sind beide in der Tennismannschaft vom Tennisclub SV Baden-Baden. Sie unterhalten sich über die Kleidung, die sie im Club tragen müssen. Hör der Unterhaltung genau zu, und beantworte danach die Fragen!

1. Warum wurde Dieter von seinem Trainer gewarnt? Was darf er nicht mehr beim Training tragen?

2. Warum dürfen die Clubmitglieder (*club members*) nur Weiß tragen?

3. Warum ist es so wichtig, die richtigen Klamotten beim Training zu tragen?

4. Dieter und Trudi sagen auch, dass sie auch in der Schule auf ihre Klamotten aufpassen müssen. Warum werden sie gezwungen, Markenklamotten zu tragen?

5. Trägst du lieber Markenklamotten? Warum oder warum nicht?

Name ______________ Klasse ______________ Datum ______________

Übung 2: Hör gut zu! Seite 184

Ein deutscher Austauschschüler spricht über Amerika und die Amerikaner. Schreib drei Dinge auf, die er gut gefunden hat und drei, die er nicht so gut gefunden hat! Gib Gründe an!

hat gut gefunden und warum

____

____

____

hat nicht so gut gefunden und warum

____

____

____

Übung 5: Hör gut zu! Seite 185

Schüler unterhalten sich über ihre Erfahrungen in Amerika. Worüber sind sie überrascht? Enttäuscht? Was stört sie? Trag die Information in die drei Spalten unten ein!

Schüler	überrascht	enttäuscht	stört
Elke			
Heidi			
Franz			

Name ______________________ Klasse ____________ Datum ____________

Student Response Forms

Übung 17: Klischees und Tatsachen Seite 191

3. Was für Klischeevorstellungen hatten diese jungen Amerikaner, und wie mussten sie diese nach ihrem Deutschlandbesuch revidieren *(revise)*? Trag die Information in die Liste ein!

Name	Klischee oder Vorurteil	„neue" Meinung
John, 16		
Rich, 17		
Jessy, 16		
Mandy, 15		
Kim, 17		
Cathy, 17		
Eric, 15		

Übung 19: Hör gut zu! Seite 192

Was sagen Jugendliche über die Deutschen? Hör gut zu, wie einige amerikanische Schüler ihre Erlebnisse in Deutschland besprechen! Welche Aussage passt zu welchem Bild auf Seite 192?

1. ______
2. ______
3. ______
4. ______
5. ______

Übung 22: Hör gut zu! Seite 193

Schüler erzählen, wie sie sich Deutschland und die Deutschen vorstellen. Schreib mindestens fünf Eindrücke auf, die diese Schüler erwähnen!

amerikanische Vorstellungen von Deutschland und den Deutschen

____

____

____

____

____

____

Übung 25: Hör gut zu! Seite 194

Schüler erzählen von ihren Erfahrungen mit deutschen Jugendlichen in Deutschland. Welches sind Empfehlungen und welches sind Warnungen?

Name	Empfehlung	Warnung
Dorothee		
Christian		
Lisa		

Name ______________________ Klasse ____________ Datum ____________

COPYING MASTERS

Student Response Forms

Anwendung Übung 1, Seite 200

Jeden Tag kann man im Radio die Sendung „Kurz notiert" hören. Man liest kurze Meldungen aus Zeitungen und Zeitschriften vor. Hör jetzt gut zu! Welche Schlagzeile unten passt zu welcher Meldung? Schreib einige Notizen für jede Schlagzeile, damit du anschließend über die Meldungen diskutieren kannst. Welche Klischeevorstellungen sind zu erkennen? Diskutier mit deinen Klassenkameraden darüber!

Schlagzeilen:

Ohne Mutter geht es nicht ___

Amerika für junge Mädchen ___

Jobs—immer noch nach traditioneller Manier ___

Ein partnerschaftlicheres Leben im Kommen ___

Wie alt ist zu alt? ___

Erste Stufe

8-1 Ute, Ina und Max unterhalten sich über ihre Vorstellungen von den Amerikanern. Einige dieser Vorstellungen findest du hier. Sie sind nicht in der Reihenfolge angegeben, wie du sie hörst. Beim Hören sollst du die Sätze in die richtige Reihenfolge bringen. Wer von den dreien war schon einmal in den Vereinigten Staaten?

1. Vorstellungen/Klischees über die Amerikaner (ungeordnet)

   ______ Die Amerikaner kauen immer Kaugummi.

   ______ Im Allgemeinen sind die Amerikaner nicht so sportlich.

   ______ Das Leben ist nicht so stressig.

   ______ Die Jugendlichen sind nicht so künstlich.

   ______ Die meisten Amerikaner sind herzlich und nett.

   ______ Die Amerikaner sind sehr laut.

   ______ Die meisten tragen sehr lässige Kleidung.

   ______ In amerikanischen Restaurants, in Bars und in Stadien ist es laut.

   ______ Der Unterricht in der Schule ist locker.

2. Wer von den dreien war schon einmal in den Vereinigten Staaten?

   ____

8-2 Du hörst ein Gespräch zwischen Ines, Jens und Anne, in dem es um Klischees der Deutschen über Amerika geht. Im Gespräch sagen sie, worüber sie enttäuscht sind, was ihnen missfällt oder sie stört. Auf Seite 71 findest du eine Tabelle. Zu jedem Satzanfang auf der linken Seite, such ein passendes Satzende auf der rechten Seite!

1. Jens stört es, dass	a. Klischees das Urteil über ein Land oder Leute so beeinflussen.
2. Anne findet es schade, wenn	b. die Amerikaner so offen und locker sind.
3. Ines bedauert es, dass	c. Leute sagen, dass alle Amerikaner künstlich sind und laut.
4. Ines ärgert es, wenn	d. das Amerikabild vieler Deutscher so viele Klischees hat, die gar nicht stimmen.
5. Jens regt es auf, wenn	e. aus Klischees negative Vorurteile entstehen können.
6. Anne war erstaunt, dass	f. Leute Vorurteile nicht abbauen können.

Additional Listening Activities

8-3 Deutsche Schüler, die im Austausch in den Vereinigten Staaten waren, treffen sich zum ersten Mal wieder in Deutschland. Sie unterhalten sich darüber, was ihre Vorstellungen waren, bevor sie nach Amerika gefahren sind und wie sich diese Vorstellungen geändert haben durch ihre Erfahrungen in den Vereinigten Staaten. Hör dir das Gespräch zwischen Beate, Silke und Klaus an! Trag dann in die Tabelle Vorstellungen und Erfahrungen der Schüler ein!

Vorstellungen	Erfahrungen

Zweite Stufe

8-4 Gabriele, Reinhard und Veronika unterhalten sich über Klischees und Stereotype verschiedener Nationen in Europa. Hör zu und entscheide, welche Antworten am besten passen!

1. Gabriele findet, die Franzosen sind
   a. still.
   b. streng.
   c. stur.

2. Reinhard meint, dass die Franzosen
   a. stolz auf ihr Land sind.
   b. ihre Sprache nicht mögen.
   c. gern andere Fremdsprachen sprechen.

3. Reinhard findet, dass
   a. die Deutschen nicht gern französisch sprechen.
   b. die Deutschen alle stolz auf ihr Land sind.
   c. nicht alle stolz auf ihr Land sind.

4. Frankreich ist bekannt für guten
   a. Kaffee.
   b. Tee.
   c. Wein.

5. Man sagt, dass die Engländer und Iren
   a. pünktlich sind.
   b. höflich sind.
   c. durstig und geduldig sind.

6. Reinhard stellt sich vor, dass die Schotten und Iren
   a. pünktlich sind.
   b. streng sind.
   c. gutmütig sind.

8-5 Heiner war im letzten Sommer bei einer Gastfamilie in Amerika. Am Anfang des Schuljahres berichtet er seiner Freundin Bärbel, wie sie ihn in den ersten Tagen aufgenommen haben. Dabei ging es natürlich nicht ohne Vorurteile ab — auf beiden Seiten. Hör dir das Gespräch an, und beantworte danach die Fragen!

1. Wieso war Heiner auf dem Flughafen von seiner Gastfamilie überrascht?

____

____

Additional Listening Activities

2. Welche Vorstellungen hat Bärbel von den Amerikanern?

3. Welchen Tip gibt Heiner der Bärbel für ihre Amerikareise?

8-6 Claudia, Manfred und Martina sind in derselben Klasse. Sie sollen zu dritt einen Aufsatz schreiben zu einem Thema, das ihnen sehr schwer fällt. Sie treffen sich zum Brainstorming, um später über das Thema schreiben zu können. Hör ihrem Gespräch zu, und beantworte danach die Fragen!

1. Wie heißt das Thema des Aufsatzes?

2. Über welches Klischee sprechen die drei?

3. Die drei überlegen, warum es dieses Klischee geben mag. Was fällt ihnen dazu ein?

4. Stell dir vor, du sollst zum gleichen Thema einen Aufsatz schreiben! Versuch mit zwei oder drei anderen Schülern deiner Klasse ein ähnliches Brainstorming zu machen! Welche Klischees über Amerikaner oder Deutsche fallen dir ein, und wo werden sie bewusst verwendet? Was ist deine Meinung zum Thema: „Brauchen wir Klischees?“

Übung 4: Hör gut zu! Seite 208

Verschiedene Leute drücken ihre Sorge zur Umweltverschmutzung aus. Schreib auf, welche Sorgen jeder hat, und was jeder vorschlägt, um die Umwelt zu verbessern!

	Sorgen	Vorschläge
Julia	______________________	______________________
	______________________	______________________
	______________________	______________________
Helga	______________________	______________________
	______________________	______________________
	______________________	______________________
Peter	______________________	______________________
	______________________	______________________
	______________________	______________________

Übung 8: Hör gut zu! Seite 210

Der Allgemeine Deutsche Fahrradklub macht Werbung mit einem Bericht im Radio. Hör zu und schreib fünf Gründe auf, warum man öfters Rad fahren sollte!

____

____

____

____

____

Student Response Forms

Übung 17: Hör gut zu! Seite 215

Die Umwelt-AG möchte für jeden Slogan ein Poster entwerfen. Du hörst jetzt die Slogans. Zeichne einfache Skizzen (*sketches*), die die Slogans wiedergeben!

Übung 19: Hör gut zu! Seite 215

Schüler unterhalten sich über Umweltfragen. Über welche Produkte sprechen sie, und was erfährst du über diese Produkte? Mach dir Notizen!

Produkte	Was erfährst du darüber?

Übung 23: Hör gut zu! Seite 218

Du hörst jetzt, was einige Mädchen und Jungen für die Umwelt tun. Schreib ein paar Sachen auf, die sie machen!

Armin

____

____

____

Maria

____

____

____

Felix

____

____

____

Tanja

____

____

____

Student Response Forms

Anwendung Übung 2, Seite 224

Ein Mitglied der Umwelt-AG kommt in die Klasse und erzählt den Schülern, was sie alles für ihre Umwelt machen können. Hör seiner Rede zu und schreib acht Vorschläge auf, die er macht!

Vorschläge

____

____

____

____

____

____

____

____

Erste Stufe

9-1 Jutta und Daniel sprechen über den geplanten Umwelttag an ihrem Gymnasium. Hör dem Gespräch zu und markiere in der Tabelle unten, was alles auf dem Umwelttag gezeigt werden soll!

Was auf dem Umwelttag gezeigt werden soll

- ☐ recyceltes Plastik- und Papiergeschirr
- ☐ essbare Suppenschüsseln aus Brotteig
- ☐ Kunstobjekte aus Aluminiumdosen
- ☐ vom Aussterben bedrohte Tiere
- ☐ solarenergiebetriebene Taschenrechner
- ☐ Collage zum Thema „Atomkraft"
- ☐ nicht sortierter Müll der Schüler
- ☐ umweltfreundliche Abfallcontainer
- ☐ Trinkwasseranalyse
- ☐ biologisch abbaubare Waschpulver
- ☐ wie man Gegenstände selbst recyceln kann

9-2 Bärbel und Herbert unterhalten sich über die Energieversorgung. Sie fragen sich, ob man Kernenergie braucht oder nicht. Hör dem Gespräch gut zu, und beantworte danach, ob die Aussagen stimmen (stimmt) oder nicht (stimmt nicht)!

______________ 1. Bärbel denkt gern über Umweltprobleme nach und sorgt sich um den Wald.

______________ 2. Herbert findet, dass man mit Atomkraft genügend Energie ohne allzu großes Risiko produzieren kann.

______________ 3. Bärbel ist gegen Atomenergie, weil sie wahnsinning viel Geld kostet.

______________ 4. Herbert meint, dass die neue Technik viel umweltfreundlicher geworden ist.

______________ 5. Bärbel tut jetzt schon alles, um Energie zu sparen.

______________ 6. Herbert glaubt, dass es hauptsächlich die Technik ist, die an den Problemen der Atomkraft schuld ist.

Additional Listening Activities

9-3 Erwin und Babsi wollen Produkte verkaufen, die aus recyceltem Material bestehen. Hör dem Gespräch gut zu und beantworte danach, ob die Aussagen stimmen (stimmt) oder nicht (stimmt nicht)! Wenn eine Aussage nicht stimmt, schreib die richtige Antwort auf!

______ 1. Erwin und Babsi wollen am Wochenende beim Flohmarkt altes Zeug verkaufen.

____

______ 2. Babsi möchte Spielflugzeuge aus Coladosen bauen und dann verkaufen.

____

______ 3. Erwin möchte auch etwas Recyceltes aus Flaschen bauen.

____

______ 4. Babsi möchte auch Papier aus recyceltem Material verkaufen.

____

______ 5. Babsi und Erwin möchten das, was sie nicht verkaufen, dem Händler zurückgeben.

____

______ 6. Erwin möchte außerdem noch viele andere Sachen anbieten.

____

Zweite Stufe

9-4 Kirsten und Norbert unterhalten sich über Umweltfragen. Sie diskutieren darüber, wie sehr sie auf die Umwelt Rücksicht nehmen sollen. Hör dem Gespräch gut zu und beantworte danach, ob die Aussagen stimmen (stimmt) oder nicht (stimmt nicht). Wenn eine Aussage nicht stimmt, schreib die richtige Aussage darunter!

______ 1. Kirsten hält nicht viel von der Umwelt.

____

______ 2. Kisten sagt, dass nur manche Leute an den Umweltproblemen schuld sind.

____

______ 3. Norbert findet, dass man viel erreichen kann, wenn alle auf die Umwelt achten.

____

______ 4. Kirsten hat keinen Vorschlag, wie man die Umwelt verbessern könnte.

____

______ 5. Erwin ist von Kirstens Vorschlägen beeindruckt.

____

______ 6. Erwin schlägt Kirsten vor, sie soll Mitglied einer Umweltgruppe werden.

____

Name ______________________ Klasse ____________ Datum ____________

Additional Listening Activities

COPYING MASTERS

9-5 Frank und Beate werden bald achtzehn und möchten sich dann jeder ein Auto kaufen. Aber wie wirkt sich diese Entscheidung auf die Umwelt aus? Hör der Unterhaltung genau zu, und beantworte danach die Fragen!

1. Warum meint Frank, dass sich junge Leute kein normales Auto mehr kaufen sollen?

____

____

2. Warum möchte Beate ein Auto haben?

____

____

3. Was hält Beate von der Umwelt?

____

____

4. Was für ein Auto wird Beate kaufen und warum?

____

____

5. Wird sich Frank auch bald ein Auto kaufen? Warum oder warum nicht?

____

____

6. Was verabreden Frank und Beate am Ende?

____

____

Name ______________________ Klasse ______________ Datum ______________

COPYING MASTERS

Additional Listening Activities

9-6 Heiner und Steffi unterhalten sich über die Müllbeseitigung. Sie wollen herausfinden, was die vernünftigste Lösung ist. Hör der Unterhaltung genau zu, und beantworte danach die Fragen!

1. Warum gibt es jetzt drei Mülltonnen?

____

____

2. Warum regt sich Heiner über den Inspektor auf?

____

____

3. Wieso findet Steffi eine Kontrolle gut?

____

____

4. Warum hat Heiners Nachbar eine Strafe von DM 50 gekriegt?

____

____

5. Was musste der Nachbar machen, um die Strafe nicht bezahlen zu müssen?

____

____

6. Was meint Steffi am Ende? Warum sagt sie das?

____

____

Übung 4: Hör gut zu! Seite 236

Erwin hat Lust, mit einigen Klassenkameraden an diesem Wochenende irgendeine kulturelle Veranstaltung zu besuchen. Er ruft seine Klassenkameradin Lise an und bittet sie, ihm aus ihrem Kulturkalender vorzulesen. Hör gut zu, wie sie die Veranstaltungen besprechen! Welche kulturellen Interessen haben die beiden? Zu welchen Veranstaltungen entschließen sie sich? Mach dir Notizen, und vergleiche sie mit denen einer Klassenkameradin!

Veranstaltungen, die sie erwähnt

____

____

____

____

gemeinsame (*common*) Interessen

____

____

Was wollen sie machen?

____

Name ______________________ Klasse ______________ Datum ______________

COPYING MASTERS

Student Response Forms

Übung 9: Was sind Jörgs kulturelle Interessen? Seite 238

Lies den folgenden Absatz, den der Realschüler Jörg über seine kulturellen Interessen für die Schule schreiben musste! Da es leider auf sein Papier geregnet hat, fehlen jetzt einige Wörter. Setz die Wörter aus dem Kasten in die Lücken, damit er eine gute Note bekommt! Vergiss die richtigen Artikel nicht! Sag dann einem Partner, ob du ähnliche Interessen hast!

Meine kulturellen Interessen? Nun, ich mache oft während ________ ______________ Hausmusik, besonders Musik ________ großen ______________________ Beethoven, und ich gehe auch gern in Konzerte. Wenn das Wetter schlecht ist, besuche ich anstatt ________ ______________ ein Museum, besonders das Museum ________ ______________ und Technik. In Kunstmuseen gehe ich weniger gern. Die meisten Gemälde ____________ alten ______________________ langweilen mich. Moderne Kunst ist schon besser. Ja, außerdem lese ich ziemlich viel. Im Moment ist es Literatur ____________ neunzehnten ______________________, besonders Eichendorff und Keller, auch Werke ________ ____________ Heinrich Heine.

des Jahrhunderts	des Lyrikers	des Komponisten	eines Konzerts
der Meister	der Wissenschaft	des Winters	

Name ______________________ Klasse ______________ Datum ______________

Übung 17: Hör gut zu! Seite 243

Du hörst jetzt einen Bericht über einen Klassenausflug. Was haben die Freunde gemacht? Wie hat es ihnen gefallen? Schreib die wichtigsten Dinge auf, die sie sagen!

Was haben sie gemacht?

____

Wie hat es ihnen gefallen?

Inge

____

____

____

Susi

____

____

____

Lutz

____

____

____

Ömur

____

____

____

Student Response Forms

Übung 23: Hör gut zu! Seite 244

Du setzt dich in einen bequemen Sessel, um an einem ruhigen Sonntagnachmittag etwas Musik im Radio zu hören. Du hörst, wie der Ansager die Konzerthalle und die Vorbereitungen der Musiker auf das Konzert beschreibt. Was beschreibt er genau? Wer spielt, und was für Musik wird gespielt? Mach dir Notizen!

Was beschreibt der Ansager?

______

______

______

Was für Musik wird gespielt?

______

Wer spielt?

______

Anwendung Übung 1, Seite 252

Du hörst jetzt einige junge Leute über kulturelle Interessen sprechen. Schreib auf, wovon jeder spricht: von der Literatur, von der Kunst, von einem Konzert, von einer Oper oder von einem Ballett!

Wovon sprechen sie?

Nicole

______

Regina

______

Rainer

______

Sascha

______

Erste Stufe

10-1 Du hörst ein Gespräch zwischen Stefanie, Heike und Jens. Nachdem du herausbekommen hast, worum es geht, kannst du entscheiden, ob die Antworten richtig oder falsch sind.

Richtig oder falsch?

_______________ 1. Heike ist krank, und Jens und Stefanie machen einen Krankenbesuch bei ihr.

_______________ 2. Heikes Neffe ist 12, ihre Nichte 11 Jahre alt.

_______________ 3. Jens fühlt sich zu alt, Märchen zu lesen.

_______________ 4. Heikes Eltern haben ein Theaterabonnement, und Heike war 10 Jahre alt, als sie das erste Mal im Theater war.

_______________ 5. Für Kinder gibt es kein Theater in der Stadt.

_______________ 6. Jens schlägt vor, mit dem Neffen in eine Autoausstellung zu gehen.

10-2 Nina, Claus und Torsten besuchen eine fremde Stadt. Sie gehen zur Touristen-Information, um zu erfahren, was man in der Stadt alles machen kann. Hör dem Gespräch zu, das sie mit der Frau an der Touristen-Information führen, und markiere die Dinge, die es in der Stadt nicht gibt!

Was gibt es in der Stadt nicht?

1. Volksfest
2. Architektur-Ausstellung im Bauhaus
3. historische Ausstellung
4. Motorradausstellung
5. Bildergalerie moderner Maler ab dem 19. Jahrhundert
6. Bildergalerie alter Maler vor dem 19. Jahrhundert
7. Hausmusik
8. Wagner-Oper
9. Mozart-Konzert im Schlosshof

COPYING MASTERS

Additional Listening Activities

10-3 Lisa, Yvonne, Holger und Steffen sitzen zusammen und haben die Zeitung vor sich. Hör dir das Gespräch zweimal an! Fass nach dem ersten Hören zusammen, worum es geht, das heißt, wozu die vier die Zeitung brauchen! Vor dem zweiten Zuhören wirst du von deinem Lehrer oder deiner Lehrerin den Text erhalten. Füll dann während des Hörens die Lücken im Text aus!

LÜCKENTEXT:

LISA: He, am Wochenende findet das Konzert des Jahrhunderts statt, steht hier in der Zeitung: Vivaldi gespielt vom Geiger Nigel Kennedy. Den Geiger kenn ich zwar nicht, aber wegen ________________ von Vivaldi würde ich da schon mal hingehen. Was meint ihr?

YVONNE: Ach, du, Lisa, ich finde Geigenmusik nicht gut, und Konzerte überhaupt. Anstatt ________________ würde ich einen Film im Kino vorziehen.

LISA: Aber das ist doch langweilig. Ins Kino gehen wir immer.

HOLGER: Das stimmt. Ich finde das Konzert auch eine gute Idee, nicht unbedingt wegen ________________, aber ________________________ könnten wir auch mal was anderes machen. Oder was meinst du, Steffen?

STEFFEN: Ich glaube nicht, dass ich Zeit habe, überhaupt was zu machen. Außerhalb ________________ mache ich gewöhnlich nicht sehr viel. Und an den Wochenenden muss ich mich auf Tests vorbereiten.

LISA: Ach, komm. Du kannst während ________________________ lernen. Sei nicht so ein Streber!

YVONNE: Genau. Außerdem lebst du ja nicht nur für die Schule.

HOLGER: Seht mal, hier in der Zeitung steht auch, dass dieses Wochenende ein Volksfest in der Stadt ist. Da würde ich gern hingehen. Nicht wegen ________________, aber so ________________________. Wie findet ihr das?

YVONNE: Na ja, das ist immerhin noch besser als Konzert. Da weiß ich, dass ich da ________________ hingehe und nicht nur ________________________.

STEFFEN: Ich habe noch einen ganz anderen Vorschlag. Alle diese Dinge können wir nämlich während ________________________ machen, wenn es draußen so kalt ist, dass man lieber drinnen ist.

LISA: Na, was schlägst du denn dann vor?

STEFFEN: Hier in der Zeitung habe ich gerade gesehen, dass morgen der letzte Tag ________________________ auf dem Messegelände ist. Da sind wir an der frischen Luft ...

LISA: Ach, du kannst mir doch nicht erzählen, dass du da wegen ________________ ________ hin willst, ich glaube eher wegen ________________________ ...

YVONNE: Genau. Es passiert wohl kaum, dass du mal was ________________________ machst, außerhalb ________________.

STEFFEN: Aber ...

HOLGER: Und übrigens — das Volksfest findet auch im Freien statt.

YVONNE: Genau, also ich bin auch fürs Volksfest.

LISA: Na gut, ins Konzert können wir mal während ________________________ gehen. Los, Steffen, lass uns mal was zur Entspannung machen.

YVONNE: Ja, komm doch mit!

STEFFEN: Na gut, aber wenn ich wegen ________________________ dann am Mittwoch eine schlechte Arbeit schreibe ...

Zweite Stufe

10-4 Claudias Schule führt in jedem Jahr am Ende des Schuljahres ein Abschlussfest durch. Jana, Claudias Freundin, konnte in diesem Jahr nicht teilnehmen und fragt deshalb Claudia, wie es war. Hör dir das Gespräch zwischen den beiden an und entscheide, welche Antworten am besten passen!

1. Jana hat das Programm verpasst, weil sie
   a. Magenschmerzen hatte.
   b. Ohrenschmerzen hatte.
   c. eine Grippe hatte.

2. Das Programm fand statt:
   a. am Abend zuvor.
   b. letzte Woche.
   c. am Wochenende.

3. Die Rede am Anfang hielt
   a. der Direktor.
   b. ein Schüler.
   c. ein Gast.

4. Claudia hat
   a. nicht am Programm teilgenommen, sie war nur Zuschauerin.
   b. im Chor gesungen.
   c. beim Theaterstück der 9b mitgemacht.

5. Der Dirigent des Chores
   a. ist nie lustig.
   b. war diesmal zur Aufführung sehr ernst.
   c. konzentriert sich nie auf seine Arbeit.

6. Der Chor hat einen
   a. neuen Dirigenten.
   b. einen neuen Klavierspieler, der oft falsch spielt.
   c. einen neuen Klavierspieler, der den Chor sehr gut begleitet.

7. Jana hat sich erinnert, dass sie das Theaterstück der 9b schon kennt, weil
   a. da ein Junge auf die Freundin seines Freundes eifersüchtig ist.
   b. da ein Junge so auf die guten Noten seines Freundes neidisch ist, dass er überall in der Schule sagt, dass sein Freund angeblich immer von ihm abschreiben würde.
   c. das so eine lustige Handlung hatte.

COPYING MASTERS

Name ______________________ Klasse ______________ Datum ______________

Additional Listening Activities

10-5 Jan, Dieter und Astrid spielen in einer Band. Hör ihrem Gespräch gut zu, und beantworte danach die Fragen!

1. Warum sind Jan, Dieter und Astrid vor dem Auftritt so aufgeregt?

____

2. Wie oft sind sie schon aufgetreten?

____

3. Welche Instrumente spielt jedes der vier Mitglieder der Gruppe?

____

4. Was ist mit Heinz passiert?

____

5. Beschreibe kurz ein Ereignis, das für dich spannend oder aufregend war!

____

____

10-6 Steffi und Matthias sind mit ihrer Klasse in Leipzig. Matthias will von Steffi wissen, was sie am Abend vorher gemacht hat. Hör ihrem Gespräch zu, und beantworte dann die Fragen!

1. Über welche Veranstaltung berichtet Steffi dem Matthias?

____

2. Gib so viel wie möglich von Steffis Beschreibung der Veranstaltung wieder! Notiere die Hauptpunkte!

____

____

3. Wie reagiert Matthias auf das, was Steffi erzählt?

____

4. Berichte, wie es war, als du das letzte Mal ein kulturelles Ereignis erlebt hast! (Kino, Theater, Konzert oder Ähnliches)

____

____

Übung 4: Hör gut zu! Seite 261

Drei Schüler machen bald ihren Schulabschluss. Hör ihrem Gespräch gut zu und entscheide dich, wer schon feste Pläne hat und wer sich über seine Zukunft noch nicht so sicher ist!

Wer hat feste Pläne?

____

____

Wer ist nicht so sicher?

____

____

COPYING MASTERS

Student Response Forms

Übung 12: Hör gut zu! Seite 263

Hör Steffi und Horst gut zu, wie sie über ihre Wünsche und Pläne für die Zukunft sprechen! Was für Dinge sind Steffi wichtig? Und Horst? Wie unterscheiden sich die zwei?

Welche Dinge sind Steffi wichtig?

____

____

____

Welche Dinge sind Horst wichtig?

____

____

____

Wie unterscheiden sie sich?

____

____

____

Übung 20: Hör gut zu! Seite 269

Hör zu und schreib auf, was sich diese Schüler wünschen! Wer hat mehr realistische Wünsche und wer mehr ideale? Mit welchem Schüler kannst du dich am besten identifizieren?

Wer hat realistische Wünsche?

____

Wer hat ideale Wünsche?

____

Mit wem kannst du dich am besten identifizieren?

____

Name ______________ Klasse ______________ Datum ______________

Student Response Forms

COPYING MASTERS

Übung 26: Hör gut zu! Seite 270

Schreib auf, was diese Jugendlichen mit dreißig Jahren erreicht haben möchten! Wer von ihnen hat große Pläne?

Was möchten sie erreicht haben?

Daniel

____

____

Jürgen

____

____

Sylvia

____

____

Sophie

____

____

Wer hat große Pläne? ______________

Name ______________________ Klasse ______________ Datum ______________

Student Response Forms

Anwendung Übung 1, Seite 276

Hör zu, wie einige Schüler sich über ihre Berufswünsche unterhalten! Was möchte jeder werden? Welche Vorteile und welche Nachteile erwähnen die Schüler? Mach dir Notizen!

Was möchte jeder werden?

Carmen ______________________

Vorteile/Nachteile? ______________________

____

Simone ______________________

Vorteile/Nachteile? ______________________

____

Martin ______________________

Vorteile/Nachteile? ______________________

____

Additional Listening Activities 

Erste Stufe

11-1 Jutta und Georg überlegen sich, wie sie ihr Berufsleben gestalten werden. Beide wollen studieren, aber was? Hör dem Gespräch zu, und füll danach die Tabelle aus!

	Interessiert sich für Jura	Wollte einmal Arzt werden	Erkundigt sich bei Freunden
Jutta			
Georg			

	Ist ein großer Optimist	Ist eher etwas vorsichtig
Jutta		
Georg		

11-2 Michaela und Martin haben verschiedene Zukunftspläne. Michaela möchte im Ausland studieren, während Martin nicht so recht weiß, was er machen will. Hör dem Gespräch gut zu, und beantworte danach, welche Aussagen stimmen und welche nicht stimmen!

_______ **1.** Michaela ist sich nicht sicher, ob sie in London oder in Oxford studieren wird.

_______ **2.** Michaela möchte im Ausland studieren, um ihre Sprachkenntnisse zu vertiefen.

_______ **3.** Martin möchte keine Fremdsprachenkurse nehmen.

_______ **4.** Martin hat sich noch nicht entschlossen, ob er Architektur studieren will.

_______ **5.** Michaela möchte entweder Jura oder Wirtschaftswissenschaften studieren.

_______ **6.** Martin wird Michaela besuchen, um mehr über ein Auslandsstudium zu erfahren.

COPYING MASTERS

Additional Listening Activities

11-3 Katrina und Uwe möchten dem Staat dienen. Uwe will zum Militär. Katrina möchte aber gerne zur Polizei. Hör dem Gespräch gut zu, und beantworte danach, ob die Aussagen stimmen, oder nicht. Wenn eine Aussage nicht stimmt, schreib die richtige Antwort unter die Frage!

_______ 1. Uwe möchte zur Polizei, und Katrina möchte zur Bundeswehr.

____

_______ 2. Katrina möchte genau wie ihr Vater Polizist werden.

____

_______ 3. Uwe hat zusammen mit Leuten von der Bundeswehr beschlossen, was er machen will.

____

_______ 4. Katrina hat etwas Angst davor, Polizistin zu sein.

____

_______ 5. Katrina fürchtet sich vor den Prüfungen, die sie machen muss.

____

_______ 6. Uwe kann Katrina wegen ihrer Furcht keinen Rat geben.

____

Zweite Stufe

11-4 Silke und Rainer machen gerade das Abitur. Rainer möchte gerne Fußballspieler werden. Silke ist vorsichtiger, sie möchte eine Lehre machen. Hör dem Gespräch gut zu, und entscheide danach, ob die Aussagen richtig oder falsch sind. Wenn eine Aussage falsch ist, schreib die richtige Aussage auf die freie Zeile!

_______ 1. Rainer möchte unbedingt in der zweiten Bundesliga Fußball spielen.

____

_______ 2. Silke findet Rainers Idee nicht so gut, weil diese Idee riskant ist.

____

_______ 3. Silke wird auch nur Sport treiben.

____

________ 4. Silke hat noch nicht beschlossen, welche Lehre sie machen wird.

____

________ 5. Rainer interessiert sich für Sprachen und überlegt sich, ob er studieren soll.

____

________ 6. Silke rät Rainer entweder zu studieren oder eine Lehre zu machen.

____

11-5 Sabine und Markus sind mit ihren Eltern schon viel gereist. Deswegen möchte Markus nach dem Abitur erst mal eine weitere lange Reise machen. Sabine möchte gerne in der Touristik arbeiten, damit sie auch reisen kann. Hör der Unterhaltung genau zu, und beantworte danach die Fragen!

1. Was möchte Markus unmittelbar nach seinem Abitur machen?

____

____

2. Warum ist Reisen für Sabine sehr wichtig?

____

____

3. Was für eine Karriere möchte Sabine beginnen?

____

____

4. Wohin möchte Markus auf seiner Reise fahren?

____

____

5. Welchen Ratschlag gibt Sabine dem Markus?

____

____

6. Wo wird Markus das Ende seiner Reise verbringen?

____

____

Name ______________________ Klasse ______________ Datum ______________

COPYING MASTERS

Additional Listening Activities

11-6 Ann ist Austauschstudentin aus Amerika. Sie unterhält sich mit Helga an der Universität. Helga würde gerne auch mal in die Vereinigten Staaten reisen. Hör der Unterhaltung genau zu, und beantworte danach die Fragen!

1. Warum macht Ann einen Teil ihres Studiums in Deutschland?

____

____

2. Warum meint Ann, dass das Leben anders ist, als sie es sich vorgestellt hat?

____

____

3. Was hat Helga von ihren Freunden gehört?

____

____

4. Was sagt Ann über Auslandserfahrung und über ihre Karriere?

____

____

5. Warum lernt Helga gerne Sprachen?

____

____

6. Wohin möchten Helga und Ann vielleicht zusammen reisen?

____

____

Übung 3: Hör gut zu! Seite 284

Junge Leute erzählen, wie ihr Leben vor nur einem halben Jahr war, wie es jetzt ist und warum es sich geändert hat. Schreib die wichtigsten Tatsachen auf! Wer hat die größten Änderungen erlebt?

Arthur:

vor einem halben Jahr ______________________________

____

jetzt ______________________________

____

Sabine:

vor einem halben Jahr ______________________________

____

jetzt ______________________________

____

Markus:

vor einem halben Jahr ______________________________

____

jetzt ______________________________

____

Wer hat die größten Änderungen erlebt? ______________________________

Student Response Forms

Übung 8: Hör gut zu! Seite 285

Junge Leute unterhalten sich über verschiedene Probleme. Hör gut zu und schreib auf, was die einzelnen Probleme sind und welcher Rat gegeben wird, um das Problem zu lösen!

wer?	Problem?	was tun?

Übung 11: Hör gut zu! Seite 287

Schüler unterhalten sich. Was raten einige Schüler ihren Klassenkameraden, und welche Gründe geben sie dafür an? Mach dir Notizen! Welcher Rat, findest du, passt am besten zu welchem Schüler?

wer?	welcher Rat?	warum?

Name ______________________ Klasse ____________ Datum ____________

Übung 20: Hör gut zu! Seite 293

Schüler sprechen über ihre Zukunftspläne. Einige von ihnen haben schon feste Pläne, andere wissen noch nicht genau, was sie machen wollen. Schreib auf, was jeder vorhat, und schreib auch die Gründe auf, die jeder für seine Entscheidung angibt!

wer?	sicher	nicht sicher

Name ______________________ Klasse ______________ Datum ______________

Student Response Forms

Übung 23: Hör gut zu! Seite 294

Hör diesen Leuten zu, wie sie über ihre Zukunft reden! Welche Wünsche drücken sie aus? Was würden sie gern tun? Mach dir Notizen!

Welche Wünsche drücken sie aus?

Andreas

____

____

Hartmut

____

____

Vanessa

____

____

Martina

____

____

Name ______________________ Klasse ______________ Datum ______________

Additional Listening Activities 

COPYING MASTERS

Erste Stufe

12-1 An einem Regennachmittag sitzen Knut, Heike und Andrea zusammen und langweilen sich. Da fällt Andrea etwas ein, was sie machen können: Beruferaten. Jeder beschreibt einen Beruf, und die anderen müssen raten. Schreibe beim Hören auf, um welchen Beruf es jeweils geht, und wie der Beruf beschrieben wird! Vielleicht willst du auch mitraten?

Rate und beschreibe!

Anästhesist/in: ______________________

Elektroinstallateur/in: [ETC] ______________________

Fotograf/in: ______________________

Friseur/Friseuse: ______________________

Glasbläser/in: ______________________

Koch/Köchin: ______________________

Optiker/in: ______________________

Rundfunksprecher/in: ______________________

Schornsteinfeger/in: ______________________

Schreiner/in: ______________________

Schuhmacher/in: ______________________

Schweißer/in: ______________________

Steuerberater/in: ______________________

technische(r) Zeichner/in: ______________________

Toningenieur/in: ______________________

Zahnarzt/Zahnärztin: ______________________

Zimmermann: ______________________

12-2 Du hörst jetzt ein Gespräch zwischen Jens und seiner Schwester Anja. Anja ist zur Zeit nicht so glücklich. Warum wirst du gleich hören! Hör dem Gespräch gut zu, und entscheide danach, welche Antworten am besten passen!

1. Anja hat folgendes Problem:
   a. Sie hatte Streit mit ihrer besten Freundin.
   b. Sie hatte Streit mit ihrem Freund Dieter.
   c. Sie hatte Streit mit ihrem Freund Peter.

COPYING MASTERS

Additional Listening Activities

2. Jens hätte nicht geglaubt,
   a. dass die zwei sich jemals streiten würden.
   b. dass Anja sich so gemein verhält.
   c. dass die beiden unzertrennlich sind.

3. Die Disko fand statt
   a. einen Tag vor dem Gespräch (zwischen Anja und Jens).
   b. zwei Tage vor dem Gespräch.
   c. eine Woche vor dem Gespräch.

4. Der Grund für den Streit
   a. war Eifersucht.
   b. war, dass Anja nicht getanzt hat.
   c. war, dass Anja sich nicht unterhalten hat.

5. Jens rät Anja, dass
   a. sie sich einen neuen Freund/eine neue Freundin suchen soll.
   b. sie mit ihrem Freund/ihrer Freundin reden soll.
   c. sie nicht mehr in die Disko gehen soll.

6. Am Ende des Gesprächs ist es
   a. 15 Uhr. b. 18 Uhr. c. 17 Uhr.

12-3 Heike sitzt mit Vater und Mutter im Wohnzimmer. Ihre Eltern scheinen sich Sorgen um Heike zu machen. An guten Ratschlägen mangelt es nicht. Hör dir das Gespräch an! In der Tabelle findest du Satzanfänge und Satzenden. Verbinde diese jeweils so, wie sie richtig im Gespräch vorkommen! Trag auch in die Tabelle ein, wer den Satz jeweils spricht!

Trag die richtigen Nummern aus der folgenden Tabelle hier ein!

a. Du solltest + ______
b. Versuch doch mal, + ______
c. Ich habe jetzt nicht so viel Zeit, + ______
d. Ich treibe genug Sport in der Schule, + ______
e. An deiner Stelle würde ich + ______
f. Versuch doch mal, + ______
g. Du solltest mehr Fisch als Fleisch essen, + ______
h. Ich esse schon immer viel Obst und Gemüse, + ______
i. Und du solltest wirklich + ______
j. Ich schlafe immer mindestens 8 Stunden, + ______
k. Versuch erst mal, + ______

Name ______________________ Klasse ______________ Datum ______________

Und schreib, wer das gesagt hat!

1. weil Fisch gesünder ist.: ______________
2. etwas gesünder zu leben.: ______________
3. auch mehr schlafen.: ______________
4. ein bisschen Sport außerhalb der Schule zu machen.: ______________
5. um fit zu bleiben.: ______________
6. Sport zu machen.: ______________
7. mehr Sport treiben.: ______________
8. um am nächsten Tag fit zu sein.: ______________
9. aufhören zu rauchen.: ______________
10. mit dem Rauchen aufzuhören.: ______________
11. um gesund zu essen.: ______________

Zweite Stufe

12-4 Du hörst ein Gespräch zwischen Andrea und Heiko. Andrea hat Probleme mit der Berufswahl. Dabei kommen sie ins Gespräch über Vorteile und Nachteile der beiden Berufe, die sie jeweils wählen wollen. Trag beim Zuhören in die Tabelle ein, welchen Beruf jeder machen will und welche positiven und negativen Aspekte zu jedem dieser Berufe genannt werden!

1. Andrea will ______________ werden.

   positiv ______________________________

   ____

   ____

   negativ ______________________________

   ____

   ____

2. Heiko will ______________ werden.

   positiv ______________________________

   ____

   ____

   negativ ______________________________

   ____

   ____

Name ______________________ Klasse ______________ Datum ______________

COPYING MASTERS

Additional Listening Activities

12-5 Du hörst ein Gespräch zwischen Steffi, Micha und Anita. Steffi berichtet den beiden anderen von ihrem Besuch bei der „Berufsberatung" (Du wirst im Gespräch erfahren, was das ist). Hör zu, und beantworte anschließend die Fragen!

1. Was kann man bei einer Berufsberatung alles erfahren? ______________________

2. Welche Berufe waren Steffi neu, und wie erklärt Steffi diese Berufe? ______________________

3. Wissen Micha, Steffi und Anita schon, was sie einmal werden wollen? Wenn ja, welche Berufe sind das?

4. Finden Steffi und Micha die Berufsberatung nützlich? Wenn ja, warum? Wenn nicht, warum?

5. Wie findest du die Einrichtung einer Berufsberatung? ______________________

12-6 André, Susi und Jan unterhalten sich über ihre Zukunftsvorstellungen. Hör zu und beantworte die Fragen! Schreib auch auf, was jedem wichtig und nicht wichtig ist! Gebrauche dabei mindestens drei Stichworte für jede Aussage!

1. Welchen Berufswunsch haben Jan, André und Susi? Schreibe für jede Person mindestens drei Stichworte über das, was ihnen wichtig und was ihnen nicht so wichtig ist!

   Jan ______________________

   André ______________________

   Susi ______________________

2. Mit welcher der drei Personen kannst du dich am meisten identifizieren und warum?

3. Such in der Klasse jemanden, der eine andere Person als du gewählt hat! Hör dir seinen/ihren Standpunkt an, und diskutiere mit ihm/ihr, indem du deinen Standpunkt verteidigst! Schreib die wichtigsten Punkte auf, die dein Mitschüler gemacht hat!

Scripts and Answers for Textbook Listening Activities and Additional Listening Activities

Erste Stufe

5 Hör gut zu!, p. 9

RÜDIGER Hallo, Heike! Na, bist du endlich aus dem Urlaub zurück?
HEIKE Hallo, Rüdiger! Hallo, Antje! Ja, wir sind gestern Abend erst zurückgekommen, meine Eltern und ich. War echt toll. Wir waren fast drei Wochen lang weg. Wir sind schon in der ersten Augustwoche abgereist.
ANTJE Wo habt ihr denn dieses Jahr Urlaub gemacht?
HEIKE Dieses Jahr haben wir was ganz Neues ausprobiert. Wir waren auf Sylt, du weißt schon, an der Nordsee. Meine Mutter wollte schon immer mal auf diese Insel fahren, und dieses Jahr hat sie meinen Vater tatsächlich dazu überredet. Mir hat es dort wahnsinnig gut gefallen.
RÜDIGER Na, da hast du ja Glück gehabt. Wir waren auch in Urlaub, aber schon letzten Monat. Leider waren wir nur eine Woche lang weg. Wir sind nach Österreich in die Berge gefahren. War echt langweilig dort. Sogar meine Eltern waren von diesem Urlaub enttäuscht.
HEIKE Und warum seid ihr denn in die Berge gefahren, wenn es dir dort nicht gefallen hat?
RÜDIGER Na ja, das war so. Meine Großeltern sind dieses Jahr mitgefahren, und sie wollten auf jeden Fall in die Berge. Es hat aber fast jeden Tag geregnet, und wir haben die meiste Zeit im Hotel rumgesessen. Einfach scheußlich, sage ich euch.
ANTIE Und fahrt ihr nächstes Jahr wieder in die Berge, oder nicht?
RÜDIGER Hoffentlich nicht! Ich möchte auch mal nach Amerika. Mensch du, Florida oder Kalifornien, da möchte ich gern mal hin.
HEIKE Und du, Antje? Seid ihr dieses Jahr in Urlaub gefahren?
ANTJE Nein, diesmal waren wir nicht weg. Aber letztes Jahr waren wir auf Ibiza. Das war echt toll dort. Ich war mit meiner Schwester dort, weil sie unbedingt ihre Spanischkenntnisse ausprobieren wollte. Bestimmt fahre ich nächstes Jahr wieder mit ihr in die Ferien.

Answers to Activity 5

Heike: erste Augustwoche; Sylt; Mutter wollte schon immer dorthin
Rüdiger: letzten Monat; Österreich; Großeltern wollten in die Berge
Antje: letztes Jahr; Ibiza; Schwester wollte Spanischkenntnisse ausprobieren

10 Hör gut zu!, p. 10

VOLKER Hallo, Britta, wie geht's? Du siehst heute aber fesch aus!
BRITTA Danke! Ich war vorhin beim Friseur, weil ich mir die Haare schneiden lassen wollte. Danach bin ich noch schnell beim Juwelier Werner vorbeigegangen, weil ich ein neues Armband und eine Batterie für meine Uhr brauchte. Meine Uhr funktioniert jetzt wieder, nur leider gab es kein Armband, das mir gefallen hat. Aber dafür habe ich mir diese Ohrringe hier gekauft. Schau mal! Toll, nicht? Und was hast du heute in der Stadt zu erledigen, Volker?
VOLKER Ach, ich habe gerade ein paar Flaschen zum Getränkemarkt zurückgebracht, und dann war ich noch im Obstladen. Meine Mutter macht heute Nachmittag nämlich Obstkuchen, und sie braucht halt Erdbeeren dazu. Jetzt war ich gerade im Reisebüro, weil mein Freund Uli da arbeitet und ich ihn fragen wollte, ob er heute Abend ins Kino gehen will. Was hast du denn da in der Tasche?
BRITTA Ach, ich war heute Morgen in der Bücherei. Ich habe mir mehrere Bücher über Amerika ausgeliehen, weil wir diesen Sommer in Urlaub dorthin fahren wollen. Du, schau mal, da ist der Thomas! He, Thomas!
THOMAS Hallo, Britta! Hallo, Volker! Puh, habt ihr heute auch so viel zu erledigen wie ich?
VOLKER Wieso, was musst du denn heute alles machen?
THOMAS Na ja, ich hab halt heute ein volles Programm! Das meiste hab ich aber schon erledigt. Also zuerst war ich beim Lambert und habe die Fotos von unserem Urlaub in der Türkei abgeholt. Dann bin ich beim Musikladen vorbeigegangen und habe mir die neue CD von Sting und zwei Kassetten gekauft. Jetzt komme ich gerade aus der Bank. Ich musste noch das restliche Geld von unserem Urlaub wechseln.
BRITTA Also, da hast du heute schon eine ganze Menge zu tun gehabt.
THOMAS Ach übrigens, ich will gleich ins Schwimmbad gehen. Wollt ihr mitkommen?
BRITTA Nein, danke. Diese Bücher hier sind echt schwer und ich muss nach Hause, um meinen Eltern im Garten zu helfen.
THOMAS Und du, Volker? Kommst du mit?
VOLKER Ja, gerne. Also, tschüs dann, Britta!
BRITTA Tschüs ihr zwei!

Answers to Activity 10

Britta: Friseur / hat sich die Haare schneiden lassen; Juwelier / hat eine Batterie für Uhr und Ohrringe gekauft; Bücherei / hat Bücher ausgeliehen

Volker: Getränkemarkt / hat Flaschen zurückgebracht; Obstladen / hat Erdbeeren gekauft; Reisebüro / hat einen Freund gefragt, ob er mit ins Kino will

Thomas: Fotogeschäft / Urlaubsfotos abgeholt; Musikladen / CD und Kassetten gekauft; Bank / Geld umgetauscht

14 Hör gut zu!, p. 12

ULI Hallo, Sabine! Endlich treffen wir uns ja mal wieder!

SABINE Ach, hallo, Uli! Ja, seit du nicht mehr im Schwimmverein bist, sieht man dich ja kaum noch! Ach, übrigens, ich war gestern zum ersten Mal in dem neuen Freibad in Kreuzing.

ULI Wie war's denn? Ich habe gehört, das Freibad soll echt toll sein.

SABINE Also, mir hat es dort echt super gefallen, weil es ganz modern und funkelnagelneu ist. Ich war mit dem Tobias und der Valerie da. Wir sind den ganzen Vormittag geschwommen und haben uns so richtig schön fit gefühlt. Mittags haben wir dann im Stadtpark ein tolles Picknick gemacht. Es hat mir echt gut gefallen, weil ich gerne draußen an der frischen Luft bin.

ULI Also, ich gehe nächstes Wochenende auch mal ins neue Freibad. Du hast auf jeden Fall mehr Spaß gehabt als ich gestern.

SABINE Wieso? Was hast du denn gestern gemacht?

ULI Na ja, wir sind gestern gleich nach dem Frühstück in die Stadt gefahren. Im Deutschen Museum gab es eine neue Ausstellung, die mein Vater unbedingt sehen wollte.

SABINE Und wie hat dir die Ausstellung gefallen?

ULI Sie war fürchterlich langweilig. Es war eine Sammlung von alten römischen Münzen und diese Ausstellung hat mich überhaupt nicht interessiert.

SABINE Das ist aber schade! Ich finde solche Sachen eigentlich sehr interessant.

ULI Ich aber nicht. Wir waren drei Stunden lang im Museum. Und dann am Nachmittag musste ich zu Hause bleiben, um für eine Mathearbeit zu lernen. War ebenfalls langweilig, weil ich die meisten Aufgaben gar nicht verstanden habe. Aber am Abend war ich dann mit Heiko im Kino. Wir haben uns einen Thriller mit Steven Seagal angeschaut.

SABINE Und wie hat dir der Film gefallen?

ULI War echt toll! Spannende Thriller sind meine Lieblingsfilme.

SABINE Ja, ich glaube, ich gehe mir den Film nächstes Wochenende anschauen.

MANUELA Bernd, da bist du ja! Wir haben gestern versucht, dich anzurufen, aber du warst nicht zu Hause. Wo hast du denn nur gesteckt?

BERND Ach, hallo Manuela! Du, der Jörg und ich, wir haben gestern eine Fahrradtour nach Ising gemacht. Stell dir mal vor, wir haben über sechzig Kilometer zurückgelegt! Wir sind schon ganz früh morgens losgefahren. Es war echt super!

MANUELA Ach, ich wusste gar nicht, dass du so sportlich bist! Machst du gerne solche langen Radtouren?

BERND Und wie! Ich mache Sport überhaupt sehr gerne, aber Radeln ist mir immer noch am liebsten. Wir sind übrigens bei der Stefanie vorbeigefahren und haben sie besucht. Sie wohnt doch jetzt in Ising.

MANUELA Wirklich? Und hat sie sich über euren Besuch gefreut?

BERND Ja, ich glaub schon. Es war echt nett, weil wir uns schon länger nicht gesehen haben. Ach übrigens, sie lässt dir schöne Grüße ausrichten. Wieso habt ihr denn eigentlich gestern versucht, mich anzurufen?

MANUELA Der Thomas und ich wollten dich zum Volleyballspielen auf dem Sportplatz einladen. Ich spiele doch so gerne Volleyball. Das hat echt Spaß gemacht. Nachher haben wir dann bei mir zu Hause das Fußballspiel angeschaut.

BERND Und wie hat es euch gefallen? Muss doch echt aufregend gewesen sein.

MANUELA Nein, im Gegenteil! Es ist null zu null ausgegangen. Mir hat es eigentlich nicht so gut gefallen. Es war ein ziemlich langweiliges Spiel.

BERND Schade! Aber da habe ich ja nicht viel verpasst. Na, vielleicht können wir uns ja heute Abend treffen und Volleyball spielen!

MANUELA Ja, gerne! Ich ruf nachher mal den Thomas an und sag ihm, er soll noch ein paar Leute mitbringen.

BERND Super! Bis heute Abend dann!

MANUELA Tschüs!

Answers to Activity 14

Sabine: im Freibad / ist geschwommen / ihr hat es gut gefallen / weil das Freibad modern und neu ist; im Stadtpark / hat Picknick gemacht / ihr hat es gut gefallen / weil sie gern draußen an der frischen Luft ist

Uli: in der Stadt / hat ein Museum besucht / es hat ihm nicht gefallen / weil er sich nicht für die Ausstellung interessiert; zu Hause / hat für eine Mathearbeit gelernt / es hat ihm nicht gefallen / weil er die Aufgaben nicht verstanden hat; im Kino / hat sich einen Thriller angeschaut / es hat ihm gut gefallen / weil spannende Thriller seine Lieblingsfilme sind

Bernd: in Ising / hat eine Fahrradtour gemacht / es hat ihm gut gefallen / weil er gern Sport macht und am liebsten radelt; in Ising / hat Stefanie besucht / es hat ihm gut gefallen / weil sie sich schon länger nicht gesehen haben

Manuela: auf dem Sportplatz / hat Volleyball gespielt / es hat ihr gut gefallen / weil sie gern Volleyball spielt; zu Hause / hat sich das Fußballspiel angeschaut / es hat ihr nicht gefallen / weil es ein langweiliges Spiel war

Zweite Stufe

21 Hör gut zu!, p. 17

JULIA He, Franziska! Willst du heute Abend mitkommen? Wir gehen ins argentinische Steakhaus. Die haben diese leckeren Rippchen da! Ich kann's kaum abwarten! Ich freu mich schon so auf diese leckere gemischte Fleischplatte für mehrere Personen.

FRANZISKA Ach, ich weiß nicht so recht, Julia! Mir schmeckt argentinisches Essen echt gut, aber ich esse überhaupt kein Fleisch mehr.

JULIA Wie, du isst kein Fleisch mehr? Wieso denn nicht? Fleisch schmeckt doch fabelhaft!

FRANZISKA Also, ich habe vor einigen Monaten beschlossen, nur noch vegetarisch zu essen. Ich finde, das ist viel gesünder. Und außerdem fühle ich mich auch schon viel fitter, seit ich kein Fleisch mehr esse! Ich esse jetzt am liebsten Nudeln oder Reis mit viel Gemüse. Rosenkohl und Spargel mag ich besonders gern.

JULIA Ich bin gegen Spargel allergisch. Den darf ich nicht essen. Außerdem mag ich Gemüse überhaupt nicht gern. Aber dafür schmeckt mir Obst ganz gut, besonders Wassermelone. Aber am liebsten esse ich Fleisch und Wurst. Einmal in der Woche gibt es bei uns Innereien und ab und zu sogar mal Reh. Leber mag ich übrigens wahnsinnig gern.

FRANZISKA Igitt! Also, Leber, nein danke! Du, schau mal, da drüben ist der Mehmet. Der geht sicher gerne mit ins argentinische Restaurant.

JULIA Ja bestimmt! Komm, fragen wir ihn doch! He, Mehmet! Willst du heute Abend mit uns essen gehen? Ich versuche gerade, Franziska dazu zu überreden, mitzukommen.

MEHMET Ja, ich komme gerne mit! Hauptsache, wir gehen irgendwohin, wo es nicht nur Schweinefleisch gibt. Das darf ich nämlich nicht essen.

JULIA Wieso denn nicht? Bist du etwa allergisch dagegen?

MEHMET Nein, das ist es nicht. Ich esse kein Schweinefleisch, weil ich Moslem bin.

JULIA Ach ja, das hatte ich ganz vergessen! Ich bin sicher, dass es im argentinischen Steakhaus etwas gibt, was ihr beiden essen dürft. Wie wär's mit einem Salat oder einer Gemüseplatte?

MEHMET Also, Salat mag ich eigentlich nicht so gerne, aber hoffentlich gibt es dort auch Lammfleisch mit grünen Bohnen. Das mag ich gerne.

FRANZISKA Also gut! Dann treffen wir uns heute Abend dort. So gegen sieben?

JULIA Super! Tschüs!

MEHMET Bis heute Abend!

Answers to Activity 21

Franziska: mag argentinisches Essen, Nudeln, Reis, Gemüse (Rosenkohl, Spargel); mag kein Fleisch und keine Leber; isst nur vegetarisch

Julia: mag Wurst, Fleisch (Rippen, Innereien, Leber, Reh) und Obst (Wassermelone); mag kein Gemüse; darf keinen Spargel essen; sie ist allergisch gegen Spargel

Mehmet: mag Lamm und grüne Bohnen; mag keinen Salat; darf kein Schweinefleisch essen; er ist Moslem

24 Hör gut zu!, p. 19

MARKUS Du, Jens, was hast du da auf deinem Pausenbrot?

JENS Ach, das ist Quark mit Schnittlauch. Das esse ich am liebsten auf meinem Brot. Manchmal habe ich auch Tomaten und ein Blatt Salat drauf.

MARKUS Na also, so was schmeckt mir nicht besonders gut. Quark esse ich zwar auch gern, aber nicht auf 'ner Scheibe Brot, sondern nur als Nachspeise mit Früchten. Ich habe lieber eine gute Portion Wurst oder Käse auf meinem Pausenbrot. Salami ist am besten, aber Schinken schmeckt auch nicht schlecht.

JENS Nee, Markus! So was schmeckt mir eigentlich nicht so gut. Sag mal, Antje, was isst du denn am liebsten auf deinem Pausenbrot?

ANTJE Also, heute habe ich Erdnussbutter auf meinem Brot, aber sonst esse ich auch gerne Quark oder Naturjoghurt auf meinem Brot. Ab und zu schmeckt mir Leberwurst auch ganz gut. Und du Heike, was isst du denn immer auf deinem Pausenbrot?

HEIKE Mir ist Abwechslung am wichtigsten. Ich mag nicht immer nur das Gleiche auf meinem Pausenbrot essen. Also, ich mag am liebsten Käse und Radieschen auf meinem Brot oder aber auch Leberwurst oder gekochten Schinken mit etwas Senf. Und ich esse außerdem auch gerne Honig auf meinem Pausenbrot.

Answers to Activity 24

Markus isst viel Fleisch und Wurst; Jens isst vegetarisch; Markus, Antje und Heike essen sowohl Tierprodukte als auch Pflanzenprodukte

26 Hör gut zu!, p. 20

ANNABELLA He, Jungs! Darf ich euch für die Schülerzeitung interviewen? Also, das war ja diesmal wieder ein tolles Sportfest! Herzlichen Glückwunsch zu eurem Sieg! Das Fußballspiel war wirklich spitzenmäßig! Aber mir scheint, dass ihr eine ganze Menge Verletzungen davongetragen habt! Fangen wir mal mit dir an, Jürgen! Was hast du dir alles verletzt?

JÜRGEN Ja, also, als ich auf dem nassen Gras ausgerutscht bin, habe ich mir meinen rechten Arm und auch mein linkes Knie verletzt. Aber es tut eigentlich nicht so sehr weh. Am wichtigsten ist für mich, dass wir das Spiel gewonnen haben. Aber leider habe ich noch ein bisschen Kopfschmerzen und sogar eine Beule am Kopf.

ANNABELLA Ja, aber dafür hast du doch das phänomenale Tor mit diesem Kopfball geschossen! Alle Achtung! Und Markus, wie sieht's bei dir aus mit den Verletzungen?

MARKUS Tja, ich glaube, dass ich heute ziemlich viel Glück hatte. Meine Verletzung hält sich in Grenzen. Als ich mit dem Uli zusammengestoßen bin, habe ich mir nur ganz leicht die Stirn verletzt, sonst nichts. Aber ich glaube, den Uli hat's schlimmer erwischt!

ANNABELLA Dann fragen wir doch direkt mal den Uli! Uli, was ist dir beim Zusammenprall mit dem Markus passiert?

ULI Also, wie du sehen kannst, habe ich ein Pflaster auf der Nase. Sofort nach dem Zusammenprall hat sie angefangen, fürchterlich zu bluten. Zuerst habe ich gedacht, sie ist gebrocben, aber zum Glück ist sie nur blau und grün. Sie tat aber doch ganz schön weh.

ANNABELLA Das tut mir wirklich Leid für dich! Kim, was hast du dir denn verletzt?

KIM Ja, also mich hat es am linken Ellbogen erwischt. Er ist ein bisschen verstaucht. Aber sonst geht es mir gut.

ANNABELLA Ja, also ich glaube, dass alle eure Fans sich freuen, dass ihr trotz der Verletzungen so gute Laune habt. Vielen Dank für das Interview. Ihr seid ein tolles Team.

Answers to Activity 26

Jürgen ist Nummer 7; Markus ist Nummer 1; Uli ist Nummer 3; Kim ist Nummer 2

Scripts for Additional Listening Activities

Additional Listening Activity 1-1, p. 7

DIRK Hallo, Martin! Du warst ja ganz schön lange verreist! Nun erzähl schon, wie war es denn in der Schweiz?
MARTIN Hallo, Dirk! Ach, du weißt ja, dass ich vorher kaum Lust hatte, meine Sommerferien in Zermatt zu verbringen. Ich wollte an den Strand, Sonne und Meer genießen. Aber dann, als ich mit meinen Eltern dort ankam, stellte sich heraus, dass es total super war!
DIRK Na so was! Wieso hat sich plötzlich deine Einstellung geändert?
MARTIN Also, ich habe dort echt nette Leute kennen gelernt, mit denen ich zusammen einen Bergsteigerkurs gemacht habe. Das Wetter war gut, die Leute gut gelaunt, kurzum, es war toll!
DIRK Ist ja Spitze! Bei mir lag der Fall etwas anders. Meine Eltern wollten, dass ich mit ihnen an die Costa Brava fahre. Aber weil ich Geld verdienen muss, um mir mein erstes Auto kaufen zu können, bin ich hier geblieben.
MARTIN Hast du einen Ferienjob bekommen?
DIRK Ja, ich hatte Glück! Ich habe für eine Elektronik-Firma mehrere Computer-Programme erstellt.
MARTIN Hm. Hört sich interessant an. Und wie hat es dir gefallen?
DIRK Tja, also von neun bis fünf in einem Büro zu arbeiten ist ganz schön anstrengend, kann ich dir sagen! Ferien hab ich natürlich keine gehabt, im Gegenteil, es war ganz schön stressig!
MARTIN Ach, das tut mir Leid. Hast du wenigstens 'ne Menge verdient?
DIRK Das schon! Ich habe ganz schön was zusammengespart.
MARTIN Na, siehst du! Dann hat es sich doch gelohnt! Ich find's außerdem super, dass du dir mit deinem Hobby Geld verdienen kannst. Am Wochenende musst du aber mit dem Programmieren mal Pause machen, denn wir machen doch mit der Fußballmannschaft einen Trainingsausflug.
DIRK Ach ja! Hätte ich fast vergessen, Mensch! Hoffentlich wird der so gut wie im letzten Jahr!
MARTIN Da bin ich mir sicher! Also, du kommst doch mit, oder?
DIRK Na klar!

Additional Listening Activity 1-2, p. 7

CHRISTINE Na, so was! Marlene, was machst du denn hier? Oder, lass mich raten! Du holst dir bestimmt neue Klamotten für die Fete nächste Woche. Stimmt's?
MARLENE Nee, Christine, stimmt überhaupt nicht. Ich mache einfach nur so einen Stadtbummel.
CHRISTINE Ach ja, wo warst du denn?
MARLENE Nun, erst mal war ich im Musikladen, um mir ein paar neue CDs anzuhören. Ich hätte mir auch fast eine gekauft, aber ich glaube, mein Bruder hat sie schon.
CHRISTINE Ach, dann leih sie dir doch einfach von ihm aus! Dann brauchst du sie nicht zu kaufen!
MARLENE Genau! Und du, was hast du in der Stadt gemacht?
CHRISTINE Ich war im Sportgeschäft und hab mir einen neuen Tennisschläger gekauft.
MARLENE Zeig doch mal! Mensch, der sieht aber Spitze aus!
CHRISTINE Ja! Da hast du recht. Der Schläger ist wirklich gut. Bloß teuer halt.
MARLENE Na, wenn du ihn auch immer benutzt, dann ist der Preis schon okay.
CHRISTINE Ja genau! Und du machst einfach nur so einen Stadtbummel, ohne was zu kaufen?
MARLENE Na ja, etwas hab ich mir schon gekauft. Ich war im Brillengeschäft und hab' mir eine neue Sonnenbrille gekauft. Hier, schau mal!
CHRISTINE Wie schön, steht dir echt gut. Vor allem der vergoldete Rahmen sieht echt scharf aus.
MARLENE Findest du? Das freut mich. Du, wollen wir zusammen eine Limo trinken gehen?
CHRISTINE Ja, prima! Wohin gehen wir?
MARLENE Du, es gibt ein neues Café am Marktplatz. Direkt neben dem argentinischen Steakhaus.
CHRISTINE Ach, das Café-Palma meinst du? Ich habe gehört, dass es eine ganz tolle Atmosphäre haben soll.
MARLENE Also, dann! Komm, gehen wir!

Additional Listening Activity 1-3, p. 8

MARK So, jetzt serviere ich euch meine Spezialität, ein Fleischsortiment vom Grill: Schweinemedaillons, Reh- und Hasenfleisch, und dazu etwas Kalbsleber. Natürlich darf es nicht an den passenden Beilagen fehlen, und deswegen gibt es auch Mais, Spargel und Rosenkohl. Was möchtest du gerne haben, Judith?

JUDITH Hm, eine ungewöhnliche aber interessante Kombination, die du da zusammengestellt hast, Mark. Man soll ja nicht so viel Fleisch essen, aber weil es so gut aussieht, nehme ich von allem ein wenig.

MARK So, das hätten wir gleich! Und was möchtest du haben, Michael?

MICHAEL Du, ich finde es ja echt nett, dass du dir soviel Mühe gemacht hast. Aber warum hast du dich für Reh- und Hasenfleisch entschieden? Du weißt doch, dass ich ein Naturfreund bin und etwas gegen die Jagd von Wildtieren habe.

MARK Du, es tut mir Leid, das wusste ich nicht. Das nächste Mal werde ich es mir bestimmt merken. Ich gebe dir dann etwas mehr von der Kalbsleber. So, und jetzt zu dir, Simone. Was darf es sein?

SIMONE Ich nehme auch von allem ein wenig, außer von den Schweinemedaillons. Ich bin nämlich allergisch gegen Schweinefleisch.

MARK Kein Problem. Ich esse dann etwas mehr von dem Schweinefleisch und gebe dir dafür eine größere Portion Reh- und Hasenfleisch. Also, ich wünsche euch allen einen guten Appetit!

Additional Listening Activity 1-4, p. 9

DR. HÜBNER Also, nur keine Angst! Was für Fragen kann ich euch beantworten?

MICHAELA Ja, ich heiße Michaela. Also neulich bin ich vom Fahrrad gefallen und habe mir das Knie verletzt. Es hat sogar geblutet. Alle haben mir gesagt, ich soll deswegen zu einer Ambulanz-Klinik, aber ich wusste nicht, ob das nötig war. Was meinen Sie dazu?

DR. HÜBNER Der Rat deiner Freunde war ganz richtig. In solchen Fällen bekommt man eine Tetanusspritze. Diese Behandlung ist unkompliziert und hilft, mögliche Komplikationen zu vermeiden. Ah, dort meldet sich jemand, der Jochen laut Namensschild. Was gibt's?

JOCHEN Neulich beim Fußball hat ein Spieler aus Versehen gegen meine Wade getreten. Jetzt habe ich Schmerzen, und meine Wade ist grün und blau. Ich brauche doch keine Spritze, oder?

DR. HÜBNER Nein, Jochen, eine Spritze brauchst du wahrscheinlich nicht. Falls die Schmerzen nicht nachlassen, solltest du zum Arzt gehen. So, kann ich noch weitere Fragen beantworten? Arndt, du wolltest doch etwas fragen, oder?

ARNDT Ja, Herr Doktor, mir tun vom Tippen immer die Handgelenke weh. Woher kommt das bloß?

DR. HÜBNER Nun, das wird wohl an deiner Haltung beim Tippen liegen. Du solltest eine fachgerechte Unterlage für die Handgelenke beim Tippen haben. Falls diese Schmerzen nicht nachlassen, solltest du einen Arzt aufsuchen. So, noch eine Frage? Bärbel, was möchtest du wissen?

BÄRBEL Nach dem Tennisspielen habe ich manchmal Schmerzen in meinem Ellbogen. Was kann ich tun, damit diese Schmerzen aufhören?

DR. HÜBNER Nun, das einzig Vernünftige wäre, etwa zwei Wochen nicht mehr Tennis zu spielen. Dein Ellbogen tut dir weh, weil er überlastet ist. Da hilft nur Entspannung.

Additional Listening Activity 1-5, p. 10

GABI Du, Elke was ist denn passiert? Du hast ja einen Gips an deinem linken Bein!

ELKE Ach, Gabi, früher oder später musste es ja passieren. Ich bin mit meinem Moped die Bergstraße runtergefahren. Ich habe dir ja schon mal davon erzählt, wie glatt die Straße sein kann, wenn nasse Blätter auf der Straße liegen.

GABI Ja, ich erinnere mich. Außerdem hat es dieses Wochenende auch noch geregnet, und das macht die Straßen noch gefährlicher ...

ELKE Da ist es dann halt passiert. Ich habe mich in die Kurve gelegt, und im nächsten Moment lag ich schon im Straßengraben. Es ist zum Glück nur ein leichter Bruch, und in ein paar Wochen bin ich wieder fit.

GABI Da freue ich mich aber, dass nichts Schlimmeres passiert ist. Und wie steht es mit deinem Moped?

ELKE Ach weißt du, das ist mir jetzt eigentlich ganz egal. Natürlich gab es ein paar Schrammen, aber sonst scheint es in Ordnung zu sein. Ist nicht so schlimm. Bald werde ich mir sowieso ein Auto kaufen, denn Moped fahren ist mir zu gefährlich.

GABI Das kann ich verstehen. Und wie kommst du jetzt zur Schule?

ELKE Meine Mutter bringt mich mit dem Auto. Ich muss zwar etwas früher aufstehen, aber dafür bin ich jetzt wenigstens wach in der Schule.

GABI Na, dann lass mich mal was auf deinen Gips malen!

ELKE Okay, aber kein Moped!

Additional Listening Activity 1-6, p. 10

PAUL Mensch, Günther, hast du das Foul im Spiel München gegen Köln gesehen? Das war ja wohl volle Absicht!

GÜNTHER Stimmt, habe ich gesehen. Der Libero von Bayern hat seinen Ellenbogen in den Magen des FC Stürmers gestoßen. Da musste das Spiel erst mal unterbrochen werden.

PAUL Du sagst das so leicht, da musste das Spiel erst mal unterbrochen werden. Den Kerl von Bayern sollte man aus der Liga rausschmeißen.

GüNTHER Wieso das denn?

PAUL Na, hör mal! Mit Absicht einen anderen Spieler verletzen, das muss doch bestraft werden!

GÜNTHER Moment mal! Ob das mit Absicht passiert ist, kannst du doch nicht einfach so behaupten.

PAUL Doch! Ich bin mir ziemlich sicher!

GÜNTHER Aber es kann ja auch einfach nur so im Spielgeschehen passiert sein. So wie alle anderen Verletzungen auch: Knieverletzungen bei Drehbewegungen, Kopfverletzungen beim Zusammenprall von Spielern, und so weiter ...

PAUL Ach komm, bloß weil du ein Fan von München bist, möchtest du dieses Foul als etwas ganz Normales hinstellen! Tatsache ist, dass das ein ganz gemeines Foul war.

GÜNTHER Man wird doch wohl noch seine Meinung haben dürfen?

PAUL Sicher, und manche Meinungen zählen mehr als andere. Der Fußballbund hat den Libero für die nächsten vier Spiele gesperrt.

GÜNTHER Ist nicht wahr! So ein Mist! Wie soll Bayern bloß die Meisterschaft gewinnen?

Answers to Additional Listening Activities

Additional Listening Activity 1-1, p. 7

A.

	Wo gewesen?	Was gemacht?	Wie gewesen?
Martin	Zermatt, Schweiz	Bergsteigerkurs	toll, super
Dirk	zu Hause	gejobbt	stressig

B. Sie machen einen Trainingausflug mit der Fußballmannschaft.

Additional Listening Activity 1-2, p. 7

1 stimmt nicht.
2. stimmt
3. stimmt nicht
4. stimmt
5. stimmt nicht
6. stimmt
7. stimmt
8. stimmt nicht
9. stimmt

Additional Listening Activity 1-3, p. 8

1. b   2. c   3. d   4. a   5. b
b. Answers will vary.

Additional Listening Activity 1-4, p. 9

A.
1. Sie ist vom Fahrrad gefallen.
2. Sie hat sich das Knie verletzt.
3. Beim Fußball.
4. Er sollte zum Arzt gehen, wenn die Schmerzen nicht nachlassen.
5. Weil er eine schlechte Haltung beim Tippen hat.
6. Bärbel.
7. Sie soll zwei Wochen nicht mehr Tennis spielen.

B. Answers will vary.

Additional Listening Activity 1-5, p. 10

1. Elke hat sich das linke Bein verletzt. Die Verletzung ist ein leichter Bruch.
2. Es hat geregnet, und es lagen nasse Blätter auf der Straße.
3. Das Moped hat ein paar Schrammen. Es ist ihr egal, was mit dem Moped passiert ist.
4. Ihre Mutter bringt sie im Auto mit. Sie muss früher aufstehen und ist jetzt in der Schule wach.
5. Nein, Elke möchte sich bald ein Auto kaufen.

Additional Listening Activity 1-6, p. 10

Answers will vary.

Erste Stufe

6 Hör gut zu!, p. 33

USCHI Na, Herbert! Was machst du denn hier? Ich dachte, du bist die ganzen Sommerferien lang im Bayerischen Wald bei deiner Oma.
HERBERT Ach hallo, Uschi! Nein, doch nicht die ganzen sechs Wochen! Ich war nur in den ersten drei Wochen dort. Ich bin gestern erst zurückgekommen.
USCHI Erzähl mal! Wie war's denn?
HERBERT Ach, es gefällt mir immer unheimlich gut bei meiner Oma. Sie kocht ganz tolle Sachen und ist immer guter Laune. Außerdem treffe ich dort immer den Martin. Er wohnt im Haus neben meiner Oma, und wir haben schon als Kinder zusammen gespielt, jedes Mal wenn wir zu Besuch bei meiner Oma waren. Diesmal haben wir auch eine Menge zusammen unternommen. Martin ist echt ein super Kumpel. Er ist mit mir in der ganzen Gegend rumgefahren. Ich glaub, ich kenn den Bayeriscben Wald jetzt besser als unsere Gegend!
USCHI Meine Schwester war auch schon mal im Bayerischen Wald. Ihr hat es dort auch gut gefallen.
HERBERT Und du? Warst du denn schon weg?
USCHI Nein! Wir fahren erst am Samstag früh.
HERBERT Und wohin geht's diesmal?
USCHI Wir fahren nach Südfrankreich, nach Nizza, um genau zu sein!
HEREBRT Nizza! Super! Warst du schon mal dort?
USCHI Nein, aber ich freu mich schon wahnsinnig drauf! Dort soll es einen tollen Sandstrand geben und viele gute Restaurants, die frische Meeresfrüchte anbieten.
HERBERT Schau mal, da drüben kommt der Frank! He, Frank, komm, setz dich zu uns!
FRANK Hallo, ihr beiden!
USCHI Wir unterhalten uns gerade über unsere Ferien! Wie sieht's bei dir aus? Warst du schon weg?
FRANK Nein, leider noch nicht! Ich hab die ersten drei Wochen der Sommerferien bei meinen Eltern im Supermarkt geholfen. Jetzt habe ich genug Taschengeld gespart, um mit dem Thorsten nach Thüringen zu fahren.
HERBERT Thüringen! Hört sich super an. Was wollt ihr denn da alles machen?
FRANK Ach, wir wollen verschiedene Orte besuchen und so eine Art Rundreise machen. Wir fangen in Eisenach an und weiter nach Gotha, über Erfurt bis nach Weimar. Dort bleiben wir dann eine Weile. Da gibt es kulturell 'ne Menge zu sehen. Ach, da ist Moni! Ich hab mich hier mit ihr verabredet. Sie ist gestern aus den Ferien zurückgekommen und will mir erzählen, wie es war!
MONI Hallo, alle zusammen!
FRANK Hallo, Moni! Du bist ja richtig braun geworden! Wie war's auf Mallorca?
MONI Spitze! Sonne, Sand und Meer! Einfach sagenhaft! Ich wär so gern noch länger dort geblieben.

Answers to Activity 6
Herbert: Bayern / war schon dort
Uschi: Nizza / fährt erst hin
Frank: Thüringen / fährt erst hin
Moni: Mallorca / war schon dort

9 Hör gut zu!, p. 34

THOMAS Hallo, Uta. Warum hast du es denn so eilig?
UTA Ja, weißt du, ich fahre morgen früh mit meiner Klasse in den Harz. Ich komme gerade vom Fotostudio Lambertz, weil ich ein paar Filme für meine Kamera kaufen musste. Dann muss ich noch in den Supermarkt, um Reiseverpflegung zu besorgen. Und was machst du hier, Thomas?
THOMAS Also, ich war vorhin im Getränkemarkt und hab ein paar Flaschen zurückgebracht. Und jetzt gerade war ich im Sportgeschäft Winkler und habe mir meine neue Skiausrüstung für diesen Winter ausgesucht. Echt toll, sage ich dir.

UTA	Du, schau mal, da drüben ist der Jürgen, der fährt auch morgen mit in den Harz. He, Jürgen!
JÜRGEN	Hallo, Thomas! Hallo, Uta! Na, hast du schon alles für unsere Reise eingekauft?
UTA	So ziemlich. Und du?
JÜRGEN	Ich weiß nicht. Ich muss noch in den Obstladen, um mir ein bisschen Verpflegung für unterwegs einzukaufen. Vorhin war ich gerade bei Stein & Buddenbrock. Ich konnte meine Badehose nicht mehr finden, also habe ich mir noch schnell eine neue gekauft.
THOMAS	Da drüben läuft meine Schwester. He, Angelika! Jürgen, Uta, kennt ihr meine Schwester Angelika?
UTA	Also, ich habe sie noch nicht kennen gelernt. Hallo!
ANGELIKA	Hallo, Uta! Grüß dich Jürgen!
THOMAS	Sag mal, Angelika, was machst du denn in der Stadt?
ANGELIKA	Ich war gerade in der Parfümerie Becker und habe ein Parfüm für Oma gekauft. Sie hat doch morgen Geburtstag. Jetzt gehe ich ins Fitness-Studio. Ich mach dort einen Aerobic-Kurs.
THOMAS	Ach so, ja. Mensch, ich muss noch schnell was für Oma besorgen. Ich glaub, ich hol ihr ein neues Brillenetui. Ich lauf mal schnell zu Optik Uhl. Tschüs!
UTA	Tschüs, Thomas! Viel Spaß im Fitness-Studio, Angelika!
ANGELIKA	Danke! Tschüs!

Answers to Activity 9

Uta: geht zuletzt in den Supermarkt
Thomas: geht zuletzt in den Optik Uhl
Jürgen: geht zuletzt in den Obstladen
Angelika: geht zuletzt ins Fitness-Studio

13 Hör gut zu!, p. 35

CHRISTOPH	Na, was meint ihr? Was sollen wir in den Ferien machen? Ich war noch nie an der Nordsee. Ich würde wahnsinnig gern dorthin fahren und ein bisschen segeln gehen. Und ihr? Wozu habt ihr denn Lust? Was meinst du, Annette?
ANNETTE	Also, ich weiß nicht so recht. Ich war vor zwei Jahren in Bremerhaven, und ich fand es dort nicht so toll. Die Nordsee war ziemlich schmutzig, und es war kalt und sehr windig. Wenn wir schon an den Strand wollen, sollten wir lieber an die Ostsee fahren. Dort waren wir noch nie, und außerdem sind da nicht so viele Touristen. Was sagst du dazu, Isabella?
ISABELLA	Wieso wollt ihr denn immer nur an den Strand? Also, ich war noch nie in Berlin. Das wäre doch toll, was meint ihr? Ich interessiere mich sehr für Kultur, und Berlin hat eben einfach alles: Denkmäler, Museen … das ist eine richtig internationale Stadt. Jörg, du warst doch auch noch nie in Berlin. Was hältst du von der Idee?
JÖRG	Ich weiß nicht so recht. So eine Großstadt ist mir einfach zu hektisch und voll. Ich habe keine Lust, dort meine Ferien zu verbringen. Außerdem hat mir meine Schwester erzählt, dass die Jugendherbergen dort meistens ausgebucht sind. Es wird schwierig sein, so kurzfristig zu reservieren. Ich finde, wir sollten irgendwohin fahren, wo wir wandern und schwimmen können. Was haltet ihr vom Schwarzwald?
ANNETTE	Ja, das hört sich gut an, Jörg. Vielleicht können wir ja auch unsere Fahrräder mitnehmen.
ISABELLA	Unbedingt! Dort können wir radeln, wandern und schwimmen, und Jugendherbergen gibt es dort sicherlich auch. Was hältst du davon, Christoph?
CHRISTOPH	Das ist keine schlechte Idee. Im Schwarzwald war ich auch noch nie. Schau mal im Verzeichnis nach, Isabella, ob wir eine gute Jugendherberge finden!
ISABELLA	Ja, in Freiburg ist bestimmt eine. Also, ich freu mich schon auf den Schwarzwald.

Answers to Activity 13

Christoph: möchte an die Nordsee — war noch nie dort, möchte segeln gehen
Annette: möchte nicht an die Nordsee — war schon dort, fand es nicht toll, Nordsee ist schmutzig, es war kalt und windig; möchte an die Ostsee — war noch nie dort, es gibt dort nicht viele Touristen
Isabella: möchte nach Berlin — interessiert sich für Kultur
Jörg: möchte nicht nach Berlin — Großstadt ist zu hektisch und voll, Jugendherbergen sind meistens ausgebucht; möchte in den Schwarzwald — will wandern und schwimmen

18 Hör gut zu!, p. 37

1. ASSAM Du, Werner, ich bin noch nicht sicher, ob ich dieses Wochenende mitkomme. Ich sollte eigentlich zu Hause bleiben und für die Biologiearbeit am Montag lernen.
   WERNER Ach was, Assam! Du kannst mir glauben, der Bio-Test wird total einfach sein. Der Hoffmann macht nie schwierige Prüfungen. Du musst einfach mitkommen. Die Radtour wird ein Riesenspaß.
2. ANJA Elke, ich bezweifle, dass wir in Thüringen in der Jugendherberge noch Unterkunft bekommen. Da ist doch sicherlich alles voll.
   ELKE Mach dir nur keine Sorgen, Anja! Ich bin sicher, dass sie noch was freihaben. Die Jugendherberge dort ist ziemlich groß. Das dauert lange, bis da mal alle Betten voll sind.
3. MARION Du musst einfach mit ins Rockkonzert kommen, Eva. Das gefällt dir ganz bestimmt, da bin ich mir sicher.
   EVA Ich weiß nicht, ob mir die Musik so liegt, Marion. Ich höre eigentlich lieber ruhige Musik.
4. FRANK Meinst du, dass Mutter das Geschenk gefallen wird, Claudia? Ich weiß nicht so recht. Ich bin mir nicht sicher, ob sie Blau gern hat.
   CLAUDIA Mach dir nur keine Sorgen, Frank! Du kannst mir glauben, dass ihr das gefallen wird. Sie mag Blau echt gern.

Answers to Activity 18

1. Assam bezweifelt etwas; Werner ist sicher.
2. Anja bezweifelt etwas; Elke ist sicher.
3. Eva bezweifelt etwas; Marion ist sicher.
4. Frank bezweifelt etwas; Claudia ist sicher.

Zweite Stufe

26 Hör gut zu!, p. 41

1. BRITTA Was meinst du, Gerhard? Sollen wir in den Ferien lieber in einer Jugendherberge oder bei Verwandten und Bekannten bleiben?
   GERHARD Also, Britta, ich habe gehört, die Jugendherbergen sollen ganz toll sein. Der Werner hat gesagt, die Verpflegung soll hervorragend sein, und die Unterkünfte sollen sehr sauber und günstig sein.
   BRITTA Also, ich weiß nicht so recht. Jugendherbergen sind zwar billig und meistens auch in einer schönen Gegend, aber ich kann nicht gut schlafen, wenn zu viele Leute in einem Zimmer sind.
   GERHARD Also, Britta, ich finde Jugendherbergen einfach toll. Wo sonst kann man für ein paar Mark übernachten und essen?
   BRITTA Na ja, vielleicht sollten wir es mal ausprobieren.
2. KLAUS Du, Bruno, wenn wir nach Weimar fahren, sollten wir unbedingt in der Jugendherberge übernachten. Was meinst du?
   BRUNO Von mir aus. Warst du denn schon mal dort in der Jugendherberge?
   KLAUS Ja, wir sind letztes Jahr ganz kurz dort gewesen, nur ein Wochenende lang. Ich wär gern noch länger geblieben, aber wir wollten ja weiter bis nach Dresden, und deshalb hab ich nicht viel von Weimar gesehen. Aber ich erinnere mich, dass die Jugendherberge ein ganz tolles Programm angeboten hat.
   BRUNO Tatsächlich? Was denn, zum Beispiel?
   KLAUS Ja, also, es laufen dort Dia-Vorträge über Weimar, man kann eine Stadtführung machen oder Kulturdenkmäler besichtigen. Und stell dir vor, alles ist von der Jugendherberge aus organisiert!
   BRUNO Super! Was wird sonst noch dort angeboten?
   KLAUS Es gibt dort auch eine Diskothek und Grillabende und ...
   BRUNO Phantastisch! Du, wenn in Weimar in der Jugendherberge so viel los ist, dann bin ich echt dafür, dass wir uns dort einquartieren!

Answers to Activity 26

1. Britta und Gerhard sprechen über Jugendherbergen im Allgemeinen.
2. Klaus und Bruno sprechen über Jugendherbergen in Weimar.

30 Hör gut zu!, p. 42

CLAUDIA Na, was sollen wir dieses Wochenende machen? Meine Kusine aus Düsseldorf kommt doch zu Besuch, und sie hat mich am Telefon gefragt, ob wir mal eine Radtour um den Chiemsee mit ihr machen würden. Ich finde die Idee toll! Und wie sieht's mit euch aus? Habt ihr auch Lust dazu? Was meinst du, Holger?

HOLGER Also, ich weiß nicht so recht, Claudia! Ich war erst letzte Woche mit meinen Eltern am Chiemsee. Ich würde lieber was anderes machen.

CLAUDIA Was schlägst du denn vor?

HOLGER Lasst uns doch ins Freibad gehen! Ich hab Lust, mal wieder ein paar Sprünge vom Drei-Meter-Turm zu machen. Du nicht auch, Jens?

JENS Also, ich finde Claudias Vorschlag gut. Am Chiemsee gibt es ausgezeichnete Radwege, und ich würde gern mal wieder 'ne lange Radtour machen.

CLAUDIA Genau! Wir können uns doch was zu essen mitnehmen und den ganzen Tag am Chiemsee bleiben.

JENS Wie wär's mit einem Picknick? Ute, kannst du wieder deinen tollen Kartoffelsalat machen? Ich mach dann die Frikadellen dazu.

UTE Ja also, eigentlich habe ich keine Lust, schon wieder eine Radtour zu machen. Ich fahr halt jeden Tag mit dem Rad zur Schule, und würd am Wochenende lieber mal das Rad im Keller lassen. Können wir nicht alle einfach nur so zum Bummeln in die Stadt gehen? Vielleicht läuft ja ein toller Film im Kino, und danach könnten wir doch ins Eiscafé gehen.

CLAUDIA Ach nein, das ist mir zu langweilig. Ich mache auf jeden Fall die Radtour um den Chiemsee mit meiner Kusine. Du kommst also mit, Jens?

JENS Ja, klar! Ich freu mich schon.

Answers to Activity 30

Holger: ist nicht einverstanden
Jens: ist einverstanden; war erst letzte Woche am Chiemsee
Ute: ist nicht einverstanden; Chiemsee hat ausgezeichnete Radwege

33 Hör gut zu!, p. 43

MARKUS Also, die belegten Brote sind fertig. Jetzt müssen wir nur noch die restlichen Sachen einpacken. Sag mal, Andreas, wo ist eigentlich unsere Kühlbox? Da müssen die ganzen Getränke rein.

ANDREAS Ist schon erledigt, Markus! Silvia hat gerade die Kühlbox und den Picknickkorb aus dem Keller geholt. Also, was kommt alles in den Korb? Ein Schneidebrett, drei Becher zum Trinken, drei Teller und drei Gabeln.

SILVIA Wieso nur Gabeln? Wir brauchen auch Messer und Löffel. Und vergiss nicht, dein Taschenmesser mit dem Flaschenöffner einzupacken, damit wir die Limoflaschen aufmachen können.

ANDREAS Gut. Also, das Besteck habe ich. Dann brauchen wir noch Servietten. Das wäre alles!

MARKUS Denkst du! Wir brauchen außerdem noch einen Salz- und einen Pfefferstreuer. Ich hab doch auch Tomaten fürs Picknick gekauft. Silvia, hast du schon eine Abfalltüte für unseren Müll eingepackt?

SILVIA Ja, sie liegt ganz unten im Picknickkorb. Hier ist die Thermosflasche mit dem heißen Tee. Andreas, hast du schon den Erdbeerjoghurt in die Kühlbox getan?

ANDREAS Ja, klar! Ich hab auch schon die Bananen dort reingelegt. Du, Markus, kannst du bitte die karierte Decke aus dem Schrank holen? Die nehmen wir natürlich auch noch mit.

MARKUS Okay, hier ist sie. Brauchen wir sonst noch was?

SILVIA Ich glaube, wir haben alles. Los geht's!

Answers to Activity 33

belegte Brote, Kühlbox, Getränke (Limo), Picknickkorb, Schneidebrett, Becher, Teller, Besteck (Gabeln, Messer, Löffel), Messer mit Flaschenöffner, Salz- und Pfefferstreuer, Tomaten, Abfalltüte, Thermosflasche mit heißem Tee, Erdbeerjoghurt, Bananen, karierte Decke

Scripts for Additional Listening Activities

Additional Listening Activity 2-1, p. 15

KAREN Du, Ursula, ich bin schon sehr gespannt auf Leipzig. Du auch?
URSULA Ja, Eisenach mit der Burg hat mir zwar auch gefallen, aber Leipzig ist eben eine Großstadt.
KAREN Ja, das stimmt. Gibt's in Leipzig eigentlich auch eine Burg?
URSULA Ja, ich glaube schon. Es gibt eine Burg mitten in der Stadt, die Pleißenburg. Die ist jetzt das Rathaus. Das heißt das Neue Rathaus.
KAREN Ach, dann gibt's auch ein Altes Rathaus?
URSULA Ja, das Alte Rathaus ist jetzt ein Museum. Es befindet sich mitten in der Stadt auf dem Marktplatz.
KAREN Woher weißt du das denn alles?
URSULA Das habe ich hier in unserem Reiseführer gelesen. Da steht auch, dass es nicht weit weg vom Zentrum eine Jugendherberge gibt.
KAREN Das ist gut, da hätten wir gleich eine Unterkunft.
URSULA Ja, hier im Verzeichnis der Jugendherbergen steht, dass das Haus 60 Betten hat. Da bekommen wir bestimmt eine Unterkunft.
KAREN Steht im Verzeichnis auch, ob es dort eine Küche gibt?
URSULA Hm, ich guck gleich mal nach, einen Moment. Ja, hier: es gibt eine Küche, wo man abends kochen kann. Frühstück braucht man nicht selbst machen, das kann man bestellen.
KAREN Das klingt ja gut. Und mit unserem Ausweis können wir dort relativ billig übernachten, nicht?
URSULA Unseren Jugendherbergsausweis meinst du?
KAREN Ja, genau. Der ist doch in allen Jugendherbergen gültig, nicht?
URSULA Ja, das stimmt. In Eisenach haben wir ihn auch schon gut gebrauchen können.
KAREN Wo genau befindet sich denn die Jugendherberge in Leipzig?
URSULA Hier steht, dass sie ganz nah am Zentrum ist. Wenn man mit der Straßenbahn fährt, sind es ungefähr zehn Minuten bis zum Zentrum. Auch ein Park ist gleich in der Nähe, steht hier. Die Jugendherberge scheint in einer schönen Gegend zu liegen.
KAREN Das klingt gut. Dann lass uns doch gleich mal dort anrufen.

Additional Listening Activity 2-2, p. 15

URSULA So, jetzt sind wir also in Leipzig. Der Zug war pünktlich, es ist jetzt genau 17 Uhr 25.
KAREN Ja, aber sind denn die Züge nicht immer pünktlich?
URSULA Nee, nicht immer. Manchmal haben sie 20 Minuten Verspätung oder auch mehr. Aber wir hatten Glück mit unserem Zug. Nun müssen wir nur noch die Jugendherberge finden.
KAREN Lass uns doch mal jemanden fragen, wo sie ist.
URSULA Ja, das ist eine gute Idee. Hier kommt eine Frau, lass uns die fragen. Äh ... Entschuldigung, können Sie uns vielleicht sagen, wie wir zur Jugendherberge in der Käthe-Kollwitz-Straße kommen?
FRAU Hm, ich kann Ihnen sagen, wie Sie zur Käthe-Kollwitz-Straße kommen, aber wo dort die Jugendherberge ist, weiß ich nicht genau.
KAREN Wir haben die Adresse der Jugendherberge hier, die Hausnummer ist 174.
FRAU Ach, dann weiß ich ungefähr, wo es ist. Also, zur Käthe-Kollwitz-Straße kommen Sie am besten mit der Straßenbahn. Es gibt verschiedene Bahnen. Sie können mit den Nummern 4, 27 oder 2 fahren.
URSULA 4, 27 oder 2. Gut. Und in welche Richtung müssen wir fahren?
FRAU Das ist Richtung Westpark.
URSULA Westpark. Gut. Und wie viele Haltestellen sind es von hier?
FRAU Moment, lassen Sie mich überlegen. Es müssen ungefähr 5 oder 6 Haltestellen vom Bahnhof aus sein. Die Jugendherberge befindet sich auf der rechten Seite auf der Käthe-Kollwitz-Straße. Die Hausnummern stehen an den Häusern, das ist nicht schwer zu finden.
URSULA Gut, danke schön!
KAREN Vielen Dank!
FRAU Gern geschehen. Und viel Spaß in Leipzig!
URSULA Danke!
KAREN Danke schön! Auf Wiedersehen!

Additional Listening Activity 2-3, p. 16

JULIA Heike, unsere Herbstferien sind schon in zwei Wochen. Vielleicht sollten wir mal Pläne machen. Wohin in Deutschland würdest du denn gern fahren?
HEIKE Ich war schon an der Ostsee, dort hat es mir sehr gut gefallen. Ich schlage vor, da fahren wir hin. Dort waren die Einrichtungen auch sehr behindertenfreundlich.

JULIA Ja, an der Ostsee ist es schön. Ich bezweifle aber, ob wir da im Oktober so viel Spaß haben werden, weil es doch schon kühler wird. Zum Baden wird es auch schon zu kalt sein. Ich denke, wir können im Oktober im Gebirge mehr unternehmen, meinst du nicht?

HEIKE Ich war aber noch nie im Gebirge und habe auch Angst, dass die Jugendherbergen oder Hotels dort nicht auf Rollstuhlfahrer eingestellt sind.

JULIA Na gut. Wenn du nicht willst, brauchen wir nicht in die Berge fahren. Aber egal wo wir letztendlich hinfahren, müssen wir natürlich vorher die Jugendherberge anrufen.

HEIKE Ja. Wir müssen auf jeden Fall eine behindertenfreundliche Jugendherberge aussuchen.

JULIA Du, Heike, ich weiß, dass die Jugendherberge in Weimar sehr modern ist und auch auf Rollstuhlfahrer eingestellt ist. Außerdem ist die Gegend um Weimar sehr schön. Es gibt viele Burgen in dieser Gegend, und wir könnten viel unternehmen.

HEIKE Ich habe auch gehört, dass Weimar eine schöne Stadt sein soll.

JULIA Ja, das stimmt. Und wer hat doch gleich dort gelebt...?

HEIKE Na, Goethe und Schiller, wohl die berühmtesten deutschen Dichter.

JULIA Ja, stimmt. Es soll dort auch ein Archiv geben, in dem Werke von den beiden aufbewahrt werden.

HEIKE Ja, das ist Goethes Wohnhaus gewesen. Da wollte ich schon immer mal hin.

JULIA Na, dann lass uns doch mal ins Verzeichnis der Jugendherbergen sehen. Dort finden wir auch eine Telefonnummer, wo wir anrufen können. Dann können wir auch gleich Plätze reservieren, denn in den Oktoberferien werden die Jugendherbergen bestimmt gut belegt sein.

HEIKE Ja, das ist eine gute Idee. Mir gefällt der Gedanke jetzt auch, nach Weimar zu fahren.

JULIA Gut, dann hole ich jetzt mal das Verzeichnis, und wir rufen gleich an. Warte bitte einen Augenblick hier!

Additional Listening Activity 2-4, pp. 16–17

Liebe Karen,

ich habe versprochen, dir über unsere Klassenfahrt einen Brief zu schreiben. Du weißt ja, dass wir im Sommer an der Ostsee zelten waren. Es war übrigens derselbe Zeltplatz, wo ich mit dir im letzten Sommer zwei Tage gezeltet habe. Erinnerst du dich? Ich habe auch oft an unsere Deutschland-Tour gedacht. Vielleicht können wir ja so was noch mal machen. Aber das nur so nebenbei. Ich wollte dir ja über die Klassenfahrt berichten. Es war ganz toll. Wir hatten viel Spaß und haben viel unternommen. Einmal haben wir eine Wanderung am Strand entlang gemacht. Da sind wir ungefähr fünf Kilometer weit gelaufen und waren hinterher fast alle fußkrank. Wir haben sogar Heike mitgenommen. Das ist das Mädchen im Rollstuhl aus meiner Klasse. Du hast sie letzten Sommer kennen gelernt. Erinnerst du dich an sie? Ich soll dir schöne Grüße von ihr bestellen.

Wir haben natürlich auch viel am Strand in der Sonne gelegen und waren oft baden. Abends haben wir immer auf dem Zeltplatz gekocht und auch dreimal ein Lagerfeuer gemacht. Das war ganz romantisch.

Ich könnte dir noch viel mehr schreiben, aber heute muss ich erst mal aufhören. Ich muss noch Hausaufgaben machen. Am liebsten würde ich dir ja alles persönlich erzählen. Schade, dass du so weit weg bist, und telefonieren ist eben doch ganz schön teuer. Aber vielleicht kommst du auch bald mal wieder nach Deutschland. Habe ich dir nicht Lust auf Deutschland gemacht mit dem Brief? Schreibe bald wieder!

Tschüs, deine Daniela

Additional Listening Activity 2-5, p. 17

BEATE Ach, wie lange habe ich mich schon auf das Picknick gefreut! Hier, Vanessa! Ich habe vier Becher und ein großes Schneidebrett mitgebracht. Darauf können wir den Käse und die Tomaten legen. Hast du auch den Picknickkorb mit dem Essen mitgebracht, Vanessa?

VANESSA Ja, natürlich, hast du denn nicht gesehen, wie ich ihn hierher geschleppt habe? Schau mal, da hinter dem Baum steht er.

BEATE Ach ja, stimmt!

VANESSA Ich habe auch das Besteck mitgebracht: vier Messer, vier Löffel und vier Gabeln.

BEATE Hast du auch den Salzstreuer und den Pfefferstreuer mit?

VANESSA Nein! Die bringt der Heiko mit. Wo bleiben Heiko und Jens denn eigentlich?

BEATE Ach, sie kommen bestimmt jeden Moment.

VANESSA Hoffentlich! Ich habe vielleicht einen Durst und Hunger. Jens soll doch den Flaschenöffner mitbringen, stimmt's?

BEATE Nein. Jens soll die Kühlbox mit den Getränken mitbringen.

VANESSA Aber wer soll den Flaschenöffner mitbringen?

BEATE Den soll Heiko mitbringen und auch die Decke und vier Teller. Ach, da kommen sie schon.

HEIKO Hallo, ihr beiden! Na, habt ihr schon ohne uns angefangen?

VANESSA Nein, wir haben auf euch gewartet. Heiko, hast du den Flaschenöffner mit?

HEIKO Den Flaschenöffner? Ach du meine Güte ...
VANESSA Du hast ihn vergessen, stimmt's? Heißt das, wir können jetzt die Flaschen nicht aufmachen? Oh, Mann, ich habe so einen Durst!
JENS Einen Moment! Ich glaube, mein Taschenmesser hat einen Öffner dran. Ja, hier.
HEIKO Na, da haben wir noch mal Glück gehabt. Danke, Jens!
JENS Also, hier ist die Kühlbox mit den Getränken.
VANESSA Danke! Möchtet ihr auch was trinken?
BEATE Hm. Also ich möchte jetzt endlich was essen.
VANESSA Heiko, hast du denn die Decke und die vier Teller mit?
HEIKO Klar habe ich die Decke mit. Aber wo sind denn die Teller? Mensch, tut mir Leid! Die hab ich auch vergessen.
BEATE Na prima! Und wovon essen wir ohne Teller?
VANESSA Ich habe doch das große Schneidebrett mit. Darauf können wir das Brot bestreichen, da brauchen wir keine Teller.
JENS Super! Dann wäre dieses Problem also auch gelöst.
BEATE Also, Leute, das Picknick kann beginnen!

Additional Listening Activity 2-6, p. 18

Auf der Mauer, auf der Lauer, sitzt 'ne kleine Wanze,
auf der Mauer, auf der Lauer, sitzt 'ne kleine Wanze.
Sieh dir mal die Wanze an, wie die Wanze tanzen kann.
Auf der Mauer, auf der Lauer, sitzt 'ne kleine Wanze.

(Each additional time the verse is sung, one sound is left off the end of "Wanze" and "tanzen" (Wanz/tanz, Wan/tan, etc); then these words are built back up again.)

Answers to Additional Listening Activities

Additional Listening Activity 2-1, p. 15

1. stimmt
2. stimmt nicht
3. stimmt
4. stimmt nicht
5. stimmt nicht
6. stimmt nicht
7. stimmt

Additional Listening Activity 2-2, p. 15

1. a 2. b 3. c 4. a 5. c

Additional Listening Activity 2-3, p. 16

1. Heike möchte gern an die Ostsee, aber Julia denkt, dass es dort im Oktober schon zu kühl ist und man auch nicht baden gehen kann.
2. Sie hat Angst, dass die Jugendherbergen nicht auf Behinderte eingestellt sind.
3. Sie entscheiden sich für Weimar. Die Gegend um Weimar ist sehr schön, und es gibt viele Burgen. In der Stadt gibt es ein Goethe- und Schiller-Archiv.
4. Sie wollen in den Oktoberferien fahren. Sie denken, dass viele Schüler reisen werden und die Jugendherbergen gut belegt sein werden.

Additional Listening Activity 2-4, pp. 16–17

1. stimmt nicht
2. stimmt nicht
3. stimmt
4. stimmt nicht
5. stimmt
6. stimmt nicht
7. stimmt nicht

Additional Listening Activity 2-5, p. 17

A.

	Was jeder mitbringen sollte:
Vanessa	Picknickkorb mit Essen; Besteck (vier Messer, vier Löffel, vier Gabeln)
Beate	vier Becher; Schneidebrett
Jens	Kühlbox mit Getränken
Heiko	Salzstreuer; Pfefferstreuer; Flaschenöffner; Decke; vier Teller

B. Als Ersatz für den Flaschenöffner nehmen sie Jens' Taschenmesser, das einen Flaschenöffner hat. Als Ersatz für die Teller nehmen sie Beates Schneidebrett.

Additional Listening Activity 2-6, p. 18

1. on the wall
2. dance
3. waiting to spring onto someone
4. "Bingo" (sung where last syllable dropped off each time)

LISTENING ACTIVITIES • SCRIPTS & ANSWERS

Erste Stufe

4 Hör gut zu!, p. 57

DR. BEHRENS Guten Tag, alle zusammen. Hier ist wieder Radio Pop-shop mit dem Kummerkasten. Wie immer warte ich, Dr. Uwe Behrens, auf eure Anrufe und freue mich, heute den ersten Zuhörer oder die erste Zuhörerin zu begrüßen. Bitte stell dich kurz vor, wenn du möchtest, und erzähl uns dann von deinem Problem!

KRISTINA Ja, hallo, Dr. Behrens. Also, ich bin die ... ich möcht lieber nicht sagen, wie ich heiße ... oder ... na ja, eigentlich ist es auch egal. Also, ich bin die Kristina und bin 16 Jahre alt.

DR. BEHRENS Hallo, Kristina. Schön, dass du anrufst. Sag doch einfach, was du auf dem Herzen hast.

KRISTINA Ja, also, ich brauche einen Rat. Es ist nämlich so: Meine beste Freundin ist sauer auf mich. Wir waren verabredet und wollten ins Kino gehen. Und gerade, als ich losgehen wollte, hat mein kleiner Bruder gefragt, ob ich ihm bei seinen Matheaufgaben helfen könnte. Das habe ich natürlich gemacht. Und sofort danach hat ein Mädchen aus meiner Klasse angerufen, um zu fragen, ob ich ihr meine Jeansweste für die Fete am Samstag leihen könnte. Ich kann es selbst nicht glauben, dass ich ja gesagt habe. Ich wollte die Weste nämlich selber anziehen. Na ja, wie auch immer, ich bin zu spät ins Kino gekommen. Meine Freundin war natürlich echt sauer. Ja, und so was passiert mir andauernd.

DR. BEHRENS Also, wenn ich dich recht verstanden habe, dann ist das eigentliche Problem nicht, dass deine Freundin sauer auf dich ist, sondern dass du nicht nein sagen kannst.

KRISTINA Ja, stimmt genau! Ich schaffe es einfach nicht, jemandem zu sagen, dass ich zum Beispiel gerade keine Zeit habe oder keine Lust habe, etwas zu tun. Also, ich mach mir echt Gedanken darüber, wie ich das Problem lösen könnte. Aber ich weiß einfach nicht wie. Ich habe manchmal das Gefühl, alle nutzen mich aus. Was soll ich bloß machen?

DR. BEHRENS Kristina, hast du dir schon mal überlegt, warum es so schwer ist, nein zu sagen? Hast du vielleicht Angst, deine Freunde zu verlieren? Oder vielleicht glaubst du, dass man dich dann nicht mehr so gern mag.

KRISTINA Mhhm ... das kann schon sein.

DR. BEHRENS Also, Kristina, was hältst du davon, einmal auszuprobieren, wie deine Freunde und Geschwister auf ein Nein von dir reagieren? Wahrscheinlich ist es gar nicht so schlimm, wie du meinst. Im ersten Moment sind sie vielleicht enttäuscht oder sogar sauer, aber es ist ziemlich unwahrscheinlich, dass sie aufhören, dich zu mögen. Im Gegenteil, sie werden dich sogar sicher mehr respektieren, wenn du deine ehrliche Meinung sagst.

KRISTINA Wirklich?

DR. BEHRENS Ja, bestimmt! Vielleicht hilft es auch, einen kleinen Streit zu riskieren, damit die anderen wirklich merken, dass dir eine Sache wichtig ist und sie auch mal deine Wünsche akzeptieren müssen.

KRISTINA Ja, also, ich glaube, das ist ein guter Ratschlag. Vielen Dank, Herr Dr. Behrens, und auf Wiederhören!

DR. BEHRENS Viel Glück und auf Wiederhören, Kristina!

Answers to Activity 4

Soll ausprobieren, nein zu sagen; soll einen kleinen Streit riskieren, damit die anderen merken, dass ihr eine Sache wichtig ist

7 Hör gut zu!, p. 57

VANESSA Schau mal, Martin, da hinten geht die Claudia! Mensch, die sieht ja mal wieder toll aus! Total gestylt! Also, die hat ja echt eine super Figur! Und erst mal die Klamotten! Der letzte Schrei!

MARTIN Ja, stimmt! Sie sieht wirklich klasse aus!

VANESSA Ach, ich muss die Claudia unbedingt zu meiner Fete einladen. Aber guck doch mal, der komische Typ, der neben ihr geht. Ach du meine Güte! Wie sieht der denn aus? Potthässlich! Und mit so einem Typ lässt die sich blicken!

MARTIN Also, hör mal Vanessa! Du tust ja so, als ob alles nur vom Aussehen abhängt! Ich wusste gar nicht, dass du so oberflächlich bist! Was hältst du davon, erst mal jemanden kennen zu lernen, bevor du dir eine Meinung bildest?

VANESSA Ach was! Davon halte ich nichts! Ich kann meistens schon auf den ersten Blick erkennen, ob jemand toll oder langweilig ist. Menschenkenntnis nennt man das!

MARTIN Also, ich finde, du spinnst! Für mich sind zum Beispiel innere Werte und Charakter viel wichtiger als nur das Aussehen.

VANESSA Ja, aber ich hab echt keine Lust, Leute großartig kennen zu lernen, die mir äußerlich überhaupt nicht gefallen. Also, Leute, die sich schlampig anziehen und total hässlich aussehen.

MARTIN Aber deswegen können es doch trotzdem ganz tolle Menschen sein, die Eigenschaften und Talente haben, von denen man auf den ersten Blick gar nichts bemerkt!

VANESSA Ja, aber ist es meine Schuld, wenn sie ihre Qualitäten verstecken? Bei gutaussehenden und attraktiven Leuten weiß man wenigstens sofort, woran man ist. Man kann auf den ersten Buck erkennen, dass sie Wert auf ihr Äußeres legen. Ich würde sagen, dass schöne Menschen sogar viel sympathischer sind.

MARTIN Das würde ich eigentlich nicht sagen! Außerdem, was verstehst du denn unter "schön"?

VANESSA Also schön ist, wer seine Haut pflegt, seine Haare stylt, einen sportlichen Body hat, Modetrends mitmacht ... im Prinzip kann jeder was aus seinem Aussehen machen!

MARTIN Ja, klar kann man sein Äußeres mit Make-up, Haarfarbe, Kleidung und von mir aus sogar mit Schönheitsoperationen verändern. Aber ich finde, dass man dadurch seinen Charakter oder seine Persönlichkeit noch lange nicht verbessert. Und wenn man einen tollen Charakter hat, ist es völlig egal, wie man aussieht. Das ist jedenfalls meine Meinung.

Answers to Activity 7

Sie unterhalten sich übers Aussehen; Vanessa hält viel vom Aussehen; Martin hält mehr von inneren Werten.

Zweite Stufe

22 Hör gut zu!, p. 66

1. BRITTA Hallo, Susi! Na, hast du wieder mal dein Lieblings-T-Shirt an? Du scheinst es wirklich zu mögen. Jedes Mal, wenn ich dich treffe, hast du es an!

SUSI Ach, hallo Britta! Mein T-Shirt? Ja, da hast du Recht. Ich ziehe es wirklich sehr gerne an, weil es so ein auffälliges Motiv hat. Nur leider kann ich es am Samstag zur Fete nicht schon wieder anziehen. Ich habe es nämlich bereits auf der letzten Fete vom Klaus getragen.

BRITTA Ja, also ich würde es auch nicht noch mal zur Fete anziehen. Sag mal, warum kaufst du dir nicht mal was Neues? Es ist doch gerade Schlussverkauf. Da findest du bestimmt was. Sollen wir morgen zusammen in die Stadt gehen?

SUSI Au ja, toll! Das machen wir!

2. BRITTA Schau mal, da hinten an der Bushaltestelle steht der Hans-Jörg!

SUSI Ach ja, und er liest natürlich, wie immer. Es ist schon echt komisch, dass er ständig liest, sei es nun an der Bushaltestelle oder in der Pause. Wenn er wenigstens nur Comics oder Zeitschriften lesen würde, aber stell dir mal vor, er nimmt manchmal sogar das Geschichtsbuch mit in die Pause und lernt daraus!

BRITTA Ja, das ist eben typisch Hans-Jörg! Also, an seiner Stelle würde ich mich in der Pause mit den anderen unterhalten und mich nicht so von allen absondern.

SUSI Ja, da hast du Recht. Du, übrigens, ich wollte gerade den Tobias abholen gehen. Wir wollen zusammen eine Radtour machen. Hast du Lust mitzukommen?

BRITTA Ja, gerne! Also, ich geh dann mal nach Hause und hol mein Rad aus dem Keller.

SUSI Gut! Wir kommen dich dann abholen! Bis nachher!

BRITTA Tschüs! Bis nachher!

3. *[Doorbell rings]*

TOBIAS Hallo, Susi. Ich hab schon auf dich gewartet!

SUSI Grüß dich, Tobias! Mensch, wie siehst du denn aus? Hast du gerade gepennt? Du siehst noch ganz verschlafen aus. Wir wollten doch heute die Radtour machen!

TOBIAS Ja, äh, also, ich bin echt müde. Ich glaub, ich bin gestern zu spät ins Bett gegangen. Weißt du, da läuft seit ein paar Tagen nachts so eine unheimlich spannende

LISTENING ACTIVITIES • SCRIPTS & ANSWERS

Krimiserie. Die ersten drei Folgen hab ich schon gesehen, und es kommen noch fünf weitere. Das Blöde ist, ich kann dann am nächsten Morgen kaum wach werden!

SUSI Also, versuch doch mal, früher ins Bett zu gehen! Du wirst schon sehen, dass du dich dann am nächsten Morgen viel besser fühlst! Die Krimiserie kannst du doch auf Video aufnehmen und tagsüber gucken. Also, was ist nun mit unserer Radtour?

TOBIAS Äh ... Uaaahh *[Yawning]* ...

SUSI Komm, hol deine Jacke und schmeiß dich aufs Rad! Wenn wir erst mal 'ne Weile geradelt sind, wirst du schon munter! Die Britta kommt übrigens auch mit. Wir müssen sie nur noch von zu Hause abholen.

TOBIAS Was? Die Britta Zellmann? Du, der Uwe findet die echt nett, glaub ich! Lass uns doch schnell mal beim Uwe vorbeifahren und ihn abholen!

SUSI Kannst du ihn nicht einfach anrufen? Vielleicht hat er ja gar keine Lust! So wie ich ihn kenne, sitzt er doch eh' lieber vor der Glotze.

TOBIAS Nee du, den Uwe, den muss man vor vollendete Tatsachen stellen. Wenn ich da erst anrufe und frage, ob er Lust hat, dann zögert er nur rum und kann sich nicht entscheiden. Aber wenn wir einfach vor der Tür stehen, kann er nicht so leicht nein sagen!

SUSI Also, gut. Dann mal los!

4. *[Doorbell rings]*

UWE Hey! Hallo Tobias, hallo Susi! Was macht ihr denn hier?

TOBIAS Tja, also, wir wollen dich zu 'ner Fahrradtour abholen. Wie sieht's aus? Hast du Lust?

UWE Äh, also, ich guck mir gerade das Fußballspiel zwischen Fortuna Düsseldorf und Kaiserslautern an ...

SUSI Das gibt's doch wohl nicht! Soll das etwa heißen, dass du lieber vor dem Fernseher hängst als mit uns was zu unternehmen? Also, ich finde sowieso, du solltest etwas mehr Sport treiben! Na komm schon! Wir müssen uns beeilen. Die Britta wartet!

UWE Die Britta?... Äh, also gut... ich komm ja schon!

Answers to Activity 22

1. c 2. d 3. a 4. b

Anwendung

Activity 1b, p. 73

RUNDFUNKMODERATOR Und nun, liebe Zuhörer, möchten wir Sie mit den neuesten Erkenntnissen aus der Ernährungswissenschaft bekannt machen. Wir beginnen jeweils mit der Nennung einiger weit verbreiteter Annahmen über den Nährwert verschiedener Lebensmittel und lassen dann unsere Expertin Stellung dazu nehmen. Wir begrüßen heute hier bei uns im Studio die Leiterin des Ernährungswissenschaftlichen Institutes in Bonn, Frau Professor Doktor Lohmann. Herzlich Willkommen!

PROF. DR. LOHMANN Danke schön!

RUNDFUNKMODERATOR Erstens: Das beste Brot ist dunkles Brot. Richtig oder falsch, Frau Professor Doktor Lohmann?

PROF. DR. LOHMANN Falsch! Dunkles Brot ist oft nur mit Zuckerfarbe gefärbtes Brot — aber es wird dunkel, weil es lange gebacken wird. Das beste Brot, weiß oder dunkel, ist das Brot, das aus Vollkorn hergestellt ist.

RUNDFUNKMODERATOR Zweitens: Braune Eier sind gesünder als weiße Eier. Richtig oder falsch?

PROF. DR. LOHMANN Ganz eindeutig falsch! Braune Eier haben nur eine dickere Schale als weiße Eier. Ansonsten haben sie den gleichen Nährwert wie weiße Eier.

RUNDFUNKMODERATOR Drittens: Kartoffeln machen dick. Ja, das hat auch schon immer meine Großmutter gesagt. Was sagt die Ernährungswissenschaft dazu, Frau Professor?

PROF. DR. LOHMANN Auch diese weit verbreitete Annahme ist falsch! Kartoffeln sind arm an Kalorien und haben viele Vitamine.

RUNDFUNKMODERATOR Viertens: Fisch hat weniger Nährwert als Fleisch. Richtig oder falsch?

PROF. DR. LOHMANN Wiederum falsch! Fisch hat im Allgemeinen weniger Fett als Fleisch, aber fast so viele Proteine wie Fleisch. Außerdem ist Fisch reich an Vitamin D.

RUNDFUNKMODERATOR Fünftens — und hier bin ich selbst neugierig: Öl ist Öl. Es spielt keine Rolle, welches man im Haushalt gebraucht. Frau Professor Doktor Lohmann, richtig oder falsch?

PROF. DR. LOHMANN	Auch diese Annahme ist falsch! Der Gesundheit zuliebe bitte nur Pflanzenöle verwenden, denn Pflanzenöle enthalten kein Cholesterin.
RUNDFUNKMODERATOR	Sechstens: Orangen und Zitronen sind die Vitamin-C-reichsten Früchte. Richtig oder falsch?
PROF. DR. LOHMANN	Falsch! Zitrusfrüchte enthalten pro 100 Gramm Fruchtgewicht nur 50 Milligramm Vitamin C. Kiwis enthalten dreimal so viel Vitamin C, nämlich 150 Milligramm.
RUNDFUNKMODERATOR	Siebtens: Brot macht dick. Wie sieht's hier aus, richtig oder falsch?
PROF. DR. LOHMANN	Falsch! Brot hat weniger Kalorien als Fett oder Zucker. Was auf dem Brot liegt, die Butter, die Wurst, der Käse, das macht dick!
RUNDFUNKMODERATOR	Achtens: Alle Mineralwässer sind gleich. Auch hier wieder die Frage: richtig oder falsch?
PROF. DR. LOHMANN	Falsch! Die Substanzen, die im Wasser sind, können sehr verschieden sein. In vielen Wässern ist sehr viel Salz, und Salz ist sowieso schon in vielen Lebensmitteln. Jeder weiß natürlich, dass zu viel Salz ungesund für den Körper ist.
RUNDFUNKMODERATOR	Neuntens: Wenn es heiß ist, soll man nichts oder nur wenig trinken. Oh, das hört sich sehr falsch an. Was sagt unsere Expertin dazu?
PROF. DR. LOHMANN	In der Tat, sehr falsch! Wenn es heiß ist, soll man besonders viel trinken, weil der Körper in der Hitze viel Flüssigkeit verliert.
RUNDFUNKMODERATOR	Zehntens: Brauner Zucker enthält mehr Vitamine und Mineralien als weißer Zucker. Richtig oder falsch?
PROF. DR. LOHMANN	Auch hier wieder lautet die eindeutige Antwort: falsch! Weder brauner noch weißer Zucker enthalten Vitamine oder Mineralien. Der braune Zucker ist heute meist gefärbt.
RUNDFUNKMODERATOR	Und damit sind wir am Ende der Sendung. Wir bedanken uns ganz herzlich bei Frau Professor Doktor Lohmann und möchten Sie, liebe Zuhörer, bitten, uns weitere Anfragen zuzuschicken, die wir gerne wieder von einem Experten im Studio beantworten lassen.

Answers to Activity 1b

All answers should be marked 'falsch'.

Additional Listening Activity 3-1, p. 23

MARIA Ja, die Mode. Was will man machen? Man muss schon ein wenig darauf achten, denn was sollen denn sonst die Leute von einem denken! Also, mir macht es schon Spaß, mich für eine Party fesch anzuziehen, um ein wenig aufzufallen. Meistens bekomme ich tolle Komplimente, das gefällt mir.

STEFAN In meinem Fall muss es einfach funktionell sein. Meine Kleidung muss unkompliziert und haltbar sein. Grelle Farben finde ich scheußlich, ich stehe da mehr auf Naturfarben. Ich zahle auch ein wenig mehr, wenn die Qualität stimmt. Weil mein Hobby Wandern ist, ziehe ich Kleidung vor, die sportlich und bequem ist.

CLAUDIA Mode ist total stark! Damit hat man Gelegenheit, sich auf alles vorzubereiten. Ich muss nur wissen, was andere zu einem Anlass tragen werden, und schon weiß ich genau, was ich dann anziehe. Klar, dass ich dann nicht das gleiche trage! Man muss schon ein wenig anders gekleidet sein, um den richtigen Akzent zu setzen.

RALF Früher war mir Mode echt egal. Mit der Zeit hat sich das geändert, denn Kleider machen Leute! Es wird sehr drauf geachtet, was sich die Leute anziehen. Und deshalb ziehe ich mich halt so an, um auf andere den passenden Eindruck zu machen. Ich gebe aber auch zu, dass es mir oft einfach Spaß macht, mich modisch anzuziehen, denn da lebe ich selbst irgendwie auf.

Additional Listening Activity 3-2, p. 23

IRIS Du, Anke, es ist nicht zu fassen! Letzte Woche die Englischarbeit, nächste Woche die Französischarbeit, und diese Woche gibt es extra Hausaufgaben für Mathe und Erdkunde. Ich mache mir wirklich Gedanken darüber, wie ich das alles schaffen soll!

ANKE Du, Iris, mir geht es genauso. Wir müssen einfach darauf achten, dass wir uns bei der ganzen Arbeit und dem Stress auch richtig entspannen.

IRIS Ach, das sagt man doch so leicht — sich richtig entspannen ... Kaum mache ich mal eine Pause, quält mich dieses Schuldgefühl. Ist doch klar: Je mehr ich lerne, desto besser wird mein Abi, und damit kann ich dann studieren, was ich will.

ANKE Ich sag dir: Wenn du so weitermachst, dann kannst du bald vor lauter Stress überhaupt nichts mehr lernen. Du bekommst ja schon jetzt viel häufiger eine Erkältung als alle anderen. Das könnte noch schlimmer werden!

IRIS Ja, vielleicht hast du Recht. Aber was schlägst du vor?

ANKE Nun, erst mal solltest du dich unbedingt fit halten. Wie steht's mit Sport? Gehst du noch regelmäßig in den Tennisclub? Bei den ganzen Klassenarbeiten kann es ja schnell passieren, dass wir unsere gute Laune verlieren. Aber wenn wir uns sportlich betätigen, werden wir uns viel fitter fühlen.

IRIS Da muss ich dir zustimmen. Ich hab meine Hobbys völlig vernachlässigt. Im Tennisclub war ich schon seit Wochen nicht mehr. Nächste Woche gehe ich mal wieder schwimmen, da freue ich mich jetzt schon drauf!

Additional Listening Activity 3-3, pp. 23–24

JÜRGEN Das war ja ein super Handballspiel. Wir hätten ja fast verloren, wenn du nicht zum Schluss die Tore geschossen hättest! Das war 'ne super Leistung, Frank, so kurz vor dem Ende des Spiels.

FRANK Danke! Du, Jürgen, ich verstehe gar nicht, warum die sich so über ihre Niederlage geärgert haben. Finde ich total unsportlich, aber meine Laune lass ich mir dadurch nicht trüben.

JÜRGEN Genau! Heute Morgen das tolle Spiel und am Nachmittag geht es dann mit der Band weiter. Ich hab letzte Woche nochmal das Keyboardstück eingeübt. Hast du den Text von unseren Songs schon auswendig gelernt?

FRANK Ja, klar! Mensch, ich glaube in ein paar Wochen können wir endlich unsere erste Aufführung mit der Band machen. Vielleicht können wir sogar auf Tour gehen und in einer anderen Stadt spielen.

JÜRGEN Jetzt übertreib mal nicht! Wir müssen erst mal überlegen, von wem wir das restliche Geld bekommen können. Wir brauchen noch 'ne ganze Menge, um die Lautsprecher kaufen zu können.
FRANK Ach, jetzt verdirb mir nicht die Laune! Die Lautsprecher können wir uns doch einfach ausleihen. Oder wir besorgen uns einen Sponsor. Lass mich mal machen! Ich kenn da welche.
JÜRGEN Okay, wenn du meinst!

Additional Listening Activity 3-4, pp. 24–25

PETRA Du, Thorsten, hast du mir nicht versprochen, dass du mir heute meine CDs zurückgibst? Was ist denn daraus geworden?
THORSTEN Ach, eigentlich wollte ich sie dir ja schon gestern geben, aber mir ist da etwas dazwischengekommen, Petra.
PETRA Was soll das heißen? Du weißt doch ganz genau, wie wichtig mir meine CDs sind und wie ungern ich sie verleihe. Und jetzt ...
THORSTEN Okay! Ich habe die CDs von dir ausgeliehen, um sie mit zur Fete von der Anne zu nehmen ...
PETRA Was? Ohne mich vorher zu fragen?!
THORSTEN Nun reg dich doch nicht gleich so auf!
PETRA Ich habe einen guten Grund, mich aufzuregen. Wo, bitte schön, sind meine CDs?
THORSTEN Also, die hat die Anne noch. Weißt du, die Fete war ein voller Erfolg, und der Anne haben deine CDs so gut gefallen. Da hat sie mich gefragt, ob sie die CDs noch eine Weile behalten könnte. Da konnte ich doch nicht nein sagen!
PETRA Warum hast du ihr denn nicht gesagt, dass es meine CDs sind?
THORSTEN Ach, ich weiß auch nicht! Du kriegst deine CDs in ein paar Tagen wieder. Ganz bestimmt!
PETRA Also, das nächste Mal werde ich dir bestimmt nichts mehr leihen!
THORSTEN Also, Petra, komm schon! Das tut mir echt Leid. Ich könnte ja am Samstag für dich Staub saugen, damit du nicht mehr sauer auf mich bist.
PETRA Hm. Okay! Dann kann ich am Samstagnachmittag in die Stadt gehen!

Additional Listening Activity 3-5, pp. 25–26

UWE Sag mal, Bernd, was ist denn heute mit dir los? Hast du etwa schlechte Laune? Was ist denn passiert?
BERND Ich wollte es ja keinem sagen, aber es kommt ja sowieso raus. Ich wollte unbedingt in der Bezirksliga Fußball spielen und hab dann letzte Woche versucht, von der Mannschaft aufgenommen zu werden. Na, und gestern rufen sie bei mir an, um abzusagen.
UWE Hm ... das muss schlimm für dich sein. Von allen hier in der Schule bist du eigentlich der Einzige, der es verdient hätte, in der Bezirksliga zu spielen.
BERND Ich verstehe es einfach nicht! Ich habe ein Probetraining mit der Mannschaft gemacht, und alles sah recht positiv aus. Der Trainer hat gesagt, dass ich echt gut spiele. Und mit den Leuten in der Mannschaft hab ich mich auch prima verstanden.
UWE Aber sind die alle nicht noch ein wenig älter als du? Die wollen bestimmt unter sich sein. Du weißt doch, wie es in dem Klub ist: Als Neuling hast du erst mal überhaupt keine Chance.
BERND Na, was kann ich schon tun? Fleißig trainieren und mich ab und zu bei denen blicken lassen. Vielleicht habe ich dann in der nächsten Saison mehr Glück.
UWE Das hast du bestimmt, Bernd, und bis dahin bloß nicht den Kopf hängen lassen!

Additional Listening Activity 3-6, p. 26

GABI Nun, Silke, was ist bei der Probe passiert? Hast du deine Rolle gekriegt?
SILKE Ach, es war total schrecklich, Gabi. Ich habe mich völlig falsch auf die Probe vorbereitet, weil ich mir sicher war, ich müsste etwas aus dem zweiten Akt vorspielen.
GABI Aber warum aus dem zweiten Akt?

SILKE Weil der Lehrer doch so auf das Dramatische steht. Und was nimmt er dran? 'ne ganz langweilige Szene aus dem ersten Akt!

GABI Das ist ja echt Pech. Du hast dich auf was Schwieriges vorbereitet, und in der Probe nehmen sie was viel Leichteres dran.

SILKE Und dann meinte der Lehrer zu mir, ich wäre in meiner Darstellung zu nervös gewesen. Ist ja kein Wunder!

GABI Klar! Du hattest dich voll auf den zweiten Akt, also auf einen dramatischeren Teil vorbereitet. Dann musst du dich plötzlich ganz ruhig und still verhalten. So was fällt selbst dem besten Schauspieler schwer.

SILKE Na, ein großer Trost ist mir das nicht. Wenigstens haben sie mir eine Nebenrolle gegeben. Aber ich wollte doch so gern die Hauptrolle, verstehst du?

GABI Ja, kann ich verstehen! Aber es werden doch pro Semester immer zwei Stücke aufgeführt, oder? Vielleicht bekommst du im nächsten Stück eine Hauptrolle. Du, mach doch in der Zwischenzeit einen Theaterkurs an der Volkshochschule!

SILKE Meinst du? Vielleicht ist das eine gute Idee. Ich werde mich erkundigen.

Answers to Additional Listening Activities

Additional Listening Activity 3-1, p. 23

	für das Hobby	wichtig, was andere sagen	ihm/ihr wichtig	spricht von Anlässen	macht Spaß
Maria		X	X	X	X
Stefan	X		X		
Claudia	X	X		X	
Ralf		X	X		X

Additional Listening Activity 3-2, p. 23

1. richtig
2. falsch
3. richtig
4. richtig
5. falsch
6. falsch
7. richtig

Additional Listening Activity 3-3, pp. 23–24

1. b 2. a 3. c 4. d 5. a 6. c

Additional Listening Activity 3-4, pp. 24–25

1. a 2. a 3. d 4. b 5. d 6. c

Additional Listening Activity 3-5, pp. 25–26

Answers will vary. Possible answers:

1. Man hat ihn nicht in die Fußballmannschaft aufgenommen.
2. Er sagt, dass Bernd sehr gut Fußball spielt.
3. Es ist gut abgelaufen. Er ist mit den anderen in der Mannschaft gut ausgekommen.
4. Er sagt, dass Bernd zu jung ist. Als Neuling hat er keine Chance.
5. Bernd soll nicht den Kopf hängen lassen.

Additional Listening Activity 3-6, p. 26

Answers will vary. Possible answers:

1 Sie hat nicht die Hauptrolle bekommen, die sie haben wollte.
2. Sie hat sich für den zweiten Akt vorbereitet. Das war ein Fehler, weil der Lehrer eine Szene aus dem ersten Akt für die Rollenverteilung ausgewählt hat.
3. Sie sagt ihr, dass auch die beste Schauspielerin Schwierigkeiten haben würde.
4. Sie hat sich für die falsche Rolle vorbereitet.
5. Sie hat eine Nebenrolle bekommen.
6. Sie soll einen Theaterkurs machen.

Erste Stufe

5 Hör gut zu!, p. 85

1. MARITA Du, Mutti! Ich hab einen ganz tollen Pulli bei Malibu-Moden gesehen. Meinst du, ich kann ihn haben?
MUTTER Ach, Marita! Schon wieder was Neues? Du hast doch schon so viele Sachen.
MARITA Stimmt ja gar nicht! Außerdem habe ich schon lange nichts Neues mehr bekommen!
MUTTER Also, hör mal, hast du denn ganz vergessen, dass ich dir erst vor zwei Wochen das silberfarbene T-Shirt gekauft habe, das du unbedingt für die Fete haben wolltest?
MARITA Ach, Mutti! Das T-Shirt hat doch kurze Ärmel. Das kann ich doch jetzt, wo es wieder kälter wird, nicht mehr anziehen. Aber der Pulli, der ist ganz weich und warm, aus reiner Schurwolle! Das ist genau das Richtige, jetzt für den Herbst!
MUTTER Also Marita, du hast wirklich genug Pullover und Jacken im Schrank! Du brauchst einfach keinen neuen Pulli!
MARITA Mutti, bitte! Er kostet doch nur 89 Mark!
MUTTER Wie bitte? Ich hör wohl nicht richtig! 89 Mark? Das kann ja wohl nicht dein Ernst sein. Also, nein, das ist viel zu teuer! Die Diskussion ist beendet!

2. HERBERT Also, tschüs dann! Frank, sag Mutti und Vati, dass ich so gegen zehn wieder zu Hause bin!
FRANK He, Herbert! Moment mal! Wo willst du denn hin?
HERBERT Ich geh mit der Tina ins Kino. Hast du was dagegen?
FRANK Allerdings! Du bist heute mit dem Geschirrspülen dran. Na los, mach schon, bevor die Mama zurückkommt! Vorher lass ich dich nicht gehen!
HERBERT Was soll das heißen, ich soll das Geschirr spülen?! Heute ist Montag, und montagabends bist du mit dem Geschirrspülen dran, Brüderchen!
FRANK Ja, normalerweise schon! Aber erinnere dich mal daran, wer denn am Samstagabend das Geschirr gespült hat! Du jedenfalls nicht, obwohl du an der Reihe warst!
HERBERT Ach ja, da wollte ich ja unbedingt auf die Fete vom Klaus-Jürgen!
FRANK Genau! Und was war, bevor du losgedüst bist? Du hast mir versprochen, ...
HERBERT ... dass ich das Geschirr am Montag spüle, wenn du es am Samstag für mich spülst! Mensch, Frank, das hab ich total vergessen! Tut mir echt Leid!
FRANK Ist schon gut! Hauptsache, du machst es überhaupt!
HERBERT Kannst du schnell die Tina anrufen und ihr sagen, dass ich fünf Minuten später komme?
FRANK Klar, mach ich!

3. ANDREAS Du, Vati, ich hab einen Job gefunden, wo ich mir nebenbei etwas Geld verdienen kann. Du weißt doch, dass das Taschengeld für mein Hobby nicht ausreicht.
VATER Na, Andreas, ich weiß nicht, ob das so eine gute Idee ist. Deine Noten in der Schule, das weißt du ja selbst, dürfen nicht schlechter werden. Du hast doch neben den Hausaufgaben gar keine Zeit für einen Job.
ANDREAS Doch! Ich hab mir die Zeit schon genau eingeteilt. Nachmittags von zwei bis vier lerne ich für die Schule, und von halb fünf bis halb sieben gehe ich jobben.
VATER Was? Nur zwei Stunden pro Tag willst du für die Schule lernen?
ANDREAS Ach Vati! Dann mach ich eben am Wochenende mehr für die Schule!
VATER Sag mal, Andreas, was für ein Job soll das denn sein?
ANDREAS Ach, weißt du, auf der Nievenheimer Dorfstraße ist doch dieser neue, große Supermarkt. Dort suchen sie Schüler, die die neuen Waren auspacken und in die Regale einordnen. Ich hab mir gedacht, dass ich das doch ganz locker nebenbei machen könnte. Also, was sagst du dazu?
VATER Hm ... also, die Schule ...
ANDREAS Ja ja, ich weiß schon, was du sagen willst. Die Schule ist wichtiger. Also, ich versprech dir, mit dem Job sofort aufzuhören, wenn meine Noten schlechter werden. Lass es mich doch probieren, bitte! Einverstanden?
VATER Na gut, mein Sohn!

4. ELKE Also, Papa, ich hau jetzt ab!
VATER Warte mal, Elke! Wohin denn so eilig?
ELKE Zum Tanzen. Das hab ich dir doch schon gesagt!
VATER Hm ... hab ich nicht gehört. Du warst doch gestern Abend erst weg. Und Mutti hat gesagt, dass du ganz schön spät nach Hause gekommen bist!

ELKE Ja und?
VATER Also, wenn du heute Abend wieder weg willst, musst du aber früher nach Hause kommen, hörst du?!
ELKE Ach, wie gemein! Immer soll ich nach Hause kommen, wenn es erst richtig anfängt, Spaß zu machen. Kann ich nicht mal so lange wegbleiben, wie ich will?
VATER Na so was! Das kommt überhaupt nicht in Frage! Mit wem gehst du denn heute weg?
ELKE Warum willst du das denn wissen?
VATER Also, hör mal! Als Vater darf ich doch wohl fragen, mit wem meine Tochter ihre Zeit verbringt! Also, mit wem gehst du zum Tanzen?
ELKE Weiß nicht! Da kommen ein paar aus der Klasse. Die Ulrike ist auch dabei.
VATER Soso, die Ulrike ... und welche Jungs kommen mit?
ELKE Ach Papa, die kennst du doch sowieso nicht! Aber wenn du's halt unbedingt wissen willst: der Uli, der Thomas und der Matthias. Sonst noch was?
VATER Also, um halb elf bist du wieder zu Hause, hörst du?
ELKE Waaas? Halb elf? Da kann ich ja gleich hier bleiben! Um zehn wird doch erst die Disko richtig voll! Papa, das kannst du mir nicht antun! Da mach ich mich ja lächerlich vor den anderen. Die dürfen alle viel länger bleiben. Kann ich nicht bis zwölf Uhr bleiben?
VATER Ich hab halb elf gesagt, und dabei bleibt's! Verstanden?
ELKE Ach, manno!

Answers to Activity 5

1. Marita will einen neuen Pulli. Der Streit endet schlecht für Marita; sie erreicht nichts.
2. Herbert hat das Geschirr nicht gespült. Der Streit endet gut/produktiv für Frank.
3. Andreas will jobben. Der Streit endet gut/produktiv für Andreas.
4. Elke will länger ausbleiben. Der Streit endet schlecht für Elke; sie erreicht nichts.

7 Hör gut zu!, p. 85

PATRICK Hallo, Claudia! Du siehst heute aber nicht besonders glücklich aus. Was hast du denn?
CLAUDIA Ach, bei uns zu Hause hat es wieder Krach gegeben.
PATRICK Hast du dich wieder mit deinem Vater gestritten?
CLAUDIA Ja, ja, immer das alte Thema. Nie darf ich weg, wenn ich will! Er behandelt mich wie ein kleines Kind. Dabei werde ich schon bald siebzehn!
PATRICK Was war denn diesmal los?
CLAUDIA Ach, er hat mir gesagt, dass ich heute Abend nicht ins Kino gehen darf, bevor ich mein Zimmer aufgeräumt habe. Kannst du das glauben? Ich habe ihn gefragt, wieso er sich plötzlich dafür interessiert, wie es in meinem Zimmer aussieht. Er kommt ja sonst auch nie zu mir ins Zimmer!
PATRICK Ja, bei mir ist das auch so! So lange man zu Hause rumhängt, ist alles in Ordnung. Aber kaum will man mal weg, fangen die Eltern an zu meckern!
CLAUDIA Da geb ich dir Recht. Sofort heißt es: "Hast du schon deine Schulaufgaben gemacht? Hast du schon das Geschirr gespült?" Bla bla bla ... Ich kann es schon wirklich bald nicht mehr hören!
PATRICK Ganz meine Meinung!
CLAUDIA Und stell dir mal vor, ich muss nicht nur mein Zimmer aufräumen, sondern auch noch tausend Fragen beantworten! Mein Vater wollte wissen, mit wem ich weggehe, welchen Kinofilm wir uns anschauen wollen, wann der Film zu Ende ist ... und so weiter und so fort! So was Blödes!
PATRICK Und hast du ihm mal gesagt, dass dich das nervt?
CLAUDIA Ja, also, ich war ganz schön sauer und wollte eigentlich gar nicht mit ihm diskutieren. Aber dann habe ich ihm gesagt, dass ich nicht verstehe, warum er mich so kontrolliert! Ich finde, er hat nicht genug Vertrauen zu mir, wenn er denkt, dass ich schlimme Sachen mache oder was anstelle!
PATRICK Und was hat er dazu gesagt?
CLAUDIA Ach, er meint, das hat nichts mit Vertrauen zu tun, sondern mit Verantwortung. Ach, du weißt doch, typisch Eltern!
PATRICK Ja, ich weiß genau, was du meinst!

Answers to Activity 7

Answers will vary. Possible answers:
Claudia darf nicht weg, wenn sie will. Sie findet, dass ihr Vater sie wie ein kleines Kind behandelt. Sie muss ihr Zimmer aufräumen, sonst darf sie nicht ins Kino. Sie muss ihrem Vater viele Fragen beantworten. Claudia findet, dass ihr Vater sie kontrolliert und nicht genug Vertrauen zu ihr hat.

Zweite Stufe

14 Hör gut zu!, p. 90

KALLE Na, Hannes, hast du schon ein paar Worte mit unseren neuen Klassenkameraden gewechselt?
HANNES Ja, ich hab gestern nach der Schule im Bus neben dem Thomas gesessen. Weißt du, der große, dunkelhaarige Typ. Er ist vor ein paar Wochen mit seinen Eltern aus Gundersheim nach hier gezogen.
KALLE Und was hat er so gesagt? Wofür interessiert er sich?
HANNES Ach, er hat sich beschwert, dass die Lehrer doof sind, und er meint, dass ihn keiner in der Klasse leiden kann.
KALLE Also, woher will der das denn wissen? Er kennt uns alle doch noch gar nicht! Und außerdem hat er gestern noch nicht einmal beim Fußballtraining mitgemacht. Er ist einfach nach der Schule abgehauen, obwohl er wusste, dass wir uns noch auf dem Sportplatz treffen wollten.
HANNES Ja, er ist schon komisch! Auf der Schulfete haben wir uns alle verrückt angezogen, nur er nicht. Ich finde, er sollte mehr mit den anderen mitmachen und sich nicht nur beschweren. Die Silke, zum Beispiel, weißt du, die mit den ...
KALLE Ach, meinst du die kleine Rothaarige?
HANNES Ja, genau die! Also, die Silke hat uns alle am Samstag zu einer Gartenparty bei ihr zu Hause eingeladen. Das find ich echt toll.
KALLE Allerdings! Dabei ist sie doch ganz neu und kennt noch niemanden.
HANNES Mensch, Kalle! Deswegen macht sie doch die Gartenparty! Damit sie die anderen alle kennen lernen kann, kapiert?
KALLE Ach so, ja klar! Hör mal, da gibt es doch noch eine Neue, Renate heißt die, glaub ich. Die Anne hat mir gestern erzählt, dass diese Renate ganz schön frech ist.
HANNES Wieso das denn?
KALLE Ach, die Anne hat diese Neue, also die Renate gefragt, ob sie bei der Umwelt-AG mitmachen will. Und stell dir mal vor, die Renate soll ganz schnippisch gesagt haben, dass sie keine Lust dazu hat, weil sie was Besseres vorhat.
HANNES Mensch, wenn die immer so ist, dann macht sie sich aber ganz schön schnell unbeliebt.
KALLE Stimmt! Du, hast du schon mal mit dem Joachim geredet?
HANNES Ja, aber nur ganz kurz. Er ist von Düsseldorf nach hier gezogen, weil seine Mutter einen Job hier an der Uni in Tübingen bekommen hat. Aber sonst weiß ich nichts über ihn.
KALLE Also, ich finde, er sondert sich immer von allen ab. In der Pause sitzt er irgendwo in einer stillen Ecke und liest. Er unterhält sich mit keinem und ist auch sonst ziemlich zugeknöpft.
HANNES Ach, vielleicht vermisst er einfach nur seine Freunde in Düsseldorf.
KALLE Ja, kann schon sein.

Answers to Activity 14

Thomas passt sich nicht an. Silke passt sich an. Renate passt sich nicht an. Joachim passt sich nicht an.

16 Hör gut zu!, p. 91

PAUL Na, Ulf, was gibt's? Du siehst heute aber nicht gerade fröhlich aus!
ULF Ach, Paul, ich hab mich wieder mal mit meinem Bruder gestritten. Manchmal kann ich es gar nicht erwarten, bis der Jens anfängt zu studieren. Dann wohnt er wenigstens nicht mehr zu Hause. Er hilft nie und lässt immer alles rumliegen. Ich muss dann immer seine Sachen wegräumen. Und dazu noch das Geschirr spülen und den Rasen mähen, auch wenn er eigentlich dran ist. Das stinkt mir echt!
PAUL Mensch, Ulf! Ich würde meinen Eltern sagen, dass dein Bruder seine Arbeit nicht macht. Sie werden sich dann schon darum kümmern.
ULF Das glaube ich nicht! Du darfst nicht vergessen, dass meine Eltern beide arbeiten gehen. Sie wissen gar nicht, dass er tagsüber fast nie zu Hause ist und alles liegen lässt. Er hängt immer nur mit seiner Clique herum. Außerdem habe ich keine Lust, wie ein kleines Kind zu petzen!
PAUL Vielleicht kannst du einfach nur deinen Teil der Arbeit machen und den Rest liegen lassen. Dann sehen deine Eltern doch, wie faul er ist.
ULF Ach Paul, so einfach ist das nicht! Denk doch mal daran, dass meine Eltern abends total gestresst von der Arbeit heimkommen. Wenn meine Mutter sieht, dass alles

herumliegt, regt sie sich nur auf und räumt selber auf. Und dann wird sie meistens sauer.

PAUL Das mag schon sein, aber du kannst ja nichts dafür. Weißt du, ich finde es wichtig, dass du mal vernünftig mit dem Jens redest anstatt nur zu streiten. Vielleicht begreift er dann ja endlich mal, dass sein Verhalten dir gegenüber nicht fair ist.

ULF Ja, also ich glaube, du hast Recht. Ich werde gleich mal mit ihm reden, wenn er nach Hause kommt. Danke für deinen Rat, Paul.

PAUL Ach, nicht der Rede wert, Kumpel!

Answers to Activity 16

Ulf hat sich mit seinem Bruder Jens gestritten, weil Jens nie zu Hause hilft und Ulf alles machen muss.
Paul rät Ulf, es seinen Eltern zu erzählen. Ulf will diesem Rat nicht folgen.
Paul rät Ulf, nur seinen Teil zu machen und den Rest liegen zu lassen. Ulf will diesem Rat nicht folgen.
Paul rät Ulf, mal vernünftig mit Jens zu reden anstatt zu streiten. Ulf will diesem Rat folgen.

19 Hör gut zu!, p. 92

KERSTIN Puh! Also, ich freue mich schon wahnsinnig auf unsere Reise nach Amerika! Komm, Gertrud, lass uns mal überlegen, was wir uns alles anschauen wollen!

GERTRUD Ja, okay! Du, Kerstin, ich finde deine Idee wirklich prima, mit dem Campingwagen durchs Land zu reisen. Das mit dem Wagen geht doch klar, oder?

KERSTIN Ja, ist schon alles organisiert! Den Campingwagen kriegen wir ganz bestimmt. Meine Verwandten in Kalifornien leihen ihn uns gern. Als Allererstes schauen wir uns San Francisco an. Meine Kusine Cindy kommt ja auch mit auf unsere Tour. Und sie will noch eine Freundin fragen. Dann wären wir zu viert.

GERTRUD Hm, hoffentlich wird das dann nicht zu schwierig, wenn wir uns entscheiden wollen, wohin wir fahren und was wir besichtigen wollen. Du weißt ja, viele Leute, viele verschiedene Interessen! Du, ich möcht aber auf jeden Fall auch nach Los Angeles!

KERSTIN Ich weiß nicht, Gertrud, ich glaube, das liegt nicht auf unserer Tour. Von San Francisco aus fahren wir doch nach Nevada. Ich will unbedingt nach Las Vegas.

GERTRUD Nee, also Kerstin, das mit Las Vegas, das müssen wir aber noch mal besprechen. Da kann man doch nichts anderes tun als Geld verspielen. Dazu hab ich nun wirklich keine Lust! Ich will lieber weiter nach Utah und mir den Bryce Canyon ansehen.

KERSTIN Ach Gertrud, ich würd lieber direkt von Nevada nach Arizona weiterfahren. Bis zum Grand Canyon! Den müssen wir unbedingt sehen!

GERTRUD Ja, davon träum ich schon ewig! Ich kann's kaum glauben, dass wir schon bald dort sein werden. Du, Kerstin, meinst du, wir könnten noch weiter bis nach New Mexico zu den Rocky Mountains fahren?

KERSTIN Ich weiß nicht, Gertrud. Bestimmt hat meine Kusine keine Lust dazu. Sie hat doch in New Mexico gewohnt und kennt dort doch schon die ganze Gegend. Lass uns lieber weiter runter nach Tucson fahren, wenn wir schon mal in Arizona sind.

GERTRUD Na gut! Aber nur, wenn wir dann auf dem Rückweg auch nach San Diego fahren! Okay?

KERSTIN Ja, San Diego liegt auf der Rücktour. Das schauen wir uns ganz bestimmt an.

GERTRUD Hm! Vielleicht schaffen wir es doch, uns auch noch Los Angeles anzuschauen!

KERSTIN Also, ich glaube, dass wir dann wahrscheinlich keine Zeit mehr dazu haben!

GERTRUD Na ja, sehen wir mal!

Answers to Activity 19

Was Kerstin und Gertrud bestimmt machen: mit dem Campingwagen fahren; San Francisco anschauen; in Arizona den Grand Canyon ansehen; nach Tucson, Arizona fahren; nach San Diego fahren
Was spekulativ bleibt: Los Angeles anschauen; nach Las Vegas, Nevada fahren; Bryce Canyon in Utah ansehen; zu den Rocky Mountains nach New Mexico fahren

Anwendung

Activity 1, p. 100

1. MARTIN Also dieser Dieter ist schon komisch! Wie der sich anzieht! Und seine Haare sehen auch immer so ungepflegt aus! Typisch Punker! Bin ich froh, dass der nicht in unserer Clique ist!

2. EVA Also, mein Lieblingsfach in der Schule ist Erdkunde. Ich finde andere Kulturen und Völker einfach faszinierend. Ich möchte später mal unbedingt ein Jahr lang nach

LISTENING ACTIVITIES • SCRIPTS & ANSWERS

Afrika ziehen, am liebsten nach Namibia. Ich möchte alles über die Bantu-Völker lernen, sogar ihre Sprache. Sie haben ganz andere Sitten und Gebräuche als wir. Das find ich toll!

3. BRITTA Ich verstehe einfach nicht, wieso die Tina nicht mit uns ins Konzert will! Also, solche Leute, die nur klassische Musik hören und keine Rockmusik mögen, sind einfach komisch! Wie kann sie nur daheim bleiben, wenn sie stattdessen mit uns mitgehen könnte! Na, vielleicht will sie nur nicht mit, weil sie nichts Besonderes zum Anziehen hat! Ich finde die Klamotten von der Tina echt altmodisch!

4. ANDREAS Also, ich verstehe mich ganz gut mit dem Herbert. Er ist in der Schule ziemlich unbeliebt, weil er sich immer von den anderen absondert. Aber er bleibt nun mal lieber allein, weil er sehr schüchtern ist. Außerdem liest er wahnsinnig gern. In der Pause nimmt er sich immer ein Buch mit und liest. Ich habe aber neulich mit ihm gesprochen, und er ist sehr gescheit. Er interessiert sich für Archäologie und war mit seinen Eltern schon auf vielen Reisen im Ausland.

Answers to Activity 1

1. Martin: nicht tolerant
2. Eva: tolerant
3. Britta: nicht tolerant
4. Andreas: tolerant

Additional Listening Activity 4-1, p. 31

JAN Ja, also, ich habe ein super Verhältnis zu meinen Eltern. Es gibt eigentlich kaum Krach, nur ganz selten, zum Beispiel, wenn ich mal mein Zimmer nicht aufräume. Meine Mutter schimpft aber mit mir, wenn ich die Musik zu laut spiele. Ich bin nämlich absoluter Rockfan und spiele auch selbst Schlagzeug. Na ja, wir haben uns auf einen Kompromiss geeinigt. Ich spiele jetzt laute Musik nur, wenn meine Mutter nicht zu Hause ist. Ansonsten sind meine Eltern sehr tolerant. Ich kann auch mal später nach Hause kommen. Sie sagen auch nie, wie ich mich anziehen soll. Ich mag am liebsten alte, fetzige Jeans, so mit Löchern und Flecken. Und dazu trage ich lange Hemden, die mir viel zu groß sind. Ich kann mir natürlich schon denken, dass das meinen Eltern gar nicht so gut gefällt. Aber sie meckern nie. Das find ich echt Spitze! Ich kann auch mal mit Problemen zu ihnen kommen, besonders zu meinem Vater. Der ist dann fast wie ein Kumpel. Das war natürlich nicht immer so. Wir hatten bis vor kurzem noch ein problematisches Verhältnis. Meine Eltern konnten meinen Freundeskreis nicht leiden, da gab es öfter mal Streit zu Hause. Die aus meiner Clique sind fast alle Musiker, also Hardrocker und Punker und so. Ja, das finden meine Eltern halt nicht so gut. Ja, und dann, eines Tages, haben meine Eltern und ich mal ganz lange miteinander geredet. Das war echt toll! Ich glaub, jetzt verstehen sie, wie wichtig mir die Musik und meine Freunde sind.

HEIKE Also, zu meinen Eltern habe ich ein etwas problematisches Verhältnis. Sie können einfach nicht verstehen, dass ich langsam erwachsen werde. Es gibt zum Beispiel mit meiner Mutter immer wieder Krach. Sie will unbedingt bestimmen, wie ich mich anziehen soll. Dabei finde ich meine Klamotten gar nicht so schlimm. Ich mag halt gern Grunge-Zeug. Meine Mutter findet das schlampig. Außerdem hat sie auch was dagegen, dass ich meine Haare färbe. Sie findet meine roten Haare schrecklich! Dabei ist das jetzt der letzte Schrei! Alle in der Klasse finden es toll! Meinem Vater ist es, glaub ich, ziemlich egal, wie ich aussehe. Er schimpft nur mit mir, wenn ich zu viel fernsehe oder zu spät nach Hause komme.

Additional Listening Activity 4-2, p. 31

DIRK Na, und ihr, Heike und Britta, habt ihr auch manchmal Krach mit euren Eltern?

BRITTA Ja, manchmal schon.

DIRK Hm, hätte ich gar nicht gedacht, Britta. Worüber streitet ihr denn?

BRITTA Ach, meine Eltern finden, dass ich zu viel fernsehe. Mein Vater schimpft meistens, wenn ich abends um elf immer noch vor dem Fernseher sitze. Er kann das gar nicht leiden, wegen der Schule und so. Dabei habe ich morgens noch nie deswegen verschlafen!

HEIKE Meine Eltern meckern eigentlich nie, wenn ich mal lange Fernsehen schaue.

DIRK Ach, hast du es gut, Heike!

HEIKE Denkst du! Dafür gibt es mit meinen Eltern immer Krach wegen meinen Noten in der Schule. Dabei lerne ich wirklich oft, aber manchmal schreib ich halt nur 'ne Vier! Meine Eltern wollen aber unbedingt, dass ich wenigstens mit einer Drei nach Hause komme. Ganz schön stressig, sag ich euch!

BRITTA Und wie sieht's bei dir aus, Dirk? Du hast wohl auch oft Krach zu Hause, was?

DIRK Das kann man wohl sagen! Meine Eltern haben an fast allem etwas auszusetzen! Das geht mir echt auf die Nerven.

BRITTA Was denn, zum Beispiel?

DIRK Ach, ständig regen sie sich darüber auf, dass ich zu spät nach Hause komme. Sogar am Wochenende soll ich schon um zehn zu Hause sein. Das find ich einfach blöd!

HEIKE Ja, kann ich verstehen. Deswegen gibt's bei mir zu Hause auch oft mal Streit.

DIRK Na ja, und dann können meine Eltern meine Frisur nicht leiden. Als ich noch lange Haare hatte, haben sie jeden Tag gemeckert und gesagt, ich soll endlich zum Friseur gehen.

HEIKE Ja und? Jetzt hast du doch kurze Haare. Sind sie denn darüber nicht froh?

DIRK Im Gegenteil! Seit ich mir den Irokesenschnitt hab schneiden lassen, gibt's noch mehr Streit als zuvor!

BRITTA Hm! Das tut mir echt Leid, dass du deswegen Krach zu Hause hast. Ich finde deinen Haarschnitt Klasse! So richtig schön punkig!

DIRK Tja! Sag das mal meiner Mutter! Außerdem gibt's immer Streit, weil mein Zimmer angeblich so unordentlich ist. Dabei stimmt das gar nicht! Ich habe alles so organisiert, wie es mir gefällt. Aber meine Eltern finden es chaotisch.

HEIKE Ach ja, manchmal kann ich's gar nicht erwarten, endlich 18 zu werden!

Additional Listening Activity 4-3, p. 32

HANS-GEORG Ich geb mir nun solche Mühe, und trotzdem habe ich andauernd Streit mit der Elke von nebenan. Immer hat sie was zu meckern!

ANDREA Hm. Ich verstehe mich eigentlich gut mit ihr. Ich weiß auch nicht, warum du dich immer mit ihr streitest.

HANS-GEORG Ach, neulich hat sie sich beschwert, dass ich die Musik zu laut habe.

ANDREA Und? Hast du sie leiser gestellt?

HANS-GEORG Nein! Wieso sollte ich? Wenn sie ihre Klavierübungen macht, hören wir das hier ja schließlich auch!

ANDREA Mensch, Hans-Georg! Vielleicht hatte sie gerade was Wichtiges zu tun, und die Musik hat sie wirklich gestört. Warum hast du denn nicht deine Kopfhörer aufgesetzt?

HANS-GEORG Ach, ich habe keine Lust, immer das zu machen, was sie sagt!

ANDREA Kein Wunder, dass du immer Streit mir ihr hast!

HANS-GEORG Gestern hat sie sich beklagt, dass unsere Katze in ihrem Garten rumläuft! Jetzt sag mir mal, wie ich das verhindern soll!?

ANDREA Na ja, das mit der Katze kann ich gut verstehen. Die Elke hat halt Angst, dass die Katze wieder durch die offene Terrassentür in ihre Wohnung geht.

HANS-GEORG Na und? Was soll schon so schlimm daran sein?

ANDREA Weißt du denn nicht mehr, wie die Katze einmal Elkes Teppich schmutzig gemacht hat und die Couch zerfetzt hat? Damals war Elke ganz schön sauer auf uns!

HANS-GEORG Ach ja! Jetzt erinnere ich mich. Siehst du, andauernd fängt Elke Streit an!

ANDREA Ja schon! Aber ich wollte eigentlich was ganz anderes damit sagen! Ich finde, dass Elke eigentlich immer einen guten Grund hat, wenn sie sich beschwert. Nur um uns zu ärgern macht sie das bestimmt nicht.

HANS-GEORG Hm. Meinst du wirklich?

ANDREA Ja, da bin ich mir ziemlich sicher.

HANS-GEORG Also, ich weiß nicht ...

Additional Listening Activity 4-4, p. 32

JULIA Ich bin die Julia. Für mich ist es wichtig, dass keine Vorurteile bestehen. Ich würde zum Beispiel jeden Monat einen besonderen Tag einrichten, an dem die Schüler ihr Land und ihre Kultur vorstellen. Sie könnten zum Beispiel eine Ausstellung im Aufenthaltsraum machen. Jeden Monat würde dann ein anderes Land vorgestellt werden. So könnten die Schüler mehr Verständnis füreinander entwickeln.

ANDREA Ich heiße Andrea. Einige ausländische Schüler haben Schwierigkeiten mit der Sprache, besonders die, die erst vor kurzem aus ihrem Heimatland hierher gekommen sind. Wenn ich Direktor unserer Schule wäre, würde ich Lerngruppen organisieren. Ich würde deutsche Schüler bitten, gemeinsam mit den ausländischen Schülern nach der Schule die Hausaufgaben zu besprechen und ihnen zu helfen.

JENS Ich heiße Jens. Ich finde es wichtig, dass die Schüler auch im Unterricht mehr von anderen Ländern und Kulturen lernen. Das meiste erfährt man natürlich aus Textbüchern oder von den Lehrern. Das finde ich aber zu konventionell! Ich finde, die Schüler sollten selbst mal unterrichten! Ich würde den ausländischen und auch deutschen Schülern die Gelegenheit geben, einmal den Unterricht zu gestalten, um ihr Land und ihre Kultur vorzustellen.

Additional Listening Activity 4-5, p. 33

REPORTER Entschuldigung! Hast du vielleicht fünf Minuten Zeit?

ACHMED Ja, klar. Worum geht's denn?

REPORTER Ich mache eine Umfrage für die Stadtzeitung. Wir wollen einen Artikel über die ausländischen Schüler schreiben. Wie heißt du, und woher kommst du?

ACHMED Also, ich heiße Achmed. Meine Familie stammt aus der Türkei. Aber geboren und aufgewachsen bin ich hier in Deutschland, genau wie auch schon mein Vater.

REPORTER Also, Achmed, kannst du mal das Verhältnis zwischen den ausländischen und den deutschen Schülern an deiner Schule beschreiben?

ACHMED Hm. Das ist nicht so einfach. Ich glaube, da gibt es große Unterschiede.

REPORTER Welche Unterschiede meinst du denn?

ACHMED Ja, also ich glaube, dass die ausländischen Schüler, die hier in Deutschland geboren wurden, ein besseres Verhältnis zu den deutschen Schülern haben als die Ausländer, die erst vor kurzem in dieses Land gekommen sind.

REPORTER Was, glaubst du, sind die Gründe dafür?

ACHMED Na ja, erstens sprechen sie die Sprache ohne Akzent. Das ist ein großer Vorteil. Und zweitens sind sie hier unter Deutschen aufgewachsen und haben Freundschaften geschlossen.

REPORTER Wie viele deutsche Freunde hast du, Achmed?

ACHMED Also, der Wolfgang, den kenn ich schon seit der Grundschule, das ist mein bester Freund. Und dann gibt es noch zwei andere deutsche Jungs aus meiner Klasse, mit denen ich befreundet bin.

REPORTER Wie viele türkische Freunde hast du?

ACHMED Ach, da gibt es eine ganze Clique aus meiner Nachbarschaft. Wenn wir zusammenkommen, sind wir ungefähr zehn bis fünfzehn Leute.

REPORTER Wie ist das Verhältnis zwischen den deutschen Schülern an deiner Schule und den ausländischen Schülern, die erst seit kurzem hier sind?

ACHMED Hm. Ich glaube, dass diese ausländischen Schüler nicht so leicht Freundschaften mit den anderen schließen.

REPORTER Was meinst du, woran das liegt?

ACHMED Ja, also, ich glaube, dass die meisten von denen Schwierigkeiten mit der Sprache haben.

REPORTER Sind diese Schwierigkeiten das größte Problem für die ausländischen Schüler?

ACHMED Ich glaube schon. Es gibt zum Beispiel immer wieder so ein paar intolerante Mitschüler, die in der Klasse jemanden auslachen, wenn er Fehler beim Sprechen macht. Das ist natürlich dann ziemlich frustrierend.

REPORTER Gibt es noch andere Gründe, weshalb das Verhältnis nicht so gut ist?

ACHMED Also, einerseits sondern sich diese Schüler von den deutschen Schülern ab. Ich glaube, dass sie unsicher sind und vielleicht auch Angst haben, nicht akzeptiert zu werden. Andererseits habe ich aber auch beobachtet, dass es diesen Schülern manchmal recht schwer gemacht wird.

REPORTER Kannst du das mal näher begründen?

ACHMED Na ja, meiner Meinung nach, ist es zum Beispiel sehr schwer, in eine feste Clique reinzukommen. Oder, wenn mal eine Fete bei jemandem zu Hause läuft, werden diese Schüler erst gar nicht gefragt, ob sie kommen wollen.

REPORTER Wie kann man deiner Meinung nach das Verhältnis zwischen den deutschen und ausländischen Schülern ändern?

ACHMED Ich finde, dass man den Fehler nicht nur bei einer Gruppe suchen sollte. Meiner Meinung nach müssen beide Seiten aufeinander zukommen, um die Situation zu verbessern!

REPORTER Danke für das Interview, Achmed!

ACHMED Bitte schön!

Additional Listening Activity 4-6, p. 34

KLAUS Die Probleme, die Ausländer haben, haben doch oft damit zu tun, dass sie nicht akzeptiert werden oder ihr Verhalten nicht toleriert wird. Ich finde, das gilt auch für andere Randgruppen wie Punker oder Gruftis oder so, findest du nicht, Jens?

JENS Hm. Du darfst aber nicht vergessen, Klaus, dass viele Ausländer ein Problem mit der deutschen Sprache haben. Meiner Meinung nach kann man das erst richtig verstehen, wenn man selbst mal als Ausländer in einem fremden Land gelebt hat.

KLAUS Also Jens, das finde ich nicht unbedingt! Wenn man zum Beispiel ins Ausland in die Ferien oder in den Urlaub fährt, kommt man doch auch irgendwie zurecht. Und viele Leute machen Urlaub in Spanien ohne spanisch zu sprechen, in Italien ohne italienisch zu sprechen, in Portugal ohne ...

JENS Ja ja! Ist ja schon gut, Klaus! Ich hab schon verstanden, was du meinst! Aber trotzdem finde ich, dass man die Situation nicht mit einem Urlaub vergleichen kann. Was meinst du denn dazu, Anita?

ANITA Ich glaube, es ist wichtig, dass man einfach die Kultur eines anderen Menschen akzeptiert. Denn dadurch entstehen sicher die meisten Probleme für einen Ausländer in einem fremden Land.

JENS Wie meinst du das?

ANITA Na ja, ich stelle mir vor, dass es bestimmt ganz schön frustrierend für die Ausländer ist, wenn wir uns über ihre Nahrung, ihre Klamotten oder ihre Traditionen lustig machen. Das ist ganz schön intolerant!

KLAUS Ja, aber findest du denn nicht, dass sich die Ausländer unserer Gesellschaft anpassen sollten, wenn sie hier leben?

ANITA Nur zum Teil! Ich finde es natürlich wichtig, dass sie bestimmte Regeln und Gesetze einhalten. Aber genauso wichtig finde ich es, dass sie ihre Kultur und Mentalität pflegen.

KLAUS Wieso denn? Das können sie doch in ihrem eigenen Land machen!

ANITA Mensch, Klaus! Wenn sie sich hier genauso wie alle Deutschen verhalten würden, würden sie doch ihre Identität aufgeben!

KLAUS Ach, du übertreibst immer so!

JENS Ich stimme Anita zu! Wir sollten den Ausländern auf jeden Fall toleranter gegenüberstehen.

Answers to Additional Listening Activities

Additional Listening Activity 4-1, p. 31

1. stimmt nicht
2. stimmt nicht
3. stimmt
4. stimmt nicht
5. stimmt nicht
6. stimmt
7. stimmt

Additional Listening Activity 4-2, p. 31

	Ursachen für Streit mit den Eltern
Dirk	zu spät nach Hause kommen; Frisur; unordentliches Zimmer
Britta	zu viel fernsehen
Heike	schlechte Noten in der Schule; zu spät nach Hause kommen

Additional Listening Activity 4-3, p. 32

1. Hans-Georg hat oft Streit mit Elke.
2. Hans-Georg hat die Musik zu laut. Die Katze läuft in Elkes Garten rum.
3. Elke will nicht, dass die Katze in ihre Wohnung kommt, den Teppich schmutzig macht und die Couch zerfetzt.
4. Andrea findet, dass Elke immer gute Gründe hat.

Additional Listening Activity 4-4, p. 32

Julia: einen besonderen Tag für jedes Land einrichten; eine Ausstellung im Aufenthaltsraum machen
Andrea: Lerngruppen organisieren
Jens: ausländische und deutsche Schüler sollen den Unterricht gestalten

Additional Listening Activity 4-5, p. 33

1. b
2. a
3. c
4. d
5. a
6. b

Additional Listening Activity 4-6, p. 34

Answers will vary.

Erste Stufe

3 Hör gut zu!, p. 109

1. Also, ich bin wahnsinnig froh, endlich 18 zu sein. Jetzt kann ich nämlich Verträge unterschreiben und bin natürlich auch selbst dafür verantwortlich, sie einzuhalten. Also, den ersten Vertrag, den ich selbst unterschrieben hab, war der Kaufvertrag mit dem Möbelhaus Wellenroth. Ich wollte nämlich unbedingt dieses kleine, schicke, schwarze Ledersofa für mein Zimmer haben. Meine Eltern wollten es mir nicht kaufen, weil sie meinten, ich würde ja bestimmt sowieso bald ausziehen, um in einer anderen Stadt zu studieren, oder so. Ja, und da haben sie gesagt, ich bräuchte in meinem Zimmer kein neues Sofa. Na ja, eigentlich haben sie ja auch Recht. Aber ich fand das Sofa nun mal total scharf, und es hatte auch so einen günstigen Preis. Also habe ich es mir gekauft, und jetzt steht es bei mir im Zimmer. Das heißt, bezahlt habe ich es natürlich noch nicht ganz, weil ich ja so viel Geld auf einmal gar nicht hab! Also, laut Vertrag muss ich jetzt jeden Monat 75 Mark ans Möbelhaus Wellenroth bezahlen, zwölf Monate lang. Tja, und dann gehört das Sofa mir! Und wenn ich mal von zu Hause ausziehe, dann nehm ich's natürlich mit! Das einzig Blöde ist, ich hab jetzt halt nicht mehr so viel von meinem Taschengeld übrig!
2. Ja, also, was sich bei mir auf jeden Fall verändert hat, ist, dass ich am Wochenende länger ausbleibe. Früher musste ich immer um zehn zu Hause sein. Seit ich 18 bin, bleibe ich halt auf den Partys so lange, wie es mir Spaß macht. Gestern bin ich bis kurz vor Mitternacht mit Freunden unterwegs gewesen. Wir waren halt auf 'nem Rockkonzert. Die Stimmung war super! Die Band hat eine Zugabe nach der anderen gespielt, einfach sagenhaft! Tja, da ist es halt fast Mitternacht geworden. Meine Eltern waren ja nicht sehr erfreut, als ich so spät heimkam. Aber was wollen sie machen — ich bin ja jetzt erwachsen. Na ja, ich weiß, dass es auch eine Menge Pflichten gibt, aber warum soll ich nicht auch mal meine Rechte genießen? Ich finde es toll, 18 zu sein.
3. Mir ist es sehr wichtig, dass ich jetzt wählen darf. Ich bin ja schon seit ein paar Jahren politisch aktiv. Ich bin Mitglied in der Jugendabteilung einer Partei seit meinem sechzehnten Lebensjahr. Letzten Monat bin ich zur Vorsitzenden gewählt worden. Außerdem bin ich Mitarbeiterin beim "Politischen Forum". Das ist eine Zeitung für Schüler und Jugendliche, die sich politisch informieren wollen. Tja, und natürlich schaue ich mir täglich die Nachrichten im Fernsehn an und lese die Tageszeitung. Wenn ich im Sommer mein Abi mache, melde ich mich an der Uni in Bochum an, um Politik und Soziologie zu studieren. Tja, also, wie gesagt, ich bin echt stolz darauf, das ich im Oktober zum ersten Mal einen Stimmzettel ausfüllen darf! Auch wenn man nicht so politisch engagiert ist wie ich, finde ich es doch wichtig, wählen zu gehen. Für mich ist jede politische Wahl Recht und Pflicht zugleich!
4. Peter und ich, wir haben vor kurzem geheiratet. Als meine Eltern von unseren Hochzeitsplänen erfuhren, haben sie zuerst gemeint, wir sollen noch etwas warten. Sie fanden, wir sind noch zu jung. Aber wir sind ja beide volljährig und haben das selbst entschieden. Na ja, wir haben ja auch nicht Hals über Kopf geheiratet, sondern erst mal die Schule fertig gemacht. Peter und ich, wir kennen uns doch schon so lange. Wir sind schon ein Jahr lang, bevor wir geheiratet haben, miteinander ausgegangen. Meine Eltern haben sich auch Sorgen über unsere finanzielle Situation gemacht. Zuerst hatte ich auch große Angst davor, aber eigentlich klappt alles ganz gut. Peter macht zur Zeit Zivildienst in einem Krankenhaus, und ich habe eine Ausbildung als Fotografin angefangen.
5. Ich nehme seit zwei Monaten Fahrstunden bei der Fahrschule Drombusch. Die Fahrstunden und die theoretische Ausbildung sind ja nicht gerade billig, aber man muss diese gründliche Ausbildung auf jeden Fall haben. Die Prüfungen sind nämlich ganz schön streng! Wenn man nicht hundertprozentig aufpasst, lassen manche Prüfer einen glatt durchrasseln! Mein Fahrlehrer ist echt okay. Er sagt immer ganz genau, worauf ich achten muss und lässt mich alles wiederholen, was ich beim Autofahren falsch mache. Für die Theorie muss man halt ziemlich viel büffeln und eine Menge auswendig lernen. Ich habe mich in vier Wochen zur Prüfung angemeldet. Hoffentlich klappt alles. Ich kann's kaum erwarten!

Answers to Activity 3

1. d 2. e 3. c 4. b 5. a

4 Hör gut zu!, p. 109

MARTINA Du, Tobias, hast du dich schon um einen Studienplatz beworben, oder suchst du dir einen Job, wenn wir mit der Schule fertig sind?

TOBIAS Ja also, ich hab mich schon vor ein paar Wochen bei der ZVS beworben. Ich möchte am liebsten Anglistik in Göttingen studieren. Weißt du, Martina, wenn ich nach Göttingen ziehe, suche ich mir als Allererstes eine eigene Wohnung.

MARTINA Wieso das denn? Du könntest dir doch im Studentenwohnheim ein Zimmer nehmen.

TOBIAS Was? Du machst wohl Witze! Also, ich hab keine Lust, in einem kleinen quadratischen Kasten zu hocken und die Küche und das Badezimmer mit zig Leuten zu teilen!

MARTINA Ja und? Das ist doch nicht so schlimm! Wenn ich einen Studienplatz in Berlin bekomme, dann will ich auf jeden Fall im Studentenwohnheim wohnen.

TOBIAS Nee, also das ist nichts für mich. Mensch, Martina, ich versteh gar nicht, dass du so heiß darauf bist.

MARTINA Überleg doch mal, Tobias! Wenn man im Studentenwohnheim wohnt, lernt man doch am schnellsten neue Leute kennen.

CHRISTA Ja, die Martina hat Recht! Ich finde es wichtig, mit anderen Studenten zusammen zu sein, besonders, wenn man doch sonst ganz fremd in der Stadt ist.

TOBIAS Ach Christa! Du hast gut reden. Du ziehst doch gar nicht woanders hin! Du bleibst doch nach der Schule hier in Düsseldorf, oder?

CHRISTA Ja, stimmt! Ich will auf jeden Fall hier bleiben. Ich werde mich bei der Firma Kallenbroich um einen Ausbildungsplatz zum Industriekaufmann bewerben.

MARTINA Spitze! Dann kannst du ja zu Hause wohnen bleiben und sparst dir das Geld für die Miete!

CHRISTA Ja! Und stellt euch mal vor, an der Straßenbahnhaltestelle vor unserem Haus hält die Linie 5, und die fährt direkt bis vor das Werkstor von Kallenbroichs! Ist das nicht super? Ich brauch noch nicht mal umsteigen.

TOBIAS Mensch! Was heißt hier umsteigen? Ich werde mir bestimmt ein Auto kaufen, wenn ich nach Göttingen ziehe!

MARTINA Ja, aber dafür musst du erst mal Geld verdienen! Studieren und dabei das große Geld machen, das geht ja wohl nicht alles auf einmal!

TOBIAS Wieso nicht? Ich werd mir ganz locker neben meinem Studium Geld verdienen. Jobs für Studenten gibt's doch überall! Du, Christa, du kaufst dir doch bestimmt auch ein eigenes Auto, sobald du Geld verdienst, oder?

CHRISTA Nee, du, ganz bestimmt nicht. Das wäre zu schade ums Geld! Ich komm prima überall mit dem Bus, der Bahn oder dem Rad hin. Ich werd mein Geld für Reisen ausgeben.

MARTINA So? Wohin willst du denn?

CHRISTA Also, wenn ich Urlaub habe, fahr ich mit der Bahn nach Frankreich. Ich will unbedingt mal nach Paris. Das habe ich mir schon immer gewünscht!

Answers to Activity 4

Tobias: Anglistik in Göttingen studieren; sich eine Wohnung suchen; sich ein Auto kaufen; neben dem Studium Geld verdienen

Martina: Studienplatz in Berlin bekommen; im Studentwohnheim

Christa: um einen Ausbildungsplatz zum Industriekaufmann bewerben; zu Hause wohnen bleiben; Reise nach Paris machen

Tobias hat am meisten vor.

Zweite Stufe

14 Hör gut zu!, p. 117

— Ja guten Tag, Herr Heckel! Ich hab Sie ja schon lange nicht mehr gesehen. Wie geht's denn heute?

— Ach, guten Tag, Frau Erhard! Ich hab Sie fast gar nicht erkannt! Haben Sie eine neue Frisur?

— Ja. Das ist aber nett, dass Sie das bemerken! Ich komm gerade vom Friseur. Stellen Sie sich vor, die ganze Prozedur hat fast zwei Stunden gedauert. Jetzt ist mir doch fast dadurch der ganze Vormittag verloren gegangen. Und dabei hab ich noch so viel zu erledigen!

— Was haben Sie denn noch alles zu tun?

— Ach, wissen Sie, wir bekommen heute Abend Besuch. Wir haben Freunde aus dem Kegelclub zum Abendessen eingeladen. Na, und ich muss noch alles aus dem Supermarkt besorgen. Mein Mann kocht seine Spezialität, Eisbein mit Sauerkraut und Semmelknödeln! Ach, zum Metzger muss ich ja auch noch, das hätte ich fast vergessen!

— Wenn ich das gewusst hätte! Ich komm gerade vom Metzger. Zu dumm! Da hätte ich Ihnen doch das Fleisch mitbringen können. Und im Supermarkt war ich auch schon.
— Ja, also ich muss mich wirklich beeilen, damit ich alles noch rechtzeitig schaffe. Zum Glück habe ich heute früh schon die Fenster geputzt und Staub gesaugt. Meine Güte, heute ist aber wirklich ein hektischer Tag für mich. Und das dauert wieder mal so lange am Schalter.
— Frau Erhard, ich lasse Sie gern vor! Ich hab's nicht so eilig.
— Dankeschön, Herr Heckel! Wie gut, dass Sie schon alles besorgt haben.
— Na ja, alles hab ich auch noch nicht erledigt. Ich muss noch zum Bäcker. Aber das kann warten. Ich wollte für heute Nachmittag Kuchen besorgen. Meine Frau hat Geburtstag.
— Ach, dann richten Sie ihr doch bitte schöne Grüße aus und gratulieren ihr von mir!
— Ja, danke! Mach ich gern.
— Ach! Endlich bin ich an der Reihe. Ich muss doch Geld abheben, weil ich gleich noch den Kindern neue Schuhe kaufen gehe, wenn sie aus der Schule kommen.

Answers to Activity 14

Answers will vary. E.g.: Heute Vormittag habe ich ein Gespräch zwischen zwei Leuten in der Bank mitangehört. Die Frau ist gerade beim Friseur gewesen usw.

17 Hör gut zu!, p. 118

INGO Du, Paul, ich bin eigentlich ganz froh, dass ich am 1. Juli zum Bund gehe.
PAUL Ach, seit wann das denn? Vor ein paar Monaten hast du aber noch ganz anders geredet, Ingo.
INGO Ach weißt du, ich bin ja jetzt bald mit meiner Lehre fertig, und ich hatte überhaupt keine festen Pläne für die Zeit danach.
PAUL Wieso? Kannst du denn nicht nach deiner Lehre dort weiter arbeiten?
INGO Nee, du! Die bauen gerade Personal ab, und keiner von uns Lehrlingen kann bleiben. Aber so schlecht find ich das gar nicht.
PAUL Ach, deswegen willst du erst mal zum Bund.
INGO Ja, genau. Jetzt kann ich mich für 'ne Weile in Ruhe überlegen, was ich nach dem Bund machen will. Außerdem komme ich in eine technische Einheit, da lerne ich bestimmt etwas, was mir später beruflich hilft. Und du, Paul?
PAUL Mensch, Ingo, so froh wie du bin ich ja nicht. Weißt du, vorgestern, aus heiterem Himmel hab ich plötzlich diesen Brief bekommen — "Kreiswehrersatzamt" stand da drauf. Ich war vielleicht überrascht, sag ich dir!
INGO Und wann musst du zur Musterung?
PAUL Ich hab in zwei Wochen einen Termin. Der Bund will mich haben, ich soll schon am ersten März eingezogen werden.
INGO Was? So früh schon?
PAUL Ja! Ich kann dir sagen, mir passt das überhaupt nicht in den Kram. Ich wollte eigentlich noch jobben, und dann im Herbst mit dem Studium anfangen.
INGO Ja, das ist natürlich jetzt blöd für dich.
PAUL Ja, find ich auch. Irgendwie habe ich gedacht, die ziehen mich erst später ein. Dass es so schnell gehen kann, das ist mir neu. Na, wie steht's bei dir, Alfred?
ALFRED Ich hab auch einen Einberufungsbefehl bekommen. Am ersten Juli muss ich nach Ingolstadt zu einer Panzereinheit. Na ja, was soll's? Ich wollte eigentlich im Herbst Soziologie studieren, aber ich wusste, dass der Bund mir vielleicht dazwischenkommt. Jetzt muss die Uni eben ein paar Semester warten. Da kann man nichts machen. Und du? Was machst du jetzt, Gerd?
GERD Ich habe mich jetzt endgültig entschieden, Zivildienst zu machen und bin wirklich froh, dass das jetzt klar ist. Ich hab auch schon eine Stelle im Städtischen Krankenhaus in Erlangen.
ALFRED Ja, Gerd, du hast dir ja lange hin und her überlegt, ob du zum Bund gehen sollst oder lieber Zivildienst machen sollst.
GERD Ja, stimmt! Ich muss schon sagen, ich habe mir die ganze Sache lange überlegt, aber ich kann einfach nicht mit der Waffe dienen. Dass alles mit der Zivi-Stelle so schnell geklappt hat, ist schon eine Riesenerleichterung.
PAUL Ich find's super, dass du deinen Zivildienst im Krankenhaus machst. Da kannst du doch bestimmt 'ne Menge lernen. Du willst doch Krankenpfleger werden, oder?
GERD Ja, auf jeden Fall! Ich glaube, nach dem Zivildienst mache ich auf jeden Fall 'ne Lehre als Krankenpfleger.

Answers to Activity 17

Überraschung: Paul war überrascht, als er einen Brief vom Bund bekommen hat, denn er wollte lieber zuerst studieren. Paul hat gedacht, dass er erst später eingezogen wird.

Resignation: Alfred wollte im Herbst anfangen zu studieren, hat aber gewusst, dass er vielleicht zuerst zum Bund muss.

Erleichterung: Ingo ist froh, dass er zum Bund geht, denn er hat noch keine festen Pläne, wenn er mit der Lehre fertig ist. Ingo meint, dass er beim Bund bestimmt etwas lernt, was ihm beruflich hilft. Gerd macht Zivildienst und ist erleichtert, dass er so schnell eine Stelle bekommen hat.

Anwendung

Activity I, p. 124

— Ja, so eine Überraschung! Die Dagmar! Schön, dass du mich wieder mal besuchst.
— Hallo, Opa! Wie geht's? Du, ich will dich für ein Schulprojekt interviewen.
— Was? Mich interviewen? Ja, was willst du denn wissen, Kind?
— Also, wir machen eine Ausstellung mit dem Thema "Unsere Großeltern als Teenager". Jeder sammelt Kommentare von seinen Großeltern, und wir stellen dann Plakate, Collagen und Illustrationen her.
— Und wo macht ihr die Ausstellung, Dagmar?
— Die Ausstellung wird dann am "Tag der offenen Tür" gezeigt. In zwei Wochen ist es so weit.
— Na, da bin ich ja mal gespannt. Also, fang mal ruhig an mit deinen Fragen!
— Also, findest du, dass du es als Teenager leichter oder schwerer hattest, als die Teenager der neunziger Jahre?
— Ja, ich bin überzeugt, das wir es in vielen Dingen schwerer hatten. Zunächst mal waren wir ja eine große Familie mit sechs Kindern. Da hatten wir nicht viel Geld übrig.
— Woran hast du denn gemerkt, dass das Geld bei euch zu Hause knapp war? Hast du weniger Taschengeld bekommen?
— Taschengeld? Taschengeld haben wir Kinder gar nicht bekommen! Du, damals war das nicht so wie heute, wenn du sagst: "Mutti, ich will die CD haben, oder Papa, gib mir mal Geld, ich will ins Kino!" Von wegen! Geschenke haben wir nur zum Geburtstag und zu Weihnachten bekommen. Und sonst nicht!
— Aber du hast mir doch mal erzählt, dass du so gern als Junge ins Kino gegangen bist. Woher hattest du denn das Geld?
— Tja, das Geld hab ich mir erst verdienen müssen!
— Welche Jobs hast du denn so gemacht?
— Also, bei uns hatte jedes Kind eine Aufgabe zu Hause! Ich habe die Schuhe von der ganzen Familie geputzt. Für jedes Paar Schuhe habe ich von meinem Vater fünf Pfennig bekommen. Dann hab ich morgens vor der Schule Milch und Zeitungen ausgetragen. Na ja, und das Geld hab ich mir dann zusammengespart.
— Wofür hast du dein Geld denn noch ausgegeben?
— Hmm, lass mich mal überlegen. Ja, einmal, da war Tanz im Dorf. Da wollte ich so eine fesche Weste haben, wie sie in der Stadt modern waren. Weißt du, ich wollte doch der Elfriede aus meiner Klasse imponieren. Nun ja, aber die Weste was natürlich viel zu teuer. Da hab ich in der Stadt den Stoff gekauft, und die Mutter hat die Weste dann für mich genäht!
— Mensch, Opi, das find ich ja stark! Ich wusste gar nicht, das du dich für Mode interessierst! Hat deine Mutter auch sonst alle Kleidung für euch genäht?
— Nein, dafür hatte sie gar keine Zeit. Die Ältesten haben, wenn es nötig war, neue Sachen bekommen, aber wir Kleinen mussten immer die Klamotten und Schuhe der größeren Geschwister auftragen.
— Ach übrigens, Opa? Hast du denn mit deiner neuen Weste großen Eindruck auf die Elfriede aus deiner Klasse gemacht? Bist du dann mit ihr ausgegangen?
— *[lacht]* Was du dir so denkst! Na ja, getanzt habe ich an jenem Abend schon ein paar Mal mit ihr. Aber ausgegangen bin ich nicht mit ihr. Damals musste man sich doch schon gleich mit dem Mädel verloben, wenn man mit ihr gehen wollte. Und dazu war ich ja noch viel zu jung, damals! Ach ja, damals ...
— Du, Opa, erzähl mir doch jetzt mal bitte was aus deiner Schulzeit! Hast du manchmal blau gemacht?
— Na, von wegen! So was konnten wir uns damals gar nicht leisten! Die Schule war ja viel strenger als heutzutage. Wir mussten noch viel auswendig lernen — Gedichte, Lieder, historische und geographische Daten. Ich kann dir heute noch alle Nebenflüsse der Donau aufzählen! Und den "Erlkönig" kann ich dir auch auswendig aufsagen!

— Ja ja, Opa. Ich glaub's dir ja! Wie waren denn die Lehrer so? Hattest du manchmal Streit mit denen?
— Ach was, wenn da mal in der Klasse einer von uns aus der Reihe getanzt ist, gab's direkt 'nen Tadel! Und du darfst auch nicht vergessen, damals war es den Lehrern noch erlaubt, die Schüler mit dem Stock auf die Finger zu hauen!
— Ach du meine Güte! Na ja, das gibt es ja heutzutage zum Glück schon lange nicht mehr!
— Ja, und die Lehrer waren auch strenger — der alte Oberlehrer Breitenbach sagte immer, "Eiserne Disziplin ist wichtig!" Weißt du, Dagmar, ich glaube, ihr habt jetzt viel mehr Freiheiten als wir damals.
— Ja, das glaub ich auch. Mensch, danke Opi, für das klasse Interview. Du musst unbedingt zum "Tag der offenen Tür" kommen und dir unsere Ausstellung anschauen.
— Na klar, das ist doch Ehrensache!

Answers to Activity 1

Großvater sagt, dass er es als Teenager schwerer hatte als die Teenager heutzutage; seine Familie hatte sechs Kinder und nicht viel Geld übrig; er hat kein Taschengeld bekommen; er hat Geschenke nur zum Geburtstag und zu Weihnachten bekommen; er ist gern ins Kino gegangen; er hat sein eigenes Geld verdient; hat die Schuhe von der Familie geputzt; er ist zum Tanz ins Dorf gegangen; er konnte sich keine modische Weste leisten, weil sie zu teuer war; er hat von seinem Geld Stoff gekauft; seine Mutter hat die Weste für ihn genäht; nur die älteren Geschwister haben manchmal neue Sachen bekommen; die jüngeren Kinder mussten die Klamotten und Schuhe der älteren auftragen; hatte keine Freundin, weil er zu jung war, um sich zu verloben; die Schule war strenger; er musste vieles auswendig lernen; die Lehrer durften damals die Schüler mit dem Stock auf die Finger hauen.

Scripts for Additional Listening Activities

Additional Listening Activity 5-1, p. 39

MARK Mensch, Anja, nur noch drei Wochen für dich und fünf Wochen für mich, dann ist es endlich soweit.

ANJA Ach ja, der achtzehnte Geburtstag. Na, das muss natürlich erst mal richtig gefeiert werden.

MARK Klar, die Feten werden bestimmt gut. Du, dann kann ich endlich mein Moped verkaufen und Auto fahren. Ich bin schon fast mit dem Führerschein fertig. Der kostet zwar 'nen Haufen Geld, aber das ist es mir wert.

ANJA Was, du bist schon fast fertig? Wie hast du das denn wieder angestellt?

MARK Wieso angestellt? Das ist ganz normal! Jeder kann vor seinem achtzehnten Geburtstag anfangen.

ANJA Na, dann schaue ich auch mal bei der Fahrschule vorbei. Hm, ich mache mir Gedanken über die Volljährigkeit: Wählen gehen, Verträge abschließen und überhaupt die ganze Selbstbestimmung. Da kommen eine Menge Entscheidungen auf uns zu.

MARK Ach, mir ist das egal. Ich treffe schon lange meine eigenen Entscheidungen!

ANJA Ach, nun tu doch nicht so! Willst du etwa sagen, dass es dir gar nichts bedeutet, endlich erwachsen zu werden?

MARK Na ja, eigentlich hast du schon Recht. Ich glaube, wir haben jetzt viel mehr Verantwortung für alles, was wir machen.

ANJA Ja eben! Also für mich ist die Volljährigkeit etwas ganz Besonderes!

Additional Listening Activity 5-2, p. 39

SUSE Sag mal, machst du den Führerschein nur fürs Auto, oder machst du auch den fürs Motorrad?

DITMAR Nur fürs Auto! Ich habe keine Lust, bei Schnee oder Regen auf einem Motorrad unterwegs zu sein.

SUSE Also, ich fang nächste Woche mit den Fahrstunden auf dem Motorrad an. Ich kann's kaum erwarten, an den schönen Frühlings-, Herbst- und Sommertagen mit dem Motorrad übers Land zu fahren. Das ist doch total super!

DITMAR Nun, das gebe ich zu. Für mich ist Motorradfahren mehr eine Art Hobby, eine Freizeitgestaltung. Zum täglichen Transport fahre ich lieber einen Kleinwagen.

SUSE Hm, ich verstehe dich nicht! Vor zwei Jahren hast du dir dein Moped gekauft und warst total stolz darauf. Und jetzt, wo du endlich die Gelegenheit hast, ein richtiges Motorrad zu fahren, verzichtest du darauf. Warum nur?

DITMAR Ich weiß auch nicht. Ich könnte mir jetzt ein richtig gutes Motorrad kaufen. Aber es steht einfach nicht auf meiner Wunschliste. Ich ziehe nun mal ein Auto vor.

SUSE Ja, aber dann mach doch jetzt trotzdem den Führerschein für das Motorrad; vielleicht änderst du deine Meinung ja bald.

DITMAR Nein, ich glaube nicht! Ich hab im Moment echt keine Lust aufs Motorradfahren.

SUSE Schade! Aber macht nichts: Du kannst bei mir mitfahren!

Additional Listening Activity 5-3, pp. 39–40

BIRGIT Sag mal, Astrid, in einem Monat stehen die Bundestagswahlen an. Das Wahlamt hat mir schon einen Wahlschein zugeschickt.

ASTRID Ja, Birgit, mir haben sie auch einen Wahlschein geschickt. Mein Vater hat mir erzählt, dass es ganz einfach und schnell geht beim Wählen. Man geht hin, wird registriert, füllt ein Formular aus, steckt es in einen Umschlag und wirft den dann in einen Kasten. In zehn Minuten ist man fertig.

BIRGIT So was hat mir mein älterer Bruder auch gesagt. Die Frage ist nur: Wen soll man wählen? Ich finde, es gibt kaum Unterschiede zwischen den Meinungen der Kandidaten.

ASTRID Na, dann entscheide dich einfach für den Politiker, den du kompetenter findest!

BIRGIT Keine schlechte Idee. Ich habe daran gedacht, einfach für etwas Abwechslung zu sorgen und bei jeder Wahl eine andere Partei zu wählen, damit jede Partei mal drankommt.

ASTRID Hm ... also ich weiß nicht, Birgit! Ich würde mich lieber gründlich über eine Partei informieren, bevor ich sie wähle.

BIRGIT Du, im Moment ist die Umwelt ein heißes Thema. Ich glaube, ich wähle die Partei, die die besten Vorschläge zur Umweltpolitik macht.

ASTRID Also, nur wegen einem bestimmten Thema eine Partei zu wählen ... das gefällt mir auch nicht! Ich finde, man sollte schon herausfinden, welche Meinungen diese Partei zu anderen wichtigen Themen hat.

BIRGIT Aber wenn mir nun einmal ein bestimmtes Thema sehr wichtig ist, warum nicht?

ASTRID Na ja, wenn du meinst. Ich weiß immer noch nicht, wen ich wählen werde.

BIRGIT Macht nichts, wir haben ja noch ein paar Wochen Zeit, bevor wir unsere Entscheidung treffen müssen.

Additional Listening Activity 5-4, pp. 40–41

LISA Ich hab gehört, du gehst nach dem Abi direkt zum Bund. Stimmt's?

AXEL Ja, ich möchte so schnell wie möglich hin, um es aus dem Weg zu schaffen. Leider wird es wohl noch zwei Jahre dauern, bis ich mit dem Studium anfangen kann. Bis dahin bist du schon mit dem vierten Semester fertig! Hast du es gut, Mensch! Du brauchst keine Zeit beim Bund verlieren.

LISA Das kann sein. Aber wenn's nach mir gehen würde, könnten auch Frauen zur Bundeswehr gehen!

AXEL Das kann doch wohl nicht dein Ernst sein!

LISA Doch, doch, ich meine das ganz im Ernst! Ich finde wirklich, dass Frauen die gleichen Karrierechancen bei der Bundeswehr haben sollten. Ich würde gern eine Karriere beim Bund anfangen.

AXEL Hm. Von dieser Seite habe ich das noch gar nicht gesehen.

LISA Also, ich glaube, man kann sich beim Bund beruflich sehr gut qualifizieren. Wenn man in der richtigen Abteilung ist, kann man eine Menge lernen. Ich denke da zum Beispiel an Nachrichtenübermittlung oder Disposition, also Bereiche, in denen ich etwas für das spätere Berufsleben lernen könnte. Und denk doch mal an die ganzen neuen Technologien, mit denen man zu tun hat!

AXEL Hm ... äh ...

LISA Ich finde es gar nicht gut, dass Frauen beim Bund nicht gleichberechtigt sind. Es ist einfach ungerecht!

AXEL Na, mich würde es nicht stören, wenn Frauen bei der Bundeswehr wären. Solange sie nicht bei einer Kampfeinheit sind ...

LISA Und das ist ja wohl der volle Quatsch! Heute kommt es doch nicht mehr auf Muskelkraft an! Man muss vor allem neue Waffentechnologien beherrschen. Wenn Frauen Autos fahren und Flugzeuge fliegen können, dann können sie auch Waffen bedienen.

AXEL Na, vielleicht bekommst du ja bald, was du dir wünschst! Das Thema „Frauen zum Bund" wird ja zur Zeit heftig von den Politikern diskutiert.

Additional Listening Activity 5-5, pp. 41–42

WOLFGANG Was soll ich bloß tun? In zwei Wochen muss ich mich entscheiden, ob ich zum Bund gehe, oder ob ich den Wehrdienst verweigere.

VERONIKA Wenn du verweigerst, musst du Zivildienst leisten, und der dauert ein paar Monate länger als der Wehrdienst.

WOLFGANG Dafür kriegt man beim Zivildienst aber mehr Geld, fast das doppelte sogar! Und man hat meistens geregelte Arbeitszeiten.

VERONIKA Hm, das ist schon ein Vorteil. Du müsstest nur von acht bis fünf arbeiten und könntest am Wochenende wie bisher ein wenig jobben, um dir etwas dazuzuverdienen.

WOLFGANG Stimmt! Wie soll ich sonst die Versicherung fürs Auto zahlen? Wenn ich zum Bund gehen würde, müsste ich das Auto abmelden.

VERONIKA Ist doch nicht so schlimm ... Du kannst ja dann mit dem Zug zu deiner Einheit fahren, so wie alle anderen auch.

WOLFGANG	Also, um das alles mitzumachen, muss mir der Bund schon etwas als Gegenleistung bieten. Ich frag mal nach, ob ich bei der Marine dienen kann. Da könnte ich wenigstens ein paar andere Länder sehen.
VERONIKA	Das hört sich gut an. Ich glaube, die zahlen auch ein bisschen mehr.
WOLFGANG	Und mein Auto würde ich auch nicht brauchen, da könnte ich es ruhig in der Zwischenzeit stehen lassen.
VERONIKA	Ja, dann erkundige dich bald, und sag mir Bescheid, was du herausgefunden hast!
WOLFGANG	Klar! Bis später.

Additional Listening Activity 5-6, p. 42

MARKUS	Na, Stefan, wo willst du denn am liebsten hin? Zur Luftwaffe, zur Marine oder zum Heer?
STEFAN	Ich bezweifle, ob wir das überhaupt entscheiden können, Markus. Ich kann mir schon vorstellen, dass wir gefragt werden, wo wir dienen wollen, aber ich bin mir ziemlich sicher, dass der Bund die Entscheidung für uns trifft.
MARKUS	Tja, man muss halt nur gute Gründe angeben, dann wird man schon dorthin geschickt, wo man gern dienen will.
STEFAN	Hoffentlich hast du Recht. Ich habe nämlich keine Lust, zur Marine zu gehen. Weit weg von zu Hause, auf einem Schiff, nee, das ist nichts für mich! Außerdem würde es mir bestimmt schlecht werden, Seekrankheit und so ...
MARKUS	Hm ... also die Marine ist auf jeden Fall auch nicht das Richtige für mich. Am Wochenende möchte ich gern ab und zu nach Hause. Bei der Marine ist man einfach zu unflexibel, wenn man einmal auf einem Schiff stationiert ist.
STEFAN	Genau! Also bleibt nur noch Heer oder Luftwaffe übrig.
MARKUS	Beim Heer muss man oft in die Lüneburger Heide zum Manöver. Das kann im Winter kalt werden. Die bleiben nächtelang draußen und graben sich ein!
STEFAN	Ach, so schlimm wird das doch bestimmt nicht sein!
MARKUS	Denkst du! Wenig Schlaf, marschieren, Dienst am Wochenende ...
STEFAN	Dienst am Wochenende? Da hab ich keine Lust drauf. Weißt du was? Wir versuchen, bei der Luftwaffe den Wehrdienst zu absolvieren. Es gibt einen Stützpunkt hier in der Nähe. Das wäre ideal.
MARKUS	Gute Idee! Meine Schwester hat einen Bekannten, der dort stationiert ist. Den rufen wir mal an und fragen ihn, wie es ihm dort gefällt.

Answers to Additional Listening Activities

Additional Listening Activity 5-1, p. 39

	Wann Geburtstag?	Wie alt wird er/sie?	Führerschein angefangen?	Freut sich über Volljährigkeit?
Mark	in fünf Wochen	18	Ja	Nein
Anja	in drei Wochen	18	Nein	Ja

Additional Listening Activity 5-2, p. 39

1. stimmt
2. stimmt nicht
3. stimmt
4. stimmt
5. stimmt nicht
6. stimmt nicht
7. stimmt
8. stimmt nicht
9. stimmt

Additional Listening Activity 5-3, pp. 39–40

Answers may vary. Possible answers:

In einem Monat ist Bundestagswahl. Das Wahlamt hat Birgit und Astrid schon einen Wahlschein zugeschickt. Sie überlegen, welche Partei sie wählen sollen. Birgit will die Partei wählen, die die beste Umweltpolitik macht. Astrid will sich informieren, welche Meinungen die Parteien zu anderen wichtigen Themen haben. Astrid und Birgit haben noch ein paar Wochen Zeit, bevor sie eine Entscheidung treffen müssen.

Additional Listening Activity 5-4, pp. 40–41

A. 1. a 2. b 3. a 4. c 5. c 6. c

B. Possible answers:
Lisa würde gern eine Karriere beim Bund anfangen. Sie findet, dass man sich beim Bund beruflich qualifizieren kann und etwas für das spätere Berufsleben lernen kann. Sie meint auch, dass Frauen, technisch gesehen, genauso qualifiziert sind wie Männer.

Additional Listening 5-5, pp. 41–42

Answers will vary. Possible answers:

1. Ob er zur Bundeswehr geht, oder ob er den Zivildienst leisten wird/Wehrdienst verweigern wird.
2. Der Zivildienst dauert länger als der Wehrdienst.
3. Der Zivildienst hat oft geregelte Arbeitszeiten, und man bekommt mehr Geld.
4. Die Versicherung vom Auto kostet Geld; wenn er zum Bund geht, kann er sich sein Auto wahrscheinlich nicht mehr leisten.
5. Er würde gerne zur Marine gehen und ein paar andere Länder sehen.
6. Veronika meint, Wolfgang soll sich bald erkundigen.

Additional Listening Activity 5-6, p. 42

Answers will vary. Possible answers:

A. **die Marine**: weit weg von zu Hause, auf einem Schiff; zu unflexibel **das Heer**: im Winter in die Lüneburger Heide zum Manöver; sehr kalt, zu wenig Schlaf, Dienst am Wochenende **die Luftwaffe**: Es gibt einen Stützpunkt in der Nähe.

B. **die Luftwaffe**: Ein Bekannter von der Schwester von Markus ist dort stationiert. Sie werden ihn anrufen und fragen, wie es dort ist.

Erste Stufe

4 Hör gut zu!, p. 133

KÄSSI Sagt mal, habt ihr gestern Abend auch den Bericht über Serbien im Fernsehen gesehen?
ANTJE Nee. Du, Holger?
HOLGER Nein. Ich hab gestern Radio gehört.
KÄSSI Also, der Bericht war wirklich interessant, muss ich sagen. Ich sehe mir sowieso gern die Nachrichten im ZDF an. Du etwa nicht, Antje?
ANTJE Nein, nicht so gern. Weißt du, Kässi, meiner Meinung nach sind die Nachrichten im Fernsehen ziemlich oberflächlich.
KÄSSI Finde ich aber nicht! Das reicht doch als Information aus.
ANTJE Hm! Also, ich brauche schon etwas mehr Information.
THOMAS Was genau meinst du denn? Ich finde, dass man durchs Fernsehen am besten informiert wird.
ANTJE Also, pass mal auf, Thomas! Es reicht mir nicht, wenn der Nachrichtensprecher im Fernsehen einfach nur sagt: Es gibt einen Konflikt im Land A und die Völker B und C streiten aus dem Grund D! Ich will mehr über die historischen, politischen und wirtschaftlichen Hintergründe wissen.
THOMAS Ja, aber das geht nun mal nicht in einer Nachrichtensendung, die nur kurze, sachliche Informationen herausbringt!
ANTJE Das stimmt! Deswegen lese ich eben lieber Zeitung!
KÄSSI Ach Antje! Viele Zeitungen und Magazine bringen doch nur Sensationsnachrichten und keine Tatsachen.
ANTJE Ich meine ja auch seriöse Zeitungen, so wie die *Frankfurter Allgemeine* oder die *Süddeutsche Zeitung.*
HOLGER Also, ich finde, wenn man sich schnell über Neuigkeiten informieren will, schaltet man am besten das Radio an. Dort kommen alle 30 Minuten Kurznachrichten.
THOMAS Dann lies doch einfach nur die Schlagzeilen!
KÄSSI Bloß nicht! So kann man sich auf keinen Fall informieren! Die Schlagzeilen sind doch meistens extra ganz provokativ formuliert und spiegeln nicht unbedingt Tatsachen wider!
ANTJE Ja, da hast du Recht, Kässi. Deswegen ist es wichtig, den ganzen Artikel zu lesen.

Answers to Activity 4
Kässi: TV; Antje: Zeitung; Holger: Radio; Thomas: TV

5 Hör gut zu!, p. 133

MARKUS He, Leute! In der letzten Ausgabe der *Frankfurter Allgemeinen Zeitung* gibt es einen tollen Artikel über Umweltprobleme. Hat den einer von euch gelesen? Du, Michaela?
MICHAELA Nein! Was für ein Artikel war denn das, Markus?
MARKUS Ja, also in dem Artikel steht, dass es verboten werden sollte, mit dem Auto zu fahren. Ich finde das auch.
RÜDIGER Kannst du das begründen?
MARKUS Mensch, Rüdiger, die Abgase werden doch zu einem immer größeren Problem für die Umwelt!
MICHAELA Das stimmt! Wenn wir nicht vorsichtig sind, werden wir bald überhaupt keine saubere Luft und kein sauberes Trinkwasser mehr haben.
MARKUS Ja, genau! Ich stimme der Michaela zu. Und deswegen bin ich heute auch gleich mit dem Fahrrad zur Schule gekommen, weil ich bei mir selbst anfangen möchte, die Umwelt zu schonen. Ich finde, du solltest auch nicht mehr mit deinem Moped kommen, Rüdiger.
RÜDIGER Ach, das ist doch völliger Quatsch! Ich fahre weiter mit dem Moped.
MARKUS Also, Rüdiger! Wieso ist das Quatsch? Dazu musst du jetzt aber wirklich mal genauer Stellung nehmen.
RÜDIGER Ach, das ist doch ganz einfach! Ich finde, diese Nachrichten, die immer von den Umweltbelastungen reden, sind doch sowieso nur Sensationsmeldungen.

MICHAELA	Na ja, also meiner Meinung nach sollte man vielleicht nicht ganz aufs Autofahren verzichten.
CORNELIA	Wie meinst du das, Michaela?
MICHAELA	Weißt du, Cornelia, ich finde, dass es okay ist, mit dem Auto zu fahren, wenn man einen Notfall hat. Also, wenn man zum Beispiel schnell ins Krankenhaus muss.
CORNELIA	Also, Michaela, meinst du denn wirklich, das die Leute in Deutschland nur noch in Notfällen mit dem Auto fahren? Das funktioniert niemals. Das kannst du mir glauben.
MARKUS	Und wieso nicht, Cornelia?
CORNELIA	Ich weiß nicht! Das kann ich mir halt einfach nicht vorstellen!

Answers to Activity 5

Answers will vary.

Grund: Markus, Michaela, Rüdiger; keinen Grund: Cornelia

11 Hör gut zu!, p. 136

WOLFGANG	Sagt mal, habt ihr gestern den Krimi im RTL gesehen? Der war echt toll! Du, Simone, du musst deine Familie endlich mal dazu überreden, einen Fernseher zu kaufen. Sonst kannst du ja nie mitreden.
SIMONE	Also, weißt du, Wolfgang, wir brauchen keinen Fernseher. Wir unternehmen lieber etwas zusammen als Familie.
DIRK	Wirklich?
SIMONE	Ja! Wir finden nämlich, dass die meisten Familien, die einen Fernseher haben, abends nur vor der Glotze sitzen und kaum miteinander reden. Ist dir das denn noch nie aufgefallen, Dirk?
DIRK	Hm! Da ist schon was dran. Bei uns zu Hause ist das ähnlich. Bei euch doch bestimmt auch, oder, Beate?
BEATE	Quatsch! Das stimmt gar nicht! Bei uns zu Hause wird viel geredet. Wir diskutieren oft über das, was wir im Fernsehen gesehen haben.
WOLFGANG	Richtig! Außerdem kann man sich durchs Fernsehen viel leichter über alle wichtigen Ereignisse in der Welt informieren.
SIMONE	Moment mal, Wolfgang! Das kann man auch wenn man Zeitung liest oder Radio hört. Ich finde außerdem, dass man in seiner Freizeit viel weniger aktiv ist, wenn man zu viel fernsieht.
DIRK	Ja, da hat die Simone Recht. Ich finde auch, dass man sich von anderen Menschen isoliert und nicht so viel unternimmt.
WOLFGANG	Lass mich mal wieder zu Wort kommen, Dirk! Also, für mich ist das Fernsehen wichtig. Außer den Nachrichten oder Fernsehserien kann ich mir nämlich auch Opern, Theaterstücke und Konzerte ansehen.
BEATE	Ja! Finde ich auch, Wolfgang! Erstens ist das nicht so teuer wie Opern- oder Konzertkarten und zweitens kann man schön zu Hause die Aufführung genießen, ohne erst irgendwo hinfahren zu müssen.
WOLFGANG	Eben! Und außerdem kann man eine Sendung aufnehmen. Dann kann man sich später das Video anschauen! Das ist doch total praktisch!
SIMONE	Ach! Das kommt doch alles aufs Gleiche raus! Tatsache ist, dass man vorm Fernseher hockt und nichts unternimmt! 75 Prozent aller Leute, die täglich vier oder mehr Stunden vor dem Fernseher sitzen, essen zu viel! Sie werden häufiger krank, beklagen sich über Müdigkeit und haben keine Energie!
DIRK	Ja! Richtige Gesundheitsmuffel sind das!

Answers to Activity 11

Answers will vary.

Zweite Stufe

16 Hör gut zu!, p. 141

BERNHARD	He, Leute, denkt dran! Wir treffen uns heute Abend bei mir zu Hause, damit wir noch mal das Layout für den Druck besprechen können!
REGINA	Ja, in Ordnung, Bernhard! Ich hab auch schon die Seite mit den Leserbriefen fertig gemacht.
BERNHARD	Spitze, Regina! Du hast bestimmt stundenlang daran gesessen.

REGINA Ach was! Mir hat es echt Spaß gemacht. Und ich glaub, ich hab die richtige Mischung aus guten und kritischen Leserbriefen zusammengestellt!
BERNHARD Gut! Wir müssen nur noch die Ergebnisse aus unserer letzten Umfrage in den Computer eintippen, damit wir eine tolle Grafik in der Zeitung abbilden können.
GERD Schon erledigt! Hab ich gestern Nachmittag gemacht.
REGINA Super, Gerd! Was gibt es sonst noch zu tun?
BERNHARD Tina hat ihren Artikel über die Schulfete noch nicht fertig geschrieben.
GERD Das ist ja unglaublich! Immer fängt sie alles an und macht das dann nie zu Ende!
BERNHARD Ja, leider! So ist sie nun mal. Da kann man nichts machen.
GERD Und wer schreibt ihren Artikel bis heute Abend fertig?
BERNHARD Keine Panik! Ich schreib den Artikel heute Nachmittag zu Ende.
GERD Mensch, Bernhard! Auf dich kann man sich wirklich verlassen. Aber fair find ich das nicht! Das ist jetzt schon das dritte Mal, dass du für die Tina einspringst. Stimmt's Regina?
REGINA Ja, leider, Gerd. Es überrascht mich wirklich, dass Tina so faul ist.
BERNHARD Ja, das ist echt schade, denn sie schreibt wirklich gute Artikel, wenn sie Lust hat.
REGINA Also, was müssen wir sonst noch alles bis heute Abend erledigen?
GERD Wir müssen uns auf das Titelblatt einigen. Regina hat drei Vorschläge ausgearbeitet.
REGINA Ja, ich glaub, ich hab drei super Ideen. Wir müssen nur noch die Heidi fragen, ob sie für uns die Illustrationen machen kann. Ach, da kommt sie ja! Hallo, Heidi!
HEIDI Hallo, alle zusammen! Was gibt's?
BERNHARD Du, Heidi, meinst du, du schaffst es, bis heute Abend drei Illustrationen fürs Titelbild zu machen?
HEIDI Was? Fürs Titelbild? Heißt das etwa, dass wir noch kein Titelbild haben, obwohl die nächste Ausgabe morgen gedruckt werden soll? Das darf doch wohl nicht wahr sein!
REGINA Doch, leider! Also, was ist? Können wir mit dir rechnen?
HEIDI Also, es stört mich wirklich, dass immer alles bis auf die letzte Minute verschoben wird! Fragt doch jemand anders!
BERNHARD Ach, komm schon, Heidi! Wir sind doch alle unter Stress wegen dem Abi und den Noten und so!
HEIDI Ja, ja! Schon gut! Ich bring heute Abend die Illustrationen mit, okay?!
REGINA Klasse, Heidi!

Answers to Activity 16

gern: Bernhard, Regina, Gerd; nicht gern: Heidi, Tina

17 Hör gut zu!, p. 141

ANGELIKA Also, Leute! Ich habe euch hierher gebeten, damit jeder seine Meinung zu unserer Schülerzeitung sagen kann …
BODO Meine Meinung kann ich dir gern sagen, Angelika! Es ist wirklich frustrierend, wenn wir nichts als Krltik über …
ANGELIKA Moment mal, Bodo! Lass mich kurz ausreden! Dann kommst du dran. Also, ich will mit euch über unseren nächsten Leitartikel sprechen und die Aufgaben neu verteilen. Aber als Erstes sollten wir über unsere letzte Ausgabe diskutieren. Also, Bodo?
BODO Na ja, wie gesagt, ich habe halt echt hart an dem Artikel über die neue Umwelt-AG gearbeitet. Und dann höre ich von den Schülern, dass ihnen alles Mögliche nicht daran gefallen hat oder dass der Artikel blöd war oder so! Stimmt's, Georg?
GEORG Da ist schon was dran, Bodo. Mich stört es auch, wenn ich viel Zeit in einen Artikel investiere, und dann nur kritisiert werde.
ANGELIKA Es überrascht mich, dass ihr so sauer seid! Überlegt doch mal, vielleicht ist es auch unsere eigene Schuld, wenn die Schülerzeitung nur kritisiert wird!
GEORG Wieso?
ANGELIKA Ganz einfach! Weil wir offensichtlich nicht das bringen, was den Schülern gefällt! Wir sollten eine Umfrage machen, um herauszufinden, für welche Themen sich die Schüler interessieren.
CLAUDIA Also, ich bin überrascht, dass du das vorschlägst, Angelika! Wir haben doch erst letzten Monat eine Umfrage gemacht, und kaum jemand hat sich daran beteiligt!
GEORG Eben! Den meisten Schülern ist es doch egal, was und worüber wir schreiben, stimmt's, Claudia?
CLAUDIA Ja, leider, Georg! Ich finde es einfach unglaublich, dass die meisten Schüler einfach nicht verstehen, wie viel Arbeit in so einer Schülerzeitung steckt!
BODO Ja, genau! Mich stört es wirklich, dass keiner Vorschläge macht, wie wir unsere

Zeitung besser machen können!

CLAUDIA Genau! Was Bodo sagt, stimmt! Die letzten Leserbriefe waren voller Kritik! Kein einziger Verbesserungsvorschlag! Es ist wirklich frustrierend!

ANGELIKA Moment mal, Claudia! Ich würde das alles nicht so pessimistisch sehen. Ich bin der Meinung, dass die Kritik doch gerade das ist, was uns weiter hilft!

CLAUDIA Wie meinst du das, Angelika?

ANGELIKA Passt mal auf! Erstens müssen wir die kritischen Kommentare ganz genau durchlesen. Zweitens dürfen wir die Sachen, die kritisiert worden sind, nicht wieder machen. Und drittens fangen wir an, diese Sachen zu verbessern, so dass es jeder merkt.

GEORG Mensch, Angelika! Das ist ein super Vorschlag! Ich bin überrascht, dass wir nicht schon früher darauf gekommen sind.

CLAUDIA Ja! Dann hatten wir uns 'ne Menge Frust erspart!

Answers to Activity 17

Bodo: frustriert; Angelika: überrascht; Georg: frustriert und überrascht; Claudia: überrascht und frustriert

Anwendung

Activity 2, p. 148

— Also, Axel, hast du schon ein paar gute Ideen für die Artikel in unserer nächsten Ausgabe?
— Na klar, Michaela! Ich hab da ganz verschiedene Vorschläge. Also, Umwelt ist immer ein gutes Thema! Viele Schüler interessieren sich dafür und ...
— Nun sag schon, worüber du berichten willst!
— Du lässt mich ja nicht ausreden! Also, pass auf! Die Verschmutzung der Mosel ist zur Zeit hier in der Stadt ein heißes Thema!
— Hm. Bist du sicher, dass sich die Schüler dafür interessieren?
— Ganz bestimmt! Ich wollte den Hans-Joachim fragen, ob er Lust hat, darüber zu schreiben. Seine Berichte zum Thema Umwelt kommen immer gut an!
— Da hast du Recht, Axel! Was schlägst du noch vor?
— Wir könnten eine Kritik über den neuen Film mit Arnold Schwarzenegger schreiben.
— Gut! Ich hab auch einen Vorschlag. Die Susanne Krämer aus der Theater AG hat mir von dem Theaterstück erzählt, das für die Weihnachtsfeier geprobt wird. Wir könnten einen Artikel über die ganzen Vorbereitungen schreiben.
— Das hört sich gut an. Du, Michaela, wie wär's denn außerdem mit einem Artikel über das neue Austauschprogramm mit der Schule in unserer Partnerstadt Austin in Texas?
— Hm. Nicht schlecht! Die Schüler wissen fast gar nichts darüber. Hast du sonst noch eine Idee?
— Klar, und das ist eigentlich mein bester Vorschlag: Ich finde, wir sollten einen Artikel über die ausländischen Schüler an unserer Schule schreiben. Die Raffaela und der Assam haben schon einige Vorschläge zu dem Artikel. Was hältst du davon?
— Klasse Idee! Vielleicht können wir daraus eine Serie machen und in jeder Ausgabe über einen anderen Schüler berichten!
— Spitze! Du, Michaela, ich würd gern den Artikel über die ausländiscben Schüler schreiben. Übernimmst du den Artikel über das amerikanische Austauschprogramm?
— Nee, Axel, keine Zeit! Ich muss noch das Interview mit der neuen Biologielehrerin machen.
— Ach ja, stimmt! Dann fragen wir eben die Steffi, ob sie den Artikel schreiben will.
— Hat Holger schon die Cartoons gezeichnet?
— Glaub ich nicht! Er wollte warten, bis wir die Themen für die Artikel festgelegt haben.
— Logo! Ach übrigens, der Peter Hamacher aus der 12b macht für uns die Fotos auf der Schulfete!
— Spitze! Für die nächste Ausgabe scheint ja alles ziemlich gut organisiert zu sein!
— Ja! Wir müssen uns nur noch ein Thema für die Umfrage ausdenken.
— Vielleicht sollten wir diesmal keine Umfrage machen.
— Doch, doch! Auf jeden Fall! Die Schüler finden es toll, wenn wir sie nach ihrer Meinung fragen und dann das Ergebnis der Umfrage in der Schülerzeitung veröffentlichen.

Answers to Activity 2

Answers will vary.

Additional Listening Activity 6-1, p. 47

JULIA Du, Heike, ich muss dir unbedingt erzählen, was bei uns gestern Abend passiert ist!
HEIKE Na los, ich bin gespannt!
JULIA Also, wie fast jeden Sonntag gab's bei uns mal wieder Streit zu Hause, wegen des Fernsehprogramms.
HEIKE Wieso denn Streit?
JULIA Na ja, mein Vater will immer Sport sehen und ...
HEIKE Ach ja, sonntags kommt ja immer Fußball.
JULIA Genau! Aber nun lass mich doch mal ausreden!
HEIKE Okay!
JULIA Ja, und ich will meistens „Trio" sehen, weißt du, diese neue Jugendsendung mit Kai Böcking.
HEIKE Ach! Die kenne ich noch gar nicht! Seit wann gibt's die denn?
JULIA Ich weiß auch nicht. So ungefähr seit vier Wochen vielleicht. Ist ja jetzt auch egal. Lass mich doch mal zu Ende erzählen!
HEIKE Mach ich doch!
JULIA Nein, du unterbrichst mich andauernd!
HEIKE Gut, also ich lass dich jetzt wieder zu Wort kommen.
JULIA Also, als ich ins Zimmer kam, saß mein Vater natürlich schon vor dem Fernseher und schaute sich das Fußballspiel an. Ich habe meinem Vater gesagt, dass ich gern die Jugendsendung sehen will. Aber er wollte natürlich nicht aufs andere Programm umschalten.
HEIKE Und du warst sauer, und ihr habt angefangen zu streiten, stimmt's?
JULIA Genau! Mein Vater meinte, ich würde sowieso viel zu oft vor der Glotze sitzen, anstatt zu lernen und so weiter und so fort ... kannst du dir ja vorstellen.
HEIKE Ach, wie frustrierend! Gut, dass ich meinen eigenen kleinen Fernseher in meinem Zimmer habe!
JULIA Na ja, auf jeden Fall haben wir so ungefähr zehn Minuten diskutiert — und plötzlich gab es einen Stromausfall! Der Fernseher ging aus, das Licht ging aus! Stell dir vor, die ganze Straße hatte einen Stromausfall! Ich glaube, es hat ungefähr drei Stunden gedauert, bis das Licht wieder anging.
HEIKE Ach, wie langweilig! Kein Fernseher, keine Musik, kein Licht!
JULIA Du, so schlimm war das gar nicht. Es war eigentlich ziemlich lustig. Wir standen vor dem Fernseher und wussten plötzlich nicht mehr, worüber wir uns streiten sollten. Wir mussten echt lachen. Ja, und dann haben wir ein paar Kerzen angezündet und den ganzen Abend lang Karten gespielt und über alles Mögliche geredet. Das war vielleicht toll, sag ich dir! Ich hab meinem Vater sogar erzählt, dass ich den Tobias nett finde! Du weißt schon, den aus der 13a.
HEIKE Echt? Das hast du deinem Vater erzählt?
JULIA Ja, wirklich! Du, Heike, ich hab mich schon lange nicht mehr so gut mit meinem Vater verstanden wie gestern Abend.

Additional Listening Activity 6-2, p. 48

REPORTER Unser heutiges Thema lautet: „Der Fernsehkonsum unter Jugendlichen nimmt zu. Sind Bücher und Zeitungen überhaupt noch wichtig?" Wir diskutieren mit Oberstufenschülern des Gebrüder-Grimm-Gymnasiums in Detmold. Veronika, du wolltest als erste zu diesem Thema Stellung nehmen.
VERONIKA Also, ich persönlich lese keine Zeitung. Dazu habe ich einfach keine Zeit. Zeitunglesen dauert einfach zu lange. Die Information, die ich brauche, bekomme ich auch aus dem Fernsehen.
REPORTER Aber zum Fernsehen brauchst du doch auch Zeit.
VERONIKA Ja, aber da kann ich nebenbei was machen, zum Beispiel aufräumen oder essen oder so.
REPORTER Wie sieht's bei dir aus, Johannes?
JOHANNES Für mich ist Fernsehen zur Entspannung da. Beim Zeitung- oder Bücherlesen kann ich mich gar nicht entspannen, weil ich mich da auf den Text konzentrieren muss.
REPORTER Ja, Dorothee, willst du was dazu sagen?
DOROTHEE Ich finde, das stimmt gar nicht. Ich lese sehr viel und sehr oft. Für mich ist das Entspannung. Das ist besser als wenn ich vor dem Fernseher sitze und ständig neue Bilder sehe. Beim Lesen wird die Fantasie viel mehr angeregt. Das find ich toll.
REPORTER Johannes, was meinst du?
JOHANNES Ich ziehe auf jeden Fall das Fernsehen dem Bücherlesen vor.
REPORTER Kannst du das begründen?

JOHANNES Na ja, man erhält zum Beispiel eine Fülle von Information in einem kurzen Zeitraum, was zum Beispiel durch die Zeitung nicht möglich ist.

DOROTHEE Das ist alles Quatsch! In der Zeitung hast du viel mehr Informationen als beim Fernsehen. In der Zeitung hast du außerdem alles sehr gründlich. Im Fernsehen sind die Berichte doch sehr oberflächlich.

Additional Listening Activity 6-3, p. 48

JAN Mensch, schaut mal! Diese Woche haben wir aber viele Artikel von den anderen Schülern bekommen. Die werden wir gar nicht alle in die Zeitung bringen können.

EVA Ja, da hast du Recht, Jan. Udo und ich, wir haben uns die Artikel schon mal angeschaut. Wir sollten uns auf drei Artikel einigen.

JAN Also, was ist denn alles dabei?

UDO Ja, also hier gibt es einen Artikel über das Schulfest am Samstag; sogar mit Foto.

EVA Ich finde, dieser Artikel soll auf die Titelseite, denn das Schulfest war schließlich ein wichtiges Ereignis an der Schule.

JAN Find ich auch, Eva. Wir haben hier auch einen Bericht über eine Klassenfahrt nach Prag. Ist von jemandem aus der 10a.

UDO Ja, ich finde den Bericht auch sehr interessant.

EVA Aber vor zwei Wochen hatten wir doch schon den Bericht über die Klassenfahrt der 11b. Wir können nicht immer die gleichen Themen nehmen.

JAN Das stimmt, wir wollen schließlich Abwechslung. Was haben wir denn noch?

UDO Wir haben ein Umfrageergebnis aus der 12c zum Thema Rauchverbot auf dem Schulhof.

JAN Ach, das interessiert doch keinen. Die Schulleitung hat doch schon vor ein paar Wochen mit Zustimmung der Schülervertretung das Verbot eingeführt. Warum sollen wir das alte Thema wieder aufwärmen?

UDO Na gut! Da hast du eigentlich Recht, Jan. Hier ist ein Artikel der Kunst AG über die geplante Ausstellung zum Thema „Kunst aus Müllobjekten". Jeder Schüler kann sich an der Ausstellung beteiligen.

JAN Den Artikel sollten wir auf jeden Fall nehmen.

EVA Hier ist ein Bericht über das Handballturnier. Sollen wir den mit reinnehmen?

UDO Ja, der kann auf die Sportseite. Was meinst du, Jan?

JAN Ja, der eignet sich gut, ist lustig geschrieben. Haben wir nicht auch einen Bericht über die neue Eissporthalle in der Stadt?

EVA Ja, der ist hier. Ich finde, den sollten wir nicht nehmen. Letzte Woche gab es einen großen Bericht darüber in der Stadtpost. Viele Schüler sind zur Eröffnung schon dort gewesen. Es ist also nichts Neues.

Additional Listening Activity 6-4, p. 49

ROSI He, habt ihr heute schon die Zeitung gelesen?

DIRK Nee, Zeitung lesen ist doch sowieso langweilig.

ROSI Na, dass du keine Zeitung liest, ist mir schon klar, Dirk!

KIRA Welchen Artikel meinst du denn, Rosi?

ROSI Ach, du weißt schon, der Bericht über den Streik.

KIRA Ja, das ist ziemlich blöd. Ich hab's heute Morgen im Radio gehört.

DIRK Was für ein Streik? Wovon redet ihr überhaupt?

ROSI Na, bei der Deutschen Bundesbahn wird gestreikt. Sag bloß, du hast noch nichts davon gehört!

DIRK Nee, davon weiß ich nichts.

ROSI Tja, Dirk, vielleicht solltest du dich mal besser informieren und doch die Zeitung lesen oder Radio hören!

DIRK Wieso das denn? Informieren kann ich mich auch durchs Fernsehen! Ich schau halt lieber Fernsehen, wenn ich aus der Schule komme.

KIRA Du, Rosi, wolltest du am Wochenende nicht nach Hamburg zu deiner Tante fahren?

ROSI Genau! Das kann ich wohl vergessen! Seit gestern Abend fährt kein einziger Zug mehr, steht in der Zeitung!

KIRA Du, Rosi, du solltest dir stündlich die Nachrichten im Radio anhören. Vielleicht ändert sich ja was bis morgen!

ROSI Hm. Da hast du Recht. Was in der Zeitung von heute Morgen steht, ist vielleicht schon gar nicht mehr aktuell.

DIRK Warum streiken die eigentlich?

KIRA Stand doch ganz groß auf der Titelseite als Schlagzeile! Die wollen mehr Geld.

DIRK Und wie viel?

KIRA Keine Ahnung! Ich hatte heute Morgen keine Zeit, den ganzen Artikel zu lesen.
ROSI Im Radio haben sie es gesagt: zwei Prozent!
DIRK Du bist ja wirklich gut informiert, Rosi! Vielleicht sollte ich doch mal morgens Radio hören!

Additional Listening Activity 6-5, pp. 49–50

HERR KRÄMER Hallo, Hans-Jürgen! Du, wart mal eine Sekunde! Ich wollte dich schon immer mal was fragen.
HANS-JÜRGEN Ja, was gibt's denn, Herr Krämer?
HERR KRÄMER Ich habe gehört, ihr habt Probleme mit der Schülerzeitung?
HANS-JÜRGEN Ja, das stimmt. Ich habe mich das ganze Jahr darum bemüht, die Schülerzeitung attraktiv zu machen, aber niemand interessiert sich mehr dafür.
HERR KRÄMER Das überrascht mich aber. Ich dachte, die Zeitung interessiert viele Schüler.
HANS-JÜRGEN Ja, das dachte ich am Anfang des Schuljahres auch. Da haben einige Schüler sie auch gelesen und sogar Artikel geschrieben. Jetzt meckern sie bloß noch über das, was drinsteht.
HERR KRÄMER Obwohl sie selbst Artikel schreiben und die Zeitung unterstützen?
HANS-JÜRGEN Ach, das war doch nur am Anfang so. Es ist frustrierend, wenn ich daran denke, wie egal den meisten die Zeitung jetzt ist.
HERR KRÄMER Aber ihr habt doch eine Schülervertretung, kann die nicht etwas unternehmen?
HANS-JÜRGEN Ach, das habe ich schon aufgegeben. Am Anfang hat die Schülervertretung die Zeitung sehr stark unterstützt. Aber seit wir die Schülervertretung ein paar Mal kritisiert haben, sind sie nicht mehr an der Mitarbeit interessiert.
HERR KRÄMER Ich schlage vor, du machst selbst mal etwas Reklame für die Schülerzeitung!
HANS-JÜRGEN Ich werde sauer, wenn ich dran denke, wie viel Arbeit und Zeit ich immer hineinstecke und dann ...
HERR KRÄMER Warum bereitest du nicht mal 'ne tolle Präsentation über die Schülerzeitung vor und trägst sie dann im Deutschunterricht vor? Das würde dir doch bestimmt Spaß machen, oder?
HANS-JÜRGEN Ja, schon. Vielleicht könnten wir danach auch in der Klasse darüber diskutieren, damit ich herausfinden kann, was die Schüler an der Zeitung nicht leiden können und was sie von einer Schülerzeitung erwarten.
HERR KRÄMER Ja, das ist ein prima Vorschlag! Ich geb dir eine Woche Zeit, die Präsentation vorzubereiten. Nächsten Montag kannst du sie dann in der Klasse vorführen.
HANS-JÜRGEN Ja, das wäre toll. Vielen Dank, Herr Krämer!

Additional Listening Activity 6-6, p. 50

ROLF Na, Kleiner, wie geht's?
AXEL Du sollst mich nicht immer Kleiner nennen!
ROLF Ach, ist doch nicht so gemeint. Gibt's was Neues bei euch in der Schule?
AXEL Ach, heute hatten wir 'ne Diskussion. Die hat mich vielleicht aufgeregt. Es ging um den Schulfunk.
ROLF Seit wann hat eure Schule denn einen Schulfunk?
AXEL Noch haben wir keinen, aber die Schule will einen ...
ROLF Na, das ist doch toll!
AXEL Das finde ich überhaupt nicht toll.
ROLF Das überrascht mich aber. Da ist doch endlich mal was los in der Schule.
AXEL Ja, eben. Es ist sowieso schon laut genug in den Pausen, da brauche ich nicht noch den Schulfunk, der es noch lauter macht.
ROLF Aber du hörst doch sonst auch immer laute Musik, und das gefällt dir.
AXEL Es ist aber frustrierend, wenn ich mich in der Pause unterhalten will oder lernen will, und dann muss ich den Schulfunk hören!
ROLF Aber man kann doch sicher organisieren, dass es in einigen Räumen keinen Schulfunk zu hören gibt. Und dort kann man dann lesen oder sich unterhalten.
AXEL Was mich stört ist auch, dass sie im Schulfunk auch Nachrichten und Berichte von Schülern und so was bringen wollen.
ROLF Aber dazu ist doch der Schulfunk da! Ich versteh dich nicht, Axel! Jetzt sag mir mal, was wirklich los ist!
AXEL Also, bitte, wenn du's unbedingt wissen willst: Was soll dann aus unserer Schülerzeitung werden?
ROLF Ach so! Darum geht's also! Die Schülerzeitung! Hast du Angst, dass du dann deine ganze Arbeit in der Redaktion aufgeben musst?
AXEL Richtig! Und es lesen sowieso schon immer weniger die Zeitung. Am besten ist es, wenn wir mit der Zeitung ganz aufhören! Wenn der Schulfunk kommt, haben wir gar keine Chance mehr!
ROLF Hm. Das würde ich nicht so sehen! Meiner Meinung nach ist die Zeitung genauso wichtig wie der Schulfunk.— Du, Axel, ich muss jetzt Nachhilfestunden geben, aber wenn ich zurückkomme, dann unterhalten wir uns weiter darüber, ja? Ich bin mir sicher, dass wir ein paar Ideen haben, um die Schülerzeitung vor dem Schulfunk zu retten!

Answers to Additional Listening Activities

Additional Listening Activity 6-1, p. 47

1. b
2. b
3. c
4. c
5. a
6. a

Additional Listening Activity 6-2, p. 48

	Fernsehen	Bücher/Zeitungen
Veronika	man kann sich beim Fernsehen mit anderen Dingen beschäftigen; zieht Fernsehen vor	lesen dauert zu lange
Johannes	ist Entspannung	kann sich beim Lesen nicht entspannen
Dorothee	hat oberflächliche Berichte	ist Entspannung; hat gründlichere Information; lesen regt Fantasie an

Additional Listening Activity 6-3, p. 48

1. Schulfest; Klassenfahrt; Rauchverbot auf dem Schulhof; Kunstausstellung; Handballturnier; neue Eissporthalle
2. Schulfest; Kunstausstellung; Handballturnier

Additional Listening Activity 6-4, p. 49

1. Sie sprechen über den Streik bei der Deutschen Bundesbahn.
2. Rosi hat es in der Zeitung gelesen; Kira hat es im Radio gehört.
3. Dirk informiert sich durchs Fernsehen.
4. Sie wollte am Wochenende mit dem Zug nach Hamburg fahren.
5. Sie sollte sich stündlich die Nachrichten im Radio anhören.

Additional Listening Activity 6-5, pp. 49–50

1. Er hat gehört, dass es Probleme mit der Schülerzeitung gibt.
2. Niemand interessiert sich mehr für die Schülerzeitung; die Schüler meckern nur über das, was drinsteht.
3. Weil die Schülerzeitung die Schülervertretung ein paar Mal kritisiert hat.
4. Er sagt, Hans-Jürgen soll Reklame für die Schülerzeitung machen; er soll eine Präsentation in der Klasse vortragen.
5. Er möchte nach der Präsentation mit der Klasse über die Schülerzeitung diskutieren.
6. Er will herausfinden, was die Schüler an der Schülerzeitung nicht mögen und was sie von der Schülerzeitung erwarten.

Additional Listening Activity 6-6, p. 50

1. Axel befürchtet, dass der Schulfunk eine Konkurrenz zur Schülerzeitung ist.
2. Answers will vary. E.g.: Das Programm des Schulfunks in der Schülerzeitung abdrucken; über den Schulfunk berichten; im Schulfunk Reklame für die Schülerzeitung machen, etc.

Erste Stufe

3 Hör gut zu!, p. 161

UDO Hallo, Brigitte! Hallo, Rudi! Was macht ihr denn gerade?
RUDI Tag, Udo! Nichts Besonderes. Nur 'ne Kaffeepause.
UDO Du, Rudi, hast du neue Sportschuhe? Die sind aber schick. Wo hast du die denn her?
RUDI Tja, die hab ich zum Geburtstag bekommen. Ich wollte diese Schuhe schon seit Monaten haben.
BRIGITTE Die Schuhe habe ich doch im Fernsehen gesehen, oder? In dieser Werbung mit dem Basketballspieler, der 10 Meter hoch springen kann, also durch die Decke und durch das Dach der Sporthalle oder so was.
UDO Mensch! Die Werbung geht mir so auf die Nerven! Keiner kann doch so hoch springen!
RUDI Na ja, Udo, bist du blöd? Das geht doch gar nicht darum, ob es realistisch ist oder nicht! Wichtig ist, dass die Zuschauer von dem Werbespot beeindruckt sind.
UDO Na ja, aber was mich aufregt, ist, dass die Werbung indirekt behauptet, dass man mit den Sportschuhen irgendwie stärker oder besser wäre. Oder zumindest, dass man gerade mit diesen Schuhen höher springen kann als die anderen Sportler!
BRIGITTE Genau! Versteckte Mitteilungen nennt man das! Mich regt so was auch auf!
UDO Ja, es nervt mich halt, dass die Werbemacher versuchen, einen zu manipulieren.
RUDI Also, mir ist das eigentlich egal. Ich lasse mich eben nicht manipulieren. Die Schuhe haben mir auch ohne Reklame gefallen.
BRIGITTE Na ja, aber ich glaube, dass wir in erster Linie erst durch die Werbung auf ein Produkt aufmerksam gemacht werden.
UDO Da stimme ich mit Brigitte überein. Mir geht es jedenfalls oft so.
BRIGITTE Also, ich habe festgestellt, dass ich mir eigentlich ganz gern Werbespots im Fernsehen, Reklamen an Plakatwänden oder in Zeitungsprospekten anschaue. Mir ist es echt egal, ob ich da beeinflusst werde. Ich finde die meisten dieser Werbungen einfach bunt und witzig.
UDO Du gibst also zu, dass du dich manipulieren lässt?
BRIGITTE Wenn du es unbedingt so nennen willst! Guckt mal, hier! Meine Rudolfo-Carmanio-Bluse! Darauf wurde ich durch 'ne ganz bunte Reklame in einer Zeitschrift aufmerksam gemacht. Der Werbespruch war super: "Rudolfo— für die Frau, die sich selbst gefallen möchte!"
RUDI Und nur wegen des Slogans hast du die Bluse gekauft?
BRIGITTE Ach Quatsch, Rudi! Die Bluse habe ich gekauft, weil sie mir halt gefallen hat. Aber der Spruch, sag ich euch, der hat mich beeindruckt!
UDO Mensch, die Rudolfo-Carmanio-Klamotten sind doch aber wahnsinnig teuer, oder?
BRIGITTE Ja schon! Aber der Preis ist mir egal, wenn die Werbung es geschafft hat, mich für ein Produkt zu interessieren.
UDO Ja, aber im Grunde genommen bezahlst du für den Namen und für die Werbung mit! Siehst du, das stört mich echt, und deswegen würde ich mir Produkte, für die die Firmen viel Geld für Werbung ausgegeben, nicht kaufen!

Answers to Activity 3

Udo: geht es auf die Nerven, wenn eine Werbung unrealistisch ist; regt sich über versteckte Mitteilungen auf; ärgert sich über Manipulation in der Werbung; stört es, wenn man beim Kauf eines Produktes die teuren Werbekosten mitbezahlt

Brigitte: regt sich über versteckte Mitteilungen auf; schaut sich gern Werbung an, und deshalb ist es ihr egal, ob sie beeinflusst wird; ist der Preis eines Produktes egal, wenn die Werbung es geschafft hat, sie für das Produkt zu interessieren

Rudi: sind Manipulationen in der Werbung egal, weil er sich nicht manipulieren lässt

6 Hör gut zu!, p. 161

FRAU W. Frau Gruber, haben Sie schon das neue Müsli probiert?
FRAU G. Welches meinen Sie denn, Frau Winter? Das von RITTERMANN mit den extra vielen Rosinen?

FRAU W. Ja, genau! Ich kaufe es jetzt immer, weil es neben den Rosinen auch noch vier verschiedene Sorten Trockenobst und viele Ballaststoffe hat. Ein richtig gesundes Müsli, sag ich Ihnen!

FRAU G. Es schmeckt halt viel besser als die anderen Sorten. Meinen Sie nicht auch, Herr Köhler?

HERR K. Hm ... haben Sie schon gesehen, wie viel es kostet?

FRAU W. 6 Mark 95 ist doch nicht so viel, wenn die Qualität wesentlich besser ist.

HERR K. Ich finde, das ist zu teuer für eine Packung Müsli. Da bleibe ich lieber bei meiner alten Marke.

FRAU G. Übrigens, haben Sie schon gesehen? Orangensaft ist diese Woche im Sonderangebot! Ich nehm mir gleich einen ganzen Kasten mit!

FRAU W. Welchen meinen Sie denn, Frau Gruber, den aus Orangensaftkonzentrat oder den frisch gepressten?

FRAU G. Den frisch gepressten, natürlich. Von ORANSINA!

HERR K. Ja, der ist ausgezeichnet! Davon werde ich mir auch gleich mehrere Flaschen mitnehmen.

FRAU W. So, ich muss mal auf meine Einkaufsliste schauen! Ach, beinahe hätte ich den Kaffee vergessen!

FRAU G. Welchen nehmen Sie denn, Frau Winter?

FRAU W. Also, meine Familie mag nur den koffeinfreien von MOKKAROMA. Der ist am mildesten.

FRAU G Ach, dann kaufen Sie also immer nur die eine Sorte?

FRAU W. Ja genau! Sie denn nicht, Frau Gruber?

FRAU G. Nein, ich kaufe jedes Mal eine andere Marke. Dann haben wir im Geschmack mehr Abwechslung.

HERR K. Ja, da stimme ich Ihnen zu. Beim Kaffee unterscheidet sich das Aroma sehr zwischen den verschiedenen Sorten. Ich probiere auch immer wieder andere Marken aus.

FRAU W. So, was brauch ich noch? Ach, fast hätte ich das Waschpulver vergessen. Oh, ÖKOWEISS gibt's jetzt auch als Konzentrat in der Nachfüllpackung! Wie praktisch!

FRAU G. Haben Sie schon mal BLITZWASCH ausprobiert, Frau Winter? Da wird die Wäsche strahlend weiß und duftig! Hier, schauen Sie mal! Ich hab mir gerade die 7,5-Kilo-Packung in den Einkaufswagen gelegt.

FRAU W. Ja, aber leider ist BLITZWASCH nicht biologisch abbaubar! Ich nehme lieber das umweltfreundliche ÖKOWEISS.

FRAU G. Tja, aber leider wäscht es die Flecken nicht so gut raus wie BLITZWASCH. BLITZWASCH hat eben eine stärkere Waschkraft.

FRAU W. Ach du liebe Zeit, es ist ja schon fast halb zwölf. Ich muss schnell heim. Auf Wiedersehen, Herr Köhler! Tschüs, Frau Gruber!

HERR K. Tschüs!

FRAU G. Schönen Tag noch, Frau Winter!

Answers to Activity 6

Frau Winter kauft: Müsli von RITTERMANN, weil es gesund ist; Kaffee von MOKKAROMA, weil er am mildesten ist; ÖKOWEISS-Waschpulver, weil es umweltfreundlich ist

Frau Gruber kauft: Müsli von RITTERMANN, weil es besser schmeckt; Orangensaft von ORANSINA, weil er im Angebot ist; immer andere Kaffeesorten, um mehr Abwechslung im Geschmack zu haben; BLITZWASCH-Waschpulver, weil es eine stärkere Waschkraft hat

Herr Köhler kauft: seine alte Müslimarke, weil sie billiger ist; Orangensaft von ORANSINA, weil er im Angebot ist; immer andere Kaffeesorten, um mehr Abwechslung im Geschmack zu haben

10 Hör gut zu!, p. 163

1. KATZENSCHMAUS, aus reinem Fleisch und hochwertigen Vitaminen! Lässt Ihre Katze garantiert zum Feinschmecker werden!
2. Sehen, was man fühlt: Die einzigartige, neue Pflege von BIOWASCH, damit Ihre neuen Kleidungsstücke auch nach der Wäsche noch wie neu aussehen!
3. Natur pur: Sahnig-fein, cremig-schmelzend! Keine Butter ist besser im Geschmack als DEUTSCHE MARKENBUTTER!
4. Schützen Sie die Zukunft Ihres Haares mit dem Pflegeshampoo von LAREOL! Verwöhnen Sie Ihr Haar mit seidigem Glanz! Erleben Sie die neue Spannkraft in Ihrem Haar! Fühlen Sie die geschmeidige Fülle! Nur mit LAREOL!
5. Für den dynamischen, sportlichen Typ: Der neue AQUARIUS! Ein Wagen, der Sie nie im Stich lässt.

Answers to Activity 10

1. e; 2. b; 3. c; 4. d; 5. a

17 Hör gut zu!, p. 168

ANDREA He, Leute, habt ihr gute Werbespots aus den Zeitungen gesammelt? Okay. Dann lasst mal sehen!

THOMAS Ich habe eine Werbung von einem Fitnessstudio gefunden, die ich ganz super fand. Schaut mal! Eine hübsche, schlanke Frau im Bodysuit und ein muskulöser Mann daneben. Darunter steht ein Slogan, mit dem das Fitnessstudio die Vorteile eines gut trainierten Körpers anpreist.

UTE Mensch, Thomas, das ist ja ekelhaft! Meint ihr nicht, dass dieses Fitnessstudio ganz einfach versucht, die Leute zu beeinflussen?

ACHIM Na klar, Ute! Das ist doch der Sinn der ganzen Sache! Wenn Leute diese superathletischen Körper in den Zeitungen sehen, dann fühlen sie sich angesprochen und wollen auch so aussehen. Ich finde diese Werbung klasse!

ANDREA Eben! Achim hat Recht!

UTE Ich mag diese Art von Werbung gar nicht, bei der versucht wird, den Leuten etwas vorzumachen, was eigentlich sehr unrealistisch ist.

ACHIM Ute, selbst wenn die Werbung etwas unrealistisch ist, appelliert sie doch an die Sportmuffel, mal endlich was für ihre Gesundheit zu tun.

UTE Na gut!

ANDREA Ich habe eine Anzeige für ein Blumengeschäft gefunden. Wie findet ihr die?

ACHIM Mensch, Andrea! So 'was Langweiliges! Wer kauft sich schon Blumen?

THOMAS Viele Leute mögen Blumen.

UTE Ich stimme ganz mit dir überein, Thomas.

ACHIM Wir suchen doch nach einem Werbespot, der die Schüler anspricht, oder?

ANDREA Achim hat Recht. Blumen sind wahrscheinlich nicht so geeignet dafür.

UTE Aber hier ist ein toller Werbespot von einem Fahrradhändler. Der bietet Mountainbikes an.

THOMAS Na ja, Ute. Ich weiß nicht so recht! Heutzutage haben die meisten Schüler doch ein Mofa.

ACHIM Das stimmt doch gar nicht, Thomas! Die meisten Schüler und Studenten besitzen eher ein Fahrrad als ein Mofa.

UTE Das meine ich auch. Es gibt wahnsinnig viele Schüler, die mit dem Fahrrad zur Schule kommen, und deshalb finde ich den Werbespot auch besonders geeignet.

ACHIM Ja, also ich bin dafür, dass wir ihn nehmen.

UTE Hier ist noch eine gute Reklame vom Buchladen am Stadtbad.

ACHIM Ach, diese Werbung eignet sich doch gar nicht für unsere Schülerzeitung! Bücher erinnern die Schüler nur ans Lernen! Wir sollten eine Werbung nehmen, die in erster Linie Spaß suggeriert!

ANDREA Das ist eine gute Idee, Achim! Woran genau denkst du da?

ACHIM Wie wär's denn mit einer Reklame vom neuen Freizeitpark in Hermeskeil?

THOMAS Dafür interessieren sich die Schüler bestimmt!

UTE Das glaub ich auch!

ACHIM Na prima! Dann hätten wir ja genügend Werbespots für die Schülerzeitung.

Answers to Activity 17

Achims Meinungen werden am meisten akzeptiert.

22 Hör gut zu!, p. 170

CHRISTIAN Du, Sebastian, ich finde, dass der Werbespruch: "Weil Ihre Helden ganze Arbeit leisten" ein Versuch ist, die Konsumenten zu beeinflussen!

SEBASTIAN Das mag schon sein. Doch es scheint nicht der Fall zu sein, dass diese Werbung versucht, unsere Gefühle auszunutzen. Was meinst du, Lisa?

LISA Ich meine, es sieht so aus, als ob in der Cowboywerbung und in diesem Werbespruch viele verborgene Mitteilungen stecken. Erstens will die Werbung sagen, wenn Ihr Kind diese Schokomilch trinkt, wird es sich gesund und kräftig entwickeln. Zweitens zeigt sie den Kindern, dass sie richtige Draufgänger sein können und das nur, wenn sie regelmäßig SCHOKO-SAM trinken. So ganz nach dem Motto: "Wenn ich SCHOKO-SAM trinke, bin ich auch ein Held".

CHRISTIAN Du meinst also, dass der Werbespruch etwas verspricht, was in Wirklichkeit nicht stimmt.

LISA Genau!

CHRISTIAN Das scheint mir auch so!

SEBASTIAN Und ich finde, dass Mädchen mit dieser Werbung überhaupt nicht angesprochen werden! Hier wird ganz eindeutig nur der kleine Junge als Held gezeigt.

CHRISTIAN Hm. Da bin ich mir nicht so sicher. Das würde ich nämlich nicht so eng sehen, Sebastian! Meine Schwester, zum Beispiel, mag diese Werbung sehr gern.

LISA Eben! Ich wäre mir da auch nicht so sicher! Meine kleinen Kusinen imitieren den Cowboy immer, wenn sie diese Werbung im Fernseben sehen oder wenn sie SCHOKO-SAM trinken.

SEBASTIAN Aber darum geht es ja gerade! Hier werden doch ganz eindeutig die Gefühle der Eltern ausgenutzt, weil sie das Zeug wirklich für ihre Kinder kaufen. Und die Gefühle der Kinder werden ebenfalls ausgenutzt, weil sie wie Helden sein wollen.

CHRISTIAN Das mag schon sein, Sebastian. Du kannst aber von Kindern nicht erwarten, dass sie die Werbesprüche im Fernsehen bereits analysieren können.

SEBASTIAN Ja, aber ich finde, die Eltern lassen sich auch von der Werbung beeinflussen.

LISA Kann schon sein! Aber ich glaube, dass es genügend Eltern gibt, die sich für ein Produkt aus vernünftigeren Gründen entscheiden, und sich nicht nur an der Werbung orientieren.

SEBASTIAN Ich finde es außerdem auch unmoralisch, Kinder in der Werbung zu benutzen. Ich bin total dagegen!

CHRISTIAN Hm. Damit hab ich kein Problem.

LISA Ja. Mich stört es eigentlich auch nicht, wenn Kinder in Werbespots mitmachen.

Answers to Activity 22

Konsumenten werden beeinflusst: Christian ist überzeugt, dass er Recht hat; Sebastian und Lisa sind nicht sicher.

Gefühle werden ausgenutzt: Christian ist nicht sicher; Sebastian ist überzeugt, dass er Recht hat.

Werbung enthält verborgene Mitteilungen: Christian und Lisa sind überzeugt, dass sie Recht haben.

Mädchen werden mit dieser Werbung nicht angesprochen: Christian und Lisa sind nicht sicher; Sebastian ist überzeugt, dass er Recht hat.

Kinder in Werbung: Sebastian ist dagegen.

Anwendung

Activity 2, p. 177

1. POP-TEEN, die moderne Zeitschrift für junge Leute. Immer informiert, immer auf dem neuesten Stand! POP-TEEN hat die heißesten Interviews, die größten Hits und die “coolsten” Tips zu allem, was Teenager der neunziger Jahre interessiert. Die neueste Ausgabe ist wieder voll gepackt mit Berichten über die größten Stars der Musikszene, mit einer exklusiven Fotoreportage über Madonna und mit der aktuellen Top-Ten Hitliste. Holt sie euch, die neue POP-TEEN.
2. SPORT-AKTIV, das neue Fachgeschäft für Sportbekleidung und Sportausstattung bietet Ihnen eine riesige Auswahl an allem, was das Sportlerherz begehrt. Diese Woche ganz groß im Angebot: Tenniskleidung und Tennisschuhe von führenden Markenherstellern; dazu Stirnbänder mit feschem Design. Kommen Sie, und sehen Sie sich auch unsere enorme Auswahl an Tennisschlägern an! Bei SPORT-AKTIV gibt's garantiert für jeden etwas. Machen Sie auch mit bei unserer Verlosung! Gewinnen Sie eine Reise für zwei Personen nach Wimbledon! Sehen Sie ihre Stars live! Teilnahmebedingung: Kauf einen unserer Tennisartikel im Angebot. Lassen Sie sich diese Chance nicht entgehen! Kommen Sie noch heute zu SPORT-AKTIV!
3. Auch im Alter fit und aktiv mit BIOPUR. Eine spezielle Mischung aus essentiellen Vitalstoffen erhält Ihnen Gesundheit und jugendliche Frische. Konzentrierte, energiespendende Vitamine in BIOPUR helfen Ihnen, den Körper zu regenerieren und das Immunsystem zu stärken. Entdecken Sie die Welt mit neuem Schwung! Werden Sie wieder aktiv! BIOPUR macht einen neuen Menschen aus Ihnen.
4. Treffen Sie die richtige Entscheidung im Leben Ihres Kindes: Kaufen Sie BABYPLUS! Diese einzigartige Baby- und Kleinkindnahrung ist angereichert mit lebenswichtigen Vitaminen und Mineralstoffen, die Ihr Kind für eine gesunde und kräftige Entwicklung braucht. BABYPLUS gibt es in zehn verschiedenen Geschmacksrichtungen. Babys, Mütter und Väter lieben BABYPLUS!
5. Eine große Auswahl an lässiger, moderner Kleidung für junge Leute jetzt bei TOP-MODEN in der Innenstadt. TOP-MODEN hat alles, worauf es ankommt: schicke Hemden und Blusen aus reiner Baumwolle in fetzigen Farben; die neuesten Designerjeans von bester Qualität; modische Lederjacken in den aktuellen Trendfarben, und vieles mehr. Die feschesten Outfits für junge Leute, nur bei TOP-MODEN in der Innenstadt!

Answers to Activity 2

1. b; 2. e; 3. d; 4. a; 5. c

Additional Listening Activity 7-1, p. 55

THOMAS Na, Robert, hast du dich endlich entschieden? Was für ein Auto wird's denn werden, he? Willst du immer noch den Tiger kaufen?

ROBERT Mensch, Thomas, das ist doch eine echt einfache Sache — der neue Tiger ist total super, den muss ich unbedingt haben!

THOMAS Hm, die Werbung für den Wagen spricht auch mich an. Starker Motor, Breitreifen, der sportliche Look, genau das richtige Image für uns!

ROBERT Na klar! Der Wagen ist genau das, was in der Fernsehwerbung gezeigt wird: Das Freiheitsgefühl, einfach auf der Straße allen davonzufahren. Es muss super sein, in dem Wagen zu fahren, zu zweit auf der Straße, auf einer abenteuerlichen Spritztour ...

THOMAS Hm, nun mal langsam, Robert! Vielleicht hat dich die Werbung etwas zu stark beeinflusst ... Der Tiger ist schon ein gutes Auto, aber er kostet 'ne Menge Geld und ist eigentlich, wie alle anderen Autos auch, halt nur ein Fortbewegungsmittel mit vier Rädern und zwei Türen!

ROBERT Du, was ist denn mit dir los? ... Für Autos muss man sich begeistern! Durch den Wagen zeige ich anderen Leuten, wer ich bin und wofür ich stehe. Hast du etwa was dagegen, dass ich mir den neuen Tiger kaufe?

THOMAS Ach Quatsch! Wieso denn? Ich fahre doch selbst einen alten Tiger! Mir ist halt aufgefallen, wie sehr wir uns von der Werbung beeinflussen lassen. Denk mal daran: Wenn du dir ein gebrauchtes Auto kaufst, kannst du den Rest des Geldes für eine Reise in Europa ausgeben!

ROBERT Nee, kommt überhaupt nicht in Frage! Erinnere dich doch nochmal an die Werbung! Da zeigen die doch die hübsche Blondine von der Fernsehserie „Reich und Verkommen". Die macht die Tür von dem Tiger für den Fahrer auf! Hast du dir etwa nicht vorgestellt, wie du dich dann in den Wagen reinsetzt und losfährst? Allein die Vorstellung — total Spitze!

THOMAS Hm ... daran habe ich eigentlich noch nicht gedacht ... Weißt du was? Lass uns doch zum Händler fahren, und dann machen wir eine Probefahrt mit dem neuen Tiger. Aber sei vorsichtig! Lass dich bloß nicht von dem Verkäufer bequatschen!

ROBERT Ach was! Das passiert mir doch nicht ... Ich weiß über den Tiger besser Bescheid als alle anderen.

Additional Listening Activity 7-2 p. 55

UTE Tag, Bea! Wie geht's?

BEA Ach, Ute, ich rege mich total über meine ältere Schwester auf ...

UTE Wieso denn? Ich finde die eigentlich echt in Ordnung!

BEA Ich kann's immer noch kaum glauben! Jetzt ist sie schon fast zwanzig und fängt mit der Raucherei an!

UTE Das überrascht mich — sie ist eigentlich zu alt, um das Rauchen anzufangen.

BEA Hm, wie meinst du das?

UTE Nun, es gibt eine Menge Studien, welche belegen, dass die Zigarettenwerbung für Teenager ausgelegt ist. Das bedeutet, dass Leute in unserem Alter die Zielgruppe der Werbung bilden und nicht Leute, die schon zwanzig oder älter sind.

BEA Ja, sowas Ähnliches habe ich auch schon in einer Zeitschrift gelesen. Das ist ja wohl die Höhe! Wie können die nur so was tun?

UTE Ach, die wollen doch nur Geld verdienen. Die wissen genau: Alle wollen einmal das Rauchen probieren, aber keiner möchte Raucher werden. Nun ist es halt so, dass junge Leute mehr ausprobieren als ältere ...

BEA Und deswegen konzentriert sich die Werbung auf junge Leute, damit sie die entsprechenden Marken ausprobieren.

UTE Klar! Die Zigarettenfirmen tun alles Mögliche, um mit der Werbung an junge Leute heranzukommen, denn wenn sie es nicht tun, dann tut es die Konkurrenz ...

BEA Ja, wenn sie keine Werbung mehr machen dürfte, würden sie dann ihre Kunden, also den Marktanteil verlieren!

UTE Nun, Werbung hat oft seine Vorteile, aber in diesem Fall kann man eigentlich nicht von irgendwelchen Vorteilen sprechen.

BEA Tja, so werden wir alle in Versuchung geführt, und jeder probiert es selbst aus. Das ist genau, was die Werbung bezweckt! Zu blöd, dass meine Schwester darauf reingefallen ist!

UTE Wir sollten deiner Schwester irgendwie helfen! Das muss doch möglich sein.

BEA Du kennst sie doch, sie ist die älteste von uns Geschwistern und ein typischer Dickschädel. Sie muss es halt selbst lernen.

Additional Listening Activity 7-3, p. 56

THEO Fünf Kätzchen zu verschenken! Wir haben überall Flugblätter aufgehängt und keinen einzigen Anruf erhalten. Was sollen wir bloß mit den Kätzchen machen?

KATRIN Wir müssen unbedingt etwas unternehmen! Wir brauchen Leute, die den Kätzchen ein schönes Zuhause bieten können. Wo sollen wir sie nur finden?

THEO Ich hab's! Wir geben eine Annonce in der Zeitung auf!

KATRIN Hm, gute Idee. Eine ganze Menge Leute lesen die Zeitung am Wochenende; vielleicht finden wir ein paar Leute mit Interesse ...

THEO Katrin, mein Kumpel hat mir gesagt, es kommt darauf an, wie man den Leser anspricht.

KATRIN Ach, jetzt sollen wir auch noch extra einen Werbeslogan für Kätzchen erfinden.

THEO Warum nicht? Wir wissen ja, was wir wollen! Die Kätzchen müssen ein schönes Zuhause finden!

KATRIN Wie wär's denn mit: Ein Kätzchen im Haus vertreibt die Maus.

THEO Ach so ein Unsinn, mit so einem Spruch kannst du vielleicht einen Rentner begeistern, aber die haben doch alle die Zuchttiere, persische, siamesische Katzen und so.

KATRIN Eh, war doch nur ein Vorschlag! Wenn du so viel von Werbung verstehst, dann bastle doch selbst einen Werbeslogan zusammen.

THEO Tja, so einfach ist das wirklich nicht. Wie wär's denn mit: „Super süße Kätzchen zu verschenken — mit Garantie! Wenn Sie nach drei Wochen nicht zufrieden sind, nehmen wir das Kätzchen mit Dank zurück!"

KATRIN Das gefällt mir! Wir können uns die richtigen Leute aussuchen, und wenn einer mal 'ne kleine Katze hat, gibt er sie nicht mehr her. So werden wir alle unseren Kätzchen los!

THEO Genau! Das habe ich damit gemeint. Jetzt müssen wir nur noch die Annonce aufgeben.

KATRIN Lass mich mal machen! Ich rufe die noch heute Nachmittag bei der Anzeigenabteilung im Stadtkurier an.

Additional Listening Activity 7-4, pp. 56–57

CORNELIA Es ist doch nicht zu fassen! Schon wieder Werbeplakate, die die ganze Landschaft verderben!

GABI Ach wieso, Cornelia! Ich find die oft ganz unterhaltend. Ich möchte auch immer wissen, ob es was Neues gibt, und dafür sind doch die Werbeplakate genau das Richtige.

CORNELIA Für mich aber nicht! Die meiste Werbung zeigt doch immer das Gleiche. Hier, schau mal! Jedes dritte Plakat ist Werbung für Popsi, diese neue Kirschlimo! — Die kennt doch jeder schon!

GABI Hm, diese Werbung finde ich gerade besonders gut. Fesche, gut aussehende junge Leute! Die Werbung von der Limo ist doch total super!

CORNELIA Ja, und was hat das bitte mit dem Geschmack von Popsi zu tun? Den siehst du doch auf dem Plakat nicht! Vielleicht schmeckt das Zeug gar nicht!

GABI Ach, da gibt's dann natürlich den Vergleichstest, aber der ist im Fernsehen.

CORNELIA Ich meine ja nur, dass ich es schöner fände, wenn es weniger Plakate und mehr Wald geben würde.

GABI Na, dann fahr doch in den Wald und nicht nach Köln in die Stadt! Ich finde die Werbung interessant und identifiziere mich gern mit den Leuten, die für das Produkt Werbung machen. Wenn ich mir was kaufe, spielt es eine große Rolle, ob ich die Werbung toll finde oder nicht.

CORNELIA Wie redest du denn daher? Soll das im Klartext heißen, dass du zum Beispiel Popsi nicht nur kaufst, weil sie dir toll schmeckt, sondern weil du von der Werbung fasziniert bist?

GABI Na klar, ich glaube, das machen doch viele so!

CORNELIA Alle Achtung, sowas würde ich nicht gern zugeben.

GABI Weißt du, Cornelia, du siehst das alles viel zu eng. Immer locker bleiben.

CORNELIA Also, mir ist jetzt die Kehle trocken vom vielen Reden. Ich muss mir jetzt erst mal Sprudelwasser besorgen, sobald wir aussteigen.
GABI Und ich hole mir eine Popsi!

Additional Listening Activity 7-5, pp. 57–58

GÜNTHER Also, Werbung nützt einer Firma fast immer. Als Betrieb informiert man sich, wie viel man ungefähr für Werbung ausgeben soll.
DAGMAR Klar, das Wichtigste ist, dass der Betrieb einen größeren Profit dadurch macht, und die Kunden werden überzeugt, nur dieses Produkt zu kaufen. Das heißt, man muss die Werbung also richtig originell machen, sonst kaufen die Kunden ein anderes Produkt.
GÜNTHER Klar! Originalität ist sehr wichtig! Ich kann mich an eine Getränkefirma erinnern, die neulich eine neue Cola eingeführt hat. Die haben aber am Anfang einen sehr großen Fehler gemacht!
DAGMAR Na, und was ist passiert?
GÜNTHER Also, diese Colawerbung war fast dieselbe, wie die Werbung von einer anderen Colafirma. Nur der Name des Produkts war natürlich anders. Das dauerte ungefähr einen Monat, bis sie endlich eine neue Werbekampagne gestartet haben. Kennst du die Marke Popsi?
DAGMAR Ja, natürlich. Fast derselbe Geschmack wie Safti. Ist die Popsi-Firma die, die am Anfang einen Fehler gemacht hat?
GÜNTHER Ja, genau! Kennst du die neuste Popsi-Werbekampagne?
DAGMAR Na, klar! Diese Werbung sieht man überall, im Fernsehen, in Zeitschriften, usw. Diese Werbung, die sie im Fernsehen laufen lassen, kennt bestimmt jeder, weil sie wirklich unterhaltend ist. Ich kann mich kaum noch an die erste Werbekampagne von Popsi erinnern.
GÜNTHER Ja, und was trinkst du lieber, Safti oder Popsi?
DAGMAR Popsi, eigentlich.
GÜNTHER Wieso? Vorher hast du immer Safti getrunken.
DAGMAR Na, aber jetzt schmeckt mir eben Popsi besser als Safti!
GÜNTHER Wirklich? Ich bin der Meinung, dass du dich von der neuen Werbekampagne beeinflussen lässt!

Additional Listening Activity 7-6 p. 58

TRUDI Na, Dieter, heute mal ganz in Weiß?
DIETER Tja, da kann man nichts machen. Ich hab neulich mein Basketball-Outfit auf dem Platz angehabt. Es ist blau und weiß. Der Trainer hat das bemerkt und war wirklich böse auf mich. Er hat mich sogar gewarnt, dass ich nur die Farbe vom Club tragen darf, auch wenn ich beim Training bin.
TRUDI Ach, das ist wirklich schade! Immer dieses ewige Weiß! Und immer nur die gleichen Marken tragen?
DIETER Natürlich, hier trägt man nur, wofür in den großen Turnieren geworben wird. So unterstützen wir die Tennisprofis!
TRUDI Warum machen wir das nur? Wir wirken doch völlig uniformiert mit all diesen Markenartikeln. Man kann sich im Club kaum trauen, was anderes zu tragen, sonst merken der Trainer oder die anderen Mitglieder des Clubs das sofort. Hier muss man immer mitmachen. Mitmachen heißt auch, dieselben Klamotten zu tragen!
DIETER Ja, genau! Das ist mir auch schon in der Schule passiert. Man soll nur Markenklamotten tragen. Wenn man es nicht tut, heißt es dann, man hätte nicht genügend Geld, um sich die entsprechende Kleidung zu kaufen.
TRUDI Ja, Markenprodukte sind nun mal wahnsinnig teuer. Dabei gibt es genug Klamotten, die eine gute Qualität haben, aber keine Designermarke haben.
DIETER Ja, find ich auch. Außerdem kann man doch seinen eigenen Stil entwickeln, ohne diese Markenklamotten. Aber manchmal scheint es, als ob man ohne Markenprodukte nichts erreicht!
TRUDI Dabei ist das wirklich Quatsch! Ein guter Spieler gewinnt nicht nur, weil er Markenklamotten trägt. Er muss auch Talent haben, oder? Da sind Klamotten doch wohl Nebensache!
DIETER Da hast du Recht.

Answers to Additional Listening Activities

Additional Listening Activity 7-1, p. 55

	Thomas	Robert
will sich einen Tiger kaufen	ja	nein
hat schon einen Tiger	nein	ja
findet Tiger-Werbung toll	ja	nein
ist ein großer Autofan	ja	nein
schlägt vor, zum Autohändler zu gehen	nein	ja

Additional Listening Activity 7-2, p. 55

1. stimmt
2. stimmt
3. stimmt nicht
4. stimmt
5. stimmt
6. stimmt
7. stimmt nicht
8. stimmt
9. stimmt

Additional Listening Activity 7-3, p. 56

1. stimmt
2. stimmt nicht
3. stimmt
4. stimmt
5. stimmt nicht
6. stimmt
7. stimmt

Additional Listening Activity 7-4, pp. 56–57

1. c
2. a
3. c
4. d
5. a
6. c

Additional Listening Activity 7-5, pp. 57–58

Answers will vary.

Additional Listening Activity 7-6, p. 58

1. weil er Blau und Weiß trug, anstatt der Farbe vom Club. Beim Training darf er keine anderen Farben tragen. Er darf nur Weiß tragen.
2. Sie müssen die Sachen tragen, für die in den Turnieren geworben wird.
3. damit man die Tennisprofis unterstützt
4. Wenn man in der Schule nicht die richtigen Klamotten anhat, glauben die anderen, man hätte nicht genug Geld, Markenklamotten zu kaufen.
5. Trägst du lieber Markenklamotten? Warum oder warum nicht?

LISTENING ACTIVITIES • SCRIPTS & ANSWERS

Erste Stufe

2 Hör gut zu!, p. 184

Also, ich bin gerade vor zweieinhalb Wochen aus den Vereinigten Staaten zurückgekommen. Wir haben von der Schule aus ein Austauschprogramm mit einer Schule in der Nähe von Dallas gemacht. Wir waren sechs Monate lang da und haben bei Familien mit Jugendlichen in unserem Alter gewohnt. Ich war vorher noch nie in Amerika, und ich hatte eigentlich keine Ahnung, was mich erwartete. In Deutschland denken viele, dass die Amerikaner alle nur Fastfood essen. Das stimmt eigentlich gar nicht. Das war sogar die eine Sache, die mir in Amerika am besten gefallen hat. Ich war echt erstaunt, aber das Essen dort hat mir phantastisch geschmeckt. Meine Gastmutter hat eigentlich jeden Abend gekocht, und es gab oft mexikanisches Essen, und sogar ein- oder zweimal ein chinesisches Gericht. Wir sind auch öfters zum Essen ausgegangen, und die Gerichte in den Restaurants waren eigentlich immer frisch und sehr lecker. Eine andere Sache, die mir gefallen hat, war, dass die Amerikaner immer sehr hilfreich waren. Sie haben mich gleich akzeptiert und haben mir alles gezeigt. Die Gastfreundschaft der Amerikaner hat mich wirklich begeistert. Auch in der Schule waren alle viel offener als hier in Deutschland. Andererseits muss ich sagen, dass die Amerikaner eigentlich wenig über andere Länder wissen. Im Radio hört man nur selten Nachrichten, und auch die Zeitungen bringen meistens nur Lokalnachrichten. Das fand ich schade. Ich war auch ziemlich enttäuscht, dass es in Amerika viele Probleme mit Rassismus und Vorurteilen gegenüber Minoritäten gibt. Das hat mir dort nicht so gefallen, dass auch die Wohnviertel sehr getrennt sind. Was mir aber absolut super gefallen hat, war das warme, trockene Wetter dort. Seitdem ich wieder in Deutschland bin, regnet es nur. Ich bin aber trotzdem froh, dass ich wieder hier bin. Hier kann ich überall mit dem Fahrrad hinfahren. In Amerika benutzt man eigentlich immer nur das Auto. Die Leute laufen fast nie irgendwo hin, auch wenn es nicht sehr weit ist. Das hat mich irgendwie unheimlich gestört. Außerdem glaube ich, dass wir doch ein wenig vorsichtiger mit unserer Umwelt umgehen. Nicht sehr viele Amerikaner sortieren ihren Müll, und Verpackungen kann man dort auch nicht in den Supermarkten lassen. Außerdem wird viel Plastikgeschirr benutzt, das dann natürlich einfach weggeworfen wird. Da finde ich es schon wesentlich besser, wie wir das hier in Deutschland machen. Insgesamt würde ich sagen, das jeder Schüler mal einen solchen Austausch machen sollte. Ich habe auf jeden Fall viel dazugelernt.

Answers to Activity 2

Gut: z.B.: Essen hat geschmeckt; Amerikaner sind hilfreich und gastfreundschaftlich; sind offener in der Schule; warmes Wetter

Nicht gut: z.B.: Amerikaner wissen wenig über andere Länder; Medien bringen meistens Lokalnachrichten; Probleme mit Rassismus und Vorurteilen; überall mit dem Auto hinfahren; Amerikaner sind nicht so umweltbewusst

5 Hör gut zu!, p. 185

ELKE Ich würde gern auch mal von euch hören, was euch bei dem Austausch in Amerika am meisten gefallen hat, und auch, was euch eigentlich eher gestört hat. Gibt es zum Beispiel auch Sachen, die euch überrascht oder enttäuscht haben?

HEIDI Tja, also Elke, ich war sehr überrascht, wie hilfsbereit und offen die Leute zu mir waren. Ich dachte, dass es bestimmt Vorurteile gegenüber Ausländern dort gibt. Aber die Leute haben mich sofort akzeptiert und waren sehr nett.

FRANZ Ja, da stimme ich dir schon zu, Heidi, aber irgendwie hat es mich gestört, dass die vielen Einladungen, die wir bekommen haben, nicht immer ernst gemeint waren. Freundlich sind die Amerikaner schon, aber es scheint manchmal ein bisschen oberflächlich.

ELKE Meinst du, Franz? Also, ich finde das nicht! Was mich mehr gestört hat, war, dass wir eigentlich nie irgendwo zu Fuß hingegangen sind. Wir sind überall mit dem Auto hingefahren.

HEIDI Ja, ich war auch ein bisschen enttäuscht, dass meine Familie überhaupt kein Interesse am Fahrradfahren oder am Zelten hatte.

FRANZ Also, Heidi, ich muss sagen, da war ich eigentlich überrascht. Meine Familie hat viel draußen gemacht. Wir sind fast jedes Wochenende wandern und angeln gewesen. Das fand ich echt toll.

ELKE Also, ich war überrascht, wie gut das Essen dort war. Meine Vorstellung von Amerika war, dass alle Leute dort nur Fastfood essen. Aber das stimmt überhaupt nicht. Meine Gastmutter hat immer gekocht, und auch in den Restaurants war das Essen lecker.

HEIDI Das stimmt schon, Elke. Aber in den Restaurants hat es mich immer gestört, dass die Portionen viel zu groß waren. Ich konnte immer nur die Hälfte essen, und alles andere wird weggeworfen. Das finde ich wirklich schlimm.

FRANZ Also, am meisten war ich eigentlich enttäuscht, wie wenig manche Amerikaner wirtschaftlich oder politisch über Deutschland informiert sind. Die einzigen Sachen, die sie mit Deutschland in Verbindung bringen, sind Sauerkraut, Autobahnen und das Oktoberfest.

ELKE Das stimmt aber auch nicht immer, Franz. Also, meine Gastfamilie war vor zwei Jahren in Europa im Urlaub, und sie wussten eigentlich viel über Deutschland!

FRANZ Na ja! Ausnahmen gibt es halt immer.

Answers to Activity 5

Elke: Es hat sie gestört, dass man überall mit dem Auto hinfährt und wenig zu Fuß geht. Sie war überrascht, dass es dort gutes Essen gab.

Heidi: Sie war überrascht, dass die Leute hilfsbereit, offen und nett sind. Sie war enttäuscht, dass ihre Familie kein Interesse am Fahrradfahren oder Zelten hatte. Es hat sie gestört, dass die Portionen in den Restaurants zu groß sind.

Franz: Es hat ihn gestört, dass Einladungen oft nicht ernst gemeint sind. Er war überrascht, dass seine Familie viel draußen war zum Wandern und Angeln. Er war enttäuscht, dass manche Amerikaner zu wenig wirtschaftlich und politisch über Deutschland informiert sind.

Zweite Stufe

19 Hör gut zu!, p. 192

1. Also, bevor ich mit unserem Schüleraustausch nach Deutschland gefahren bin, dachte ich immer, dass die Deutschen nicht sehr freundlich sind und alles sehr genau nehmen. Meine Freundin, die einmal in den Ferien in Deutschland war, hatte mir erzählt, dass die Deutschen Hunde gern haben. Das stimmt wirklich! Meine Gastfamilie hatte zwei Hunde, einen Schäferhund und einen Dackel. Die dürfen überall mitfahren. Die Deutschen, die ich kennen gelernt habe, sind sehr hundelieb.
2. Ich dachte immer, dass wir hier in Amerika sehr viel sportlicher sind als die Deutschen. Ich hatte mir vorgestellt, dass viele Deutsche sehr unsportlich sind. Jetzt weiß ich, dass das nicht stimmt. Meine Gastfamilie achtet sehr darauf, sich in der Freizeit sportlich zu betätigen. Jeden Sonntag nach dem Mittagessen gehen sie spazieren. Wir sind auch oft Wandern und Bergsteigen gewesen. Meine Gasteltern hatten eine kleine Hütte in den Alpen. Dort sind wir drei- oder viermal hingefahren und haben das Wochenende dort verbracht. Wir haben dann von der Hütte aus Tagestouren gemacht.
3. Also, bevor ich nach Deutschland ging, habe ich eigentlich nie viel über die Umwelt nachgedacht. Das war mir alles so ziemlich egal. Da habe ich in Deutschland viel dazugelernt. Die Deutschen achten sehr auf die Umwelt. In meiner Gastfamilie mussten wir den ganzen Abfall sortieren. Glasflaschen kamen in einen Korb, Plastik in einen andern, und das Papier haben wir gestapelt und zusammengebunden. Einmal in der Woche sind wir dann zu den Recycling-Containern gefahren und haben alles getrennt dort reingeworfen. Mit dem Auto sind wir nur gefahren, wenn wir weit weg mussten. Sonst sind wir meistens mit dem Rad oder mit dem Bus gefahren. Das fand ich echt toll, und ich werde jetzt auch hier in Amerika versuchen, mehr auf die Umwelt zu achten.
4. Ich war echt überrascht, als ich nach Deutschland kam. In meiner Gastfamilie ist es ganz anders als bei mir zu Hause. Meine Eltern haben beide einen Beruf und arbeiten sechzig Stunden in der Woche oder mehr. Ich sehe sie fast nie. Wenn wir zusammen essen, dann gehen wir in ein Restaurant. Sonst hole ich mir einfach etwas aus dem Kühlschrank. Meine Gastmutter in Deutschland hat nur am Vormittag gearbeitet. Jeden Abend haben wir alle zusammen gegessen. Sie hat immer ein sehr leckeres Abendessen gekocht. Am Wochenende gab es auch am Nachmittag Kaffee und selbst gebackenen Kuchen. Wir haben alle zusammen draußen im Garten

gesessen und einfach nur geplaudert, manchmal zwei oder drei Stunden lang. Das war wirklich schön. Ich habe viel Deutsch gelernt und die deutsche Gemütlichkeit erlebt.

5. Also, ich bin ein richtiger Fleischfan. Gemüse und Obst, das mag ich nicht so gerne. Ich fand es nicht so gut, dass meine Gastfamilie in Deutschland so viel Gemüse und Obst gegessen hat. Sie waren richtige Fleischmuffel! Ich hatte immer gedacht, dass alle Deutschen jeden Tag Schweinefleisch essen. Das stimmt gar nicht. Einen Braten gab es eigentlich nur am Sonntag. Jeden Morgen gab es Müsli, und dann zum Mittagessen Suppe, Gemüse und Obst. Abends gab es dann belegte Brote und Salat.

Answers to Activity 19

1. d; 2. a; 3. c; 4. b; 5. e

22 Hör gut zu!, p. 193

MANDY Also, ich war noch nie in Deutschland, aber ich stelle mir vor, dass die Deutschen wahnsinnig genau sind und immer nur arbeiten.

JESSE Ja, das kann schon sein, Mandy. Aber ich habe neulich einen Artikel gelesen, wo der Autor sagte, dass das gar nicht stimmt. Ich glaube, dass die Deutschen überhaupt keinen Sinn für Humor haben und immer furchtbar ernst sind. Das sieht man doch auch immer in den Filmen.

HAL Ach komm, Jesse, was du in den Filmen siehst, das stimmt doch gar nicht.

MANDY Mensch, hört doch auf zu streiten, Hal und Jesse! Jeder kann doch seine Meinung haben. Ich, zum Beispiel, vermute, dass viele Deutsche ziemlich dick sind, weil sie immer Schweinefleisch, Wurst und Knödel essen. Das ist doch alles sehr fett.

HAL Ja, da hast du bestimmt Recht, Mandy. Ich nehme an, dass die Deutschen oft in Lederhosen und Dirndln rumlaufen. Das sieht man ja immer auf den Postkarten aus Deutschland.

JESSE Also, ich stelle mir vor, dass die meisten Deutschen sehr arrogant sind.

HAL Ja, genau. Und ich meine auch, dass sie bestimmt unfreundlich sind.

MANDY Also, so schlimm sind sie doch sicherlich nicht. Eigentlich wissen wir doch überhaupt nichts über die Deutschen.

HAL Also, ich glaube schon, dass wir eine Menge über die Deutschen wissen.

MANDY Hm. Da geb ich dir aber nicht Recht, Hal. Ich habe eher den Eindruck, dass dies alles Vorurteile sind.

HAL Hm. Das kann natürlich sein. Eigentlich würde ich ganz gerne mal nach Deutschland, besonders weil die Deutschen alle schnelle Autos fahren. Das muss doch toll sein, mit einem Porsche oder Mercedes auf der Autobahn zu fahren.

MANDY Ja, also ich würde auch gern mal nach Deutschland fliegen. Und du, Jesse?

JESSE Ja, ich auch. Vor allen Dingen möchte ich herausfinden, ob die Deutschen wirklich so viel Bier trinken!

Answers to Activity 22

E.g.: Die Deutschen ... sind genau; arbeiten immer; haben keinen Sinn für Humor; sind ernst; sind dick; essen immer Schweinefleisch, Wurst und Knödel; tragen Lederhosen und Dirndl; sind arrogant; sind unfreundlich; fahren schnelle Autos auf der Autobahn; trinken viel Bier

25 Hör gut zu!, p. 194

CHRISTIAN Hallo, Dorothee! Na, bist du froh, wieder zu Hause zu sein?

DOROTHEE Ja, also eigentlich schon. Es war schön, meine Familie und meinen Hund wiederzusehen. Und du, Christian? Seit wann bist du denn wieder da?

CHRISTIAN Ach, ich bin schon seit einer Woche aus Berlin zurück. Wie war's denn bei dir?

DOROTHEE Also, ich fand es in Deutschland einfach spitze. Ich kann nur jedem empfehlen, den Schüleraustausch mitzumachen. Man lernt wirklich so viel über ein Land, wenn man selbst dorthin fährt. Schau mal, da kommt die Lisa, die war letztes Jahr in Deutschland. Hallo, Lisa!

LISA Hallo, Dorothee! Hallo, Christian! Na, wie geht's euch?

DOROTHEE Wir haben uns gerade über unseren Austausch unterhalten. Christian war in Berlin und ich in München.

LISA Ja, also ich finde, es lohnt sich wirklich, ein Semester lang in Deutschland zu verbringen. Man lernt die Sprache viel schneller.

CHRISTIAN Ja, aber man lernt auch noch andere Sachen!

DOROTHEE Was meinst du denn?

CHRISTIAN Na ja, wirf zum Beispiel bloß nicht alles zusammen in den Abfall! Die Deutschen sind wahnsinnig umweltbewusst.

LISA Ja, das stimmt! Das habe ich auch festgestellt. Meine Familie hat den ganzen Müll sortiert und zum Recycling gebracht.

DOROTHEE Ach ja, und wisst ihr, wovon ich am meisten überrascht war? Ich dachte immer, dass die Deutschen sehr ausländerfeindlich sind, aber das stimmt gar nicht. Verbreite ja keine Klischees oder Vorurteile! Die meisten Deutschen können das überhaupt nicht leiden.

LISA Ja, also meine deutschen Freunde fanden das auch immer ganz schlimm.

CHRISTIAN Habt ihr auch so viel Sport in der Freizeit gemacht wie ich?

LISA Ja, als ich letztes Jahr dort war, habe ich erst richtig entdeckt, wie viel Spaß Fahrradfahren macht!

CHRISTIAN Genau! Ich bin in Deutschland auch überall mit dem Fahrrad hingefahren. Egal, was für ein Wetter es gab. Ich kann nur jedem den Tip geben: bring deine Sportkleidung mit.

DOROTHEE Nicht nur Sportkleidung, Christian! Es lohnt sich auch, warme Kleidung mitzubringen. Ich war mit der Claudia ein paar Mal wandern, und da war es ziemlich kalt.

CHRISTIAN Mein Bruder will nächstes Jahr auch beim Austausch mitmachen. Er hat so richtige Klischeevorstellungen von den Deutschen und wollte von mir wissen, ob das alles stimmt.

LISA Na, also ich würde ihm empfehlen, auf jeden Fall selbst dort hinzufliegen, damit er sich eine eigene Meinung bilden kann und nicht die Klischees von anderen verbreitet!

Answers to Activity 25

Dorothee: Empfehlung: Schüleraustausch mitmachen / Warnung: keine Vorurteile verbreiten; warme Kleidung mitbringen

Christian: Empfehlung: Sportkleidung mitbringen / Warnung: nicht alles zusammen in den Abfall werfen

Lisa: Empfehlung: ein Semester in Deutschland verbringen; selbst hinfliegen und eigene Meinung bilden

Anwendung

Activity 1, p. 200

1. Im Licht der Gastfreundschaft und des gegenseitigen Kennenlernens steht auch diesmal wieder das Austauschprogramm des Marie-Curie-Gymnasiums. Seit Jahren schon bemüht sich dieses Mädchengymnasium um einen regen Austausch mit mehreren Schulen in Chicago, Illinois. Die Mädchen, die die Gelegenheit haben, diese Reise anzutreten, wohnen direkt bei den Gastfamilien, die meistens auch Töchter im gleichen Alter haben. Teil des Programms sind außerdem intensive englische Sprachkurse und mehrere Reisen in verschiedene Gegenden der Vereinigten Staaten.
2. Eine erneute Umfrage des städtischen Arbeitsamtes hat auch für Januar wieder ergeben, dass deutsche Frauen im Gegensatz zu ihren männlichen Kollegen immer noch unterbezahlt sind. Das gilt auch, wenn sie die gleiche Arbeit erledigen. Im Durchschnitt erhalten Frauen für die gleiche Arbeit ungefähr 20% weniger Bezahlung als Männer. Außerdem arbeiten die meisten Frauen immer noch in herkömmlichen Frauenberufen, wie zum Beispiel als Krankenschwester, Sekretärin oder Lehrerin. Nur sehr wenige Frauen arbeiten als selbständige Geschäftsführerinnen. Demnach haben wir anscheinend nur wenig Fortschritt gemacht, was die Gleichberechtigung der Frau am Arbeitsplatz betrifft. Die Verteilung am Arbeitsmarkt ist immer noch sehr traditionell.
3. In der Kaserne haben alle Soldaten die Möglichkeit, ihre Wäsche kostenlos zu waschen. Die meisten Soldaten nehmen aber ihre schmutzige Wäsche am Wochenende mit nach Hause und lassen sie dort von der Mutter waschen. Auch die Anschaffung zusätzlicher Wasch- und Trockenautomaten in der Kaserne hat nichts geändert.
4. Immer wieder kann man in den Nachrichten hören und in den Zeitungen lesen, dass die Menschen in der modernen Gesellschaft immer weniger Kontakte zueinander haben. Familien unternehmen nur noch wenig, sondern sitzen jeden Abend vor dem Fernseher. Viele Menschen, die allein in der Großstadt leben, kennen nicht einmal ihre Nachbarn und haben kaum noch Freunde oder Bekannte. Um dieses wachsende Problem zu bekämpfen, gibt es jetzt einen neuen Freundeskreis, der sich mehrmals in der Woche trifft, um Ausflüge zu machen, zu radeln oder einfach miteinander zu reden. Die Menschen, die sich dort zusammenfinden, sagen, dass unsere Gesellschaft wieder partnerschaftlicher werden muss. "Die Menschen müssen wieder mehr miteinander reden. Technischer Fortschritt kann sehr positiv sein, aber er hat uns kontaktarm gemacht", meint ein Mitglied.

5. Im Altenheim Marienbad haben die Besitzer mit einer neuen Idee ihre Bewohner zu einem aktiveren Lebensstil angeregt. Das Altenheim hat in den letzten Monaten damit begonnen, eine Reihe von Sportveranstaltungen anzubieten. Die Bewohner des Hauses Marienbad bilden jetzt mehrmals im Monat Gruppen, um Tennis zu spielen, zu radeln oder Wanderausflüge zu machen. Auch einen Schwimmkurs gibt es inzwischen. Eine begeisterte Seniorin sagt darüber: "Ich finde das einfach toll. Man ist nie zu alt, um irgendeine Art von Sport zu treiben. Seit ich Tennisunterricht nehme, fühle ich mich viel besser, und ich habe auch viele andere Bewohner aus Marienbad näher kennen gelernt."

Answers to Activity 1

Meldung 1: Amerika für junge Mädchen
Meldung 2: Jobs — immer noch nach traditioneller Manier
Meldung 3: Ohne Mutter geht es nicht
Meldung 4: Ein partnerschaftlicheres Leben im Kommen
Meldung 5: Wie alt ist zu alt?

Additional Listening Activity 8-1, p. 63

INA Ich finde, die Amerikaner sind cool.
MAX Wieso sagst du das, Ina? Weil sie immer Kaugummi kauen?
UTE Ach, Max—das ist wohl ein typisches Klischee.
INA Nee, ich denk, die Amerikaner sind eben locker, das meine ich mit cool. Die sind auch nicht so künstlich, zumindestens nicht die Jugendlichen, finde ich. Was meinst du, Ute?
UTE Was mir aufgefallen ist, als ich in den Vereinigten Staaten war, ist, dass die meisten sehr lässige Kleidung tragen.
INA Genau, und überhaupt, das Leben ist wohl da nicht so stressig, auch der Unterricht in der Schule ist lockerer, was man so hört.
UTE Ja, das stimmt. Und dann war ich auch überrascht, wie herzlich und nett die meisten Amerikaner sind.
MAX Ich war ja noch nie in den Vereinigten Staaten, aber ich habe gehört, dass die Amerikaner sehr laut sind, stimmt das?
UTE Na ja, es kommt drauf an, was man damit meint. Also, zum Beispiel in den Restaurants und Bars, da ist es lauter im Vergleich zu Deutschland. Aber sonst, in der Schule zum Beispiel, fand ich's nicht lauter als hier bei uns.
MAX Ja, und wie ist es in den Stadien? Man sagt ja, da ist es immer so laut, wenn die ihre Mannschaften anfeuern.
UTE Ja, das stimmt dann wieder. Die Amerikaner lieben ja alle Football und Baseball.
MAX Das habe ich auch gehört. Jede Highschool hat da wohl ihre Mannschaften. Aber im Allgemeinen, denke ich, sind die Amerikaner nicht so sportlich.
UTE Na, das kann man so nicht sagen. Viele, nicht nur Jugendliche, auch Erwachsene, gehen joggen oder machen Fitness. Mein Amerikabild hat sich jedenfalls sehr geändert, als ich dort war.
MAX Ich bin ja auch schon gespannt, was ich denke, wenn ich nach diesem Sommer aus Amerika zurückkomme.

Additional Listening Activity 8-2, p. 63

INES Es ist schon manchmal lustig, was für ein Bild durch Klischees verbreitet wird.
JENS Also, mich stört es, dass das Amerikabild vieler Deutscher so viele Klischees hat, die gar nicht stimmen.
ANNE Da gebe ich dir Recht. Ich war letzten Sommer in den Vereinigten Staaten, und da habe ich auch vieles anders gesehen, als das, was durch Klischees so verbreitet wird. Ich finde es schade, wenn Klischees das Urteil über ein Land oder Leute so beeinflussen.
INES Das finde ich auch, Anne. Und ich bedaure es, dass aus Klischees dann negative Vorurteile entstehen können.
ANNE Und manche Leute nehmen dann an, dass alles stimmt, was Klischees oder Vorurteile so verbreiten.
INES Es ärgert mich, wenn Leute Vorurteile nicht abbauen können.
JENS Manche können das noch nicht mal, wenn sie in ein anderes Land reisen und die Dinge dort vielleicht ganz anders sind.
ANNE Genau. Ich hatte ja auch so meine Vorstellungen von den Vereinigten Staaten, bevor ich im letzten Sommer selbst dort war. Ich habe gestaunt, wie mein Amerikabild sich geändert hat. Und jetzt finde ich es unangenehm, wenn manche Deutsche denken, alle Amerikaner kauen Kaugummi.
INES Und dabei gibt's vielleicht mehr Deutsche, die Kaugummi kauen.
JENS Ja, oder wenn Leute sagen, dass alle Amerikaner künstlich sind und laut. Das regt mich auch auf.
INES Andererseits ist vielleicht auch was Wahres dran an solchen Vorstellungen oder Klischees.
ANNE Na, ich weiß ja nicht. Ich finde die Amerikaner jedenfalls nicht künstlich. Ich war erstaunt, dass die Amerikaner so offen und locker sind.
INES Aber irgendwo müssen doch Klischeevorstellungen herkommen, oder?

Additional Listening Activity 8-3, p. 64

KLAUS Ich war überrascht, wie gesund viele Amerikaner essen. Ich hatte gedacht, die meisten essen nur Fastfood.
SILKE Bevor ich nach Amerika fuhr, dachte ich, die Leute dort sind über die ganze Welt informiert.

LISTENING ACTIVITIES • SCRIPTS & ANSWERS

BEATE Ja, man hört ja immer, dass die Medien so weit entwickelt sind, Fernsehen und Computer und so. Da müssten die Leute ja über alles informiert sein.
SILKE Genau, aber meine Erfahrung war, dass viele Amerikaner sehr wenig von der Welt wissen.
BEATE Ja, ich hatte schon gewusst, dass nicht alle Amerikaner eine Fremdsprache lernen. Ich war aber enttäuscht, dass in der Highschool, wo ich war, nicht mal die Hälfte der Schüler eine andere Sprache außer Englisch gelernt hat.
KLAUS Das stimmt, das war bei mir in der Highschool auch so. Aber das hat mich nicht gestört, weil ich ja Englisch lernen wollte. Und, das muss ich sagen, ich war überrascht, wie freundlich und hilfsbereit die Amerikaner sind. Ich dachte immer, sie sind alle laut, egoistisch und künstlich.
SILKE Ich muss sagen, ich war eigentlich überrascht, wie laut die Amerikaner sind, zum Beispiel in Restaurants und in Bars.

Additional Listening Activity 8-4, p. 65

GABRIELE Ich war letzten Sommer in Frankreich. Ich hatte den Eindruck, dass die Franzosen sehr stur sind, weil sie nur Französisch und keine andere Fremdsprache sprechen wollen.
REINHARD Das stimmt. Ich habe auch gehört, dass viele Franzosen nicht gern andere Fremdsprachen sprechen. Ich weiß nur nicht, ob man sie deshalb stur nennen sollte. Man könnte auch sagen, dass sie stolz auf ihr Land sind und auch auf ihre Sprache.
VERONIKA Das ist doch aber Quatsch. Jeder ist doch stolz auf sein eigenes Land, oder?
REINHARD Ich finde, das stimmt nicht. Zum Beispiel sind die Deutschen nicht alle stolz auf ihr Land. Das hängt sicher mit dem Krieg zusammen.
GABRIELE Das stimmt. Ich war dagegen überrascht, wie stolz die meisten Amerikaner auf ihr Land sind, als ich zum ersten Mal in Amerika war.
VERONIKA Aber wir wollten doch hier über Europa sprechen.
GABRIELE Stimmt.
VERONIKA Eine andere Klischeevorstellung von Frankreich ist, dass die Franzosen alle Wein trinken.
GABRIELE Ja, Frankreich ist nun mal bekannt für seinen guten Wein. Daher kommt vielleicht auch die Klischeevorstellung.
REINHARD So wie guter Kaffee für Deutschland und Tee für England.
GABRIELE Über die Engländer und die Iren sagt man, dass sie höflich und gutmütig sind.
REINHARD Ich stelle mir auch vor, dass besonders die Iren und die Schotten gutmütig und nett sind.
VERONIKA Ja, man sagt immer, sie haben so einen besonderen Humor.
REINHARD Über die Leute aus dem Norden, wie zum Beispiel Finnen oder Norweger sagt man genau das Gegenteil. Man sagt, dass sie nicht sehr offen und herzlich sind.
GABRIELE Ja, das sagt man, das kann aber auch eine Klischeevorstellung sein. Als ich in Finnland im Urlaub war, hatte ich den Eindruck, dass die Leute äußerst nett waren.
REINHARD Ja, das ist so eine Sache mit Klischees und Stereotypen. Man glaubt sie nicht, aber man verbreitet sie doch mit.

Additional Listening Activity 8-5, pp. 65–66

BÄRBEL Na, nun erzähl doch mal, wie's in Amerika war!
HEINER Also, ich kam im Juli in den USA an.
BÄRBEL Hat dich deine Gastfamilie vom Flugplatz abgeholt?
HEINER Ja, sicher. Alle drei holten mich ab. Richard, mein Gastbruder, und seine Eltern, Tom und Janet. Und als ich sie sah, war ich sehr überrascht.
BÄRBEL Wieso?
HEINER Na, ich hatte mir vorgestellt, dass die Amerikaner alle oder fast alle dick sind. Ich hatte immer gehört, dass sie nur Fastfood oder aus Büchsen essen.
BÄRBEL Na, das stimmt wohl nicht ganz.
HEINER Ich habe gestaunt, dass alle in der Familie sehr schlank waren. Sie sahen sogar sehr sportlich aus.
BÄRBEL Na, das wundert mich nicht. Ich hatte gehört, dass die Amerikaner viel Sport treiben. Wenn ich an die Amerikaner denke, denke ich immer an Fitness oder joggen.
HEINER Ja, das stimmt. Die Eltern sind jedes Wochenende joggen gegangen. Die Mutter ging auch regelmäßig ins Fitnesscenter. Meine Gastfamlie hat viel Sport gemacht, mehr als die meisten Deutschen, glaube ich.
BÄRBEL Viele Schüler machen doch auch in der Schule Teamsport, nicht?
HEINER Ja, Richard ist zum Beispiel im Footballteam seiner Highschool.
BÄRBEL Deine Familie passte also nicht in das Klischee von den dicken Amerikanern.
HEINER Mmh, das stimmt. In diesem Punkt musste ich meine Vorstellungen ändern.

BÄRBEL Ich vermute aber, dass andere Vorstellungen vielleicht stimmen. Ich stelle mir immer vor, dass die Amerikaner sehr freundlich sind. Fandest du das dort?

HEINER Na ja, meine Familie war sehr freundlich und nett. Sie haben mir immer geholfen, und es gab nie Ärger. Und auch in der Schule, dort wo ich war, in Boston, waren alle sehr nett. Aber ich hatte auch andere Erlebnisse, zum Beispiel in New York.

BÄRBEL Ich vermute, dass es in New York weniger freundlich zugeht. Da muss es ja auch sehr laut und stressig sein.

HEINER Ja, ich hatte den Eindruck, dass die Leute dort nicht so freundlich waren. Da kann man auch nicht so einfach nach dem Weg fragen. Da sind die Leute nicht so geduldig.

BÄRBEL Ja, das kann ich mir schon vorstellen. In Berlin ist's ja auch viel stressiger als in einer kleineren Stadt in Deutschland. Da sind dann auch die Leute etwas anders.

HEINER Richtig. Ich kann dir nur empfehlen, Klischees nicht so ernst zu nehmen. Das war jedenfalls meine Erfahrung. Willst du mal nach Amerika?

BÄRBEL Ja, nächstes Jahr will ich in die USA.

HEINER Ich kann dir einen Tip geben! Vergiss alle Klischees, und sieh dir das Land und die Leute selber an!

BÄRBEL Aber das ist gar nicht so einfach, weil ich schon soviel von Amerika gehört habe. Und da habe ich schon meine Vorstellungen und auch Vorurteile zu bestimmten Dingen.

HEINER Ich empfehl dir trotzdem, dass du schon vorher kritisch gegenüber den Vorurteilen und Klischees bist. Du solltest im Land alles genau beobachten und deine Klischees, und Vorurteile überprüfen.

BÄRBEL Gut, mach ich!

HEINER Ja, genau. Es lohnt sich wirklich, das zu machen. Sonst siehst du nur die Klischees, und das macht keinen Spaß.

BÄRBEL Du hast sicher Recht. Es regt mich ja auch auf, wenn ich als Deutsche nur nach Klischeevorstellungen beurteilt werde.

HEINER Ja, genauso geht's sicher vielen Amerikanern auch.

Additional Listening Activity 8-6, p. 66

CLAUDIA Ich weiß überhaupt nicht, was ich zu dem Thema hier schreiben soll.

MANFRED Ja, das ist vielleicht 'ne komische Frage: „Brauchen wir Klischees?" Natürlich nicht! Es regt mich auf, wenn die ganze Welt denkt, dass die Deutschen nur in Dirndl und Lederhosen rumrennen!

MARTINA Ich muss sagen, dieses Klischee finde ich gar nicht so negativ.

CLAUDIA Ja, Martina, das sehe ich auch so. Das Dirndl-Tragen und die Lederhosen sind nun mal eine Tradition, wenn auch nur in einem Teil Deutschlands.

MANFRED Ja eben! Und wenn es nur Tradition in einem kleinen Teil Deutschlands ist, warum wird da gleich 'n Klischee für ganz Deutschland draus?

MARTINA Das ist eine gute Frage. Ich weiß auch nicht...

CLAUDIA Vielleicht, weil die Deutschen im Ausland besonders auffallen, wenn sie Dirndl und Lederhosen tragen.

MARTINA Das mag sein. Normale Klamotten fallen halt nicht so auf wie Dirndl oder Lederhosen. Und wenn man jemanden in Dirndl oder Lederhose sieht, ist's halt meistens eine Deutsche oder ein Deutscher.

MANFRED Ja, und durchs Fernsehen wird dann dieses Klischee verbreitet. Mein Freund aus Amerika hat mir letztens von einer Fernsehserie geschrieben. Wie hieß die doch gleich — ach, ich hab's vergessen, ist ja auch egal.

MARTINA Ja, und was war nun mit der Fernsehserie?

MANFRED Ja, da hatten sie auch jemanden, der einen Deutschen gespielt hat. Das war der Schwiegervater der Hauptfigur, ein Amerikaner, dessen Frau bei einem Unfall verunglückt ist.

CLAUDIA Und was hat das nun alles mit Klischees zu tun, was du hier erzählst?

MANFRED Kommt ja noch! Der Schwiegervater, was hatte er an? Natürlich eine Lederhose, obwohl er nicht mal aus Bayern kam.

CLAUDIA Aber sieh mal, durch die Lederhose war den Zuschauern gleich klar, dass das ein Deutscher sein soll in der Fernsehserie.

MARTINA Genau, da hat der Regisseur des Films dieses Klischee als Trick gebraucht, so als Art Identitätskennzeichen für die Figur.

MANFRED Das stimmt allerdings.

MARTINA Also sind Klischees wohl gar nicht so schlecht?

CLAUDIA Na, in dem Fall mit der Fernsehserie sind sie vielleicht brauchbar.

MARTINA He, apropos brauchbar. Damit haben wir ja ein Argument für den Aufsatz!

MANFRED Ja, das passt wohl. Dann lass uns das mal aufschreiben, bevor wir es vergessen.

CLAUDIA Genau, und dann fallen uns vielleicht auch noch mehr Beispiele ein.

Answers to Additional Listening Activities

Additional Listening Activity 8-1, p. 63

1. Vorstellungen/Klischees über die Amerikaner (in richtiger Reihenfolge)
   - __1__ Die Amerikaner kauen immer Kaugummi.
   - __9__ Im Allgemeinen sind die Amerikaner nicht so sportlich.
   - __4__ Das Leben ist nicht so stressig.
   - __2__ Die Jugendlichen sind nicht so künstlich.
   - __6__ Die meisten Amerikaner sind herzlich und nett.
   - __7__ Die Amerikaner sind sehr laut.
   - __3__ Die meisten tragen sehr lässige Kleidung.
   - __8__ In amerikanischen Restaurants, in Bars und in Stadien ist es laut.
   - __5__ Der Unterricht in der Schule ist locker.
2. Ute war schon einmal in den Vereinigten Staaten.

Additional Listening Activity 8-2, p. 63

1. d 2. a 3. e 4. f 5. c 6. b

Additional Listening Activity 8-3, p. 64

Vorstellungen	Erfahrung
Die meisten Amerikaner essen nur Fastfood.	Viele Amerikaner essen gesund.
Die Leute sind über die ganze Welt informiert.	Viele Amerikaner wissen sehr wenig von der Welt.
Nicht alle Amerikaner lernen eine Fremdsprache.	In der Schule haben nicht mal die Hälfte der Schüler eine andere Sprache außer Englisch gelernt.
Die Amerikaner sind laut, egoistisch und künstlich.	Die Amerikaner sind freundlich und hilfsbereit.
Die Amerikaner gehen oft in Restaurants essen.	In den Restaurants und Bars ist es oft laut.

Additional Listening Acitivity 8-4, p. 65

1. c 2. a 3. c 4. c 5. b 6. c

Additional Listening Activity 8-5, pp. 65–66

1. Er dachte, Amerikaner sind alle dick, aber seine Gastfamilie war sehr schlank.
2. Sie denkt, dass die Amerikaner viel Sport treiben, dass sie joggen gehen und in der Schule Team-Sport machen. Sie denkt, dass die Amerikaner sehr freundlich sind, dass es aber in New York weniger freundlich ist. Da ist es sehr laut und stressig.
3. Heiner meint, dass man alle Klischees vergessen sollte und sich das Land und die Leute selber ansehen sollte. Bärbel soll schon vorher kritisch gegenüber den Vorurteilen und Klischees sein. Sie soll im Land alles genau beobachten und ihre Klischees und Vorurteile überprüfen.

Additional Listening Activity 8-6, p. 66

1. Das Thema lautet: „Brauchen wir Klischees?"
2. Das Klischee, dass alle Deutschen Dirndl und Lederhosen tragen.
3. Dirndl und Lederhosen sind eine traditionelle Kleidung der Deutschen, wenn auch nur in einem kleinen Teil Deutschlands. Einer der drei sagt: „Wenn man jemanden in Dirndl oder Lederhose sieht, ist es meistens ein Deutscher oder eine Deutsche." Manfred erinnert sich an eine Fernsehserie, in der ein Deutscher mit Lederhose mitspielte.
4. Answers will vary.

Erste Stufe

4 Hör gut zu!, p. 208

JULIA Also, mir macht am meisten Angst, dass die Müllberge so wahnsinnig wachsen. Manchmal denke ich, dass wir eines Tages in unserem eigenen Müll ersticken! Ich finde es blöd, dass so viele Industrieländer heutzutage in einer Wegwerfgesellschaft leben. Vieles, was man in den Supermärkten kauft, ist zwei- oder dreimal verpackt. Das macht es sehr schwierig, den Müllberg zu verkleinern. Bei uns am Stadtrand gibt es eine riesige Müllkippe. Wenn man sieht, wie viele Lastwagen dort jeden Tag hinfahren, dann bekommt man es schon mit der Angst zu tun. Ich finde, jeder sollte versuchen, in seinem eigenen Haushalt den Müll zu reduzieren. In meiner Familie versuchen alle, möglichst wenig Müll zu produzieren. Wir kaufen nur Pfandflaschen und fast nur Produkte mit dem Grünen Punkt und dem Blauen Engel drauf. Außerdem nehmen wir immer einen Korb und ein paar Stoffbeutel zum Einkaufen mit, damit wir keine Plastiktüten beim Einpacken brauchen. Am Ausgang im Supermarkt schmeißen wir die extra Verpackungen von den Produkten, die wir gekauft haben, in die Tonnen. Dann brauchen wir nämlich den Müll erst gar nicht mit nach Hause zu schleppen. Ich finde das zwar gut, dass die Supermärkte gesetzlich verpflichtet sind, diese überflüssigen Verpackungen zurückzunehmen, aber der Müllberg wird dadurch noch lange nicht reduziert! Ich finde, die Regierung soll noch mehr und vor allem strengere Gesetze machen, damit die Müllberge verkleinert werden.

HELGA Ich fürchte, dass die Regierungen einfach zu wenig gegen die Umweltverschmutzung unternehmen. Die Industrien in der ganzen Welt tragen wahnsinnig zur Umweltverschmutzung bei, aber es gibt einfach nicht genug Gesetze, um das Problem zu lösen. Also, nehmen wir doch zum Beispiel mal die Produkte mit dem FCKW. Obwohl man wusste, dass sie umweltschädlich sind, hat es einige Jahre gedauert, bis die Produktion mit FCKW verboten wurde. Ich fürchte, dass die Industriekonzerne halt zu mächtig sind und einen zu großen Einfluss auf die Regierung haben. Die FCKW-Produktion wurde auch erst verboten, als die Industrien einen Ersatzstoff gefunden hatten. Da kann man mal sehen, was für eine politische Sache das Ganze ist! Ich fürchte wirklich, dass manchen Regierungen der industrielle Wohlstand wichtiger ist als die Umwelt! Ich habe in letzter Zeit sehr viel über das Ozonloch gelesen. Das wird immer größer. Ich finde, dass nicht nur ein paar Regierungen Gesetze zum Umweltschutz erlassen sollten, sondern es müsste Gesetze zum Umweltschutz geben, die weltweit gültig sind! Alle Regierungen müssten sich daran beteiligen! Ich würde dafür kämpfen, wenn ich Politikerin wäre.

PETER Ich möchte nach der Schule Forstwirtschaft studieren. Ich interessiere mich sehr für die Natur und gehe viel hier bei uns in Greifswald wandern. Also, mir macht das Waldsterben sehr große Sorgen. Wenn das so weitergeht, dann haben wir bald keine gesunden Bäume mehr in Deutschland! Neulich hat man untersucht, wie groß die Waldschäden in Deutschland sind. Es wurde festgestellt, dass es hier bei uns in Mecklenburg-Vorpommern die größten Waldschäden gibt. 62 Prozent der Bäume sind krank! Das macht mich selbst ganz krank, wenn ich das höre! Der saure Regen und die Luftverschmutzung sind hauptsächlich daran schuld. Wir wohnen ganz in der Nähe von einer Chemiefabrik, und ich könnte mir vorstellen, dass die bestimmt eine ganze Menge Gift in die Luft pumpen. Und das Gift wird von den Bäumen aufgenommen und verdrängt andere Nährstoffe, die lebenswichtig für die Erhaltung der Bäume sind. Eigentlich könnte man viel mehr unternehmen, um die Natur vor der Luftverschmutzung zu schützen. Als Allererstes sollte man weniger Auto fahren und mehr Fahrgemeinschaften bilden. Außerdem sollte die Regierung die öffentlichen Verkehrsmittel viel billiger machen und das Benzin teurer machen.

Answers to Activity 4

Julia: Die wachsenden Müllberge machen ihr Angst. / Sie schlägt vor, dass jeder in seinem eigenen Haushalt den Müll reduzieren sollte und dass die Regierungen mehr Gesetze machen sollen, um die Müllproduktion zu verkleinern.

Helga: Fürchtet, dass die Regierungen zu wenig gegen Umweltverschmutzung tun; fürchtet, dass Industriekonzerne zu mächtig sind und großen Einfluss auf die Regierungen haben; fürchtet, dass manchen Regierungen der industrielle Wohlstand wichtiger ist als die Umwelt. / Schlägt vor, dass es

Gesetze zum Umweltschutz geben sollte, die weltweit gültig sind.

Peter: Das Waldsterben macht ihm große Sorgen. / Er schlägt vor, dass man weniger Auto fahren sollte und mehr Fahrgemeinschaften bilden sollte; er schlägt vor, dass die Regierung die öffentlichen Verkehrsmittel billiger machen sollte und das Benzin teurer machen sollte.

8 Hör gut zu!, p. 210

RADIOANSAGER Fühlen Sie sich öfters müde und schlapp? Merken Sie, wie häufig Sie das Auto nehmen, um zum Einkaufen zu fahren, auch wenn er Supermarkt gleich um die Ecke ist? In unserer modernen Industriegesellschaft treiben die Menschen immer weniger Sport. Es ist bekannt, dass man sich wenig leistungsfähig fühlt, wenn man sich nicht ausreichend körperlich bewegt. Der Deutsche Fahrradclub gibt Ihnen Anregungen, wie Sie sich und unsere Umwelt gesund erhalten können. Entdecken Sie Ihr Fahrrad wieder! Holen Sie es aus dem Keller, aus der Garage, aus dem Schuppen! Machen Sie mit bei einer der beliebtesten Sportarten der Deutschen: dem Radeln! Radeln Sie allein oder mit einem Freund auf dem Tandem! Radeln Sie im Verein oder mit der Clique! Sparen Sie Benzinkosten! Vermeiden Sie monatliche Gebühren für aerobische Fitnesskurse! Genießen Sie wieder die Natur! Vergessen Sie die ärgerliche Parkplatzsuche! Beteiligen Sie sich nicht an der Umweltverschmutzung, die durch Autoabgase verursacht wird! Tragen Sie zur Erhaltung der sauberen Luft bei! Erledigen Sie Ihre Besorgungen und Besuche im Umkreis mit dem Rad! Sie werden sich wundern, wie Sie sich schon nach kurzer Zeit wieder schwungvoll, fit und aktiv fühlen werden! Radeln ist angesagt!

Answers to Activity 8

Possible answers: weil man müde und schlapp ist; weil es eine der beliebtesten Sportarten der Deutschen ist; weil man Benzinkosten sparen kann; weil man keine monatlichen Gebühren für Fitnesskurse ausgeben muss; weil man die Natur genießen kann; weil man keinen Parkplatz suchen muss; weil man sich nicht an der Umweltverschmutzung beteiligt, die durchs Autofahren verursacht wird; weil man zur Erhaltung der sauberen Luft beiträgt; weil man sich wieder schwungvoll, fit und aktiv fühlen wird

Zweite Stufe

17 Hör gut zu!, p. 215

1. Mehr Durst?— Mehr Flaschen! — Mehrwegflaschen!!!
2. Bilden Sie Fahrgemeinschaften! Damit Deutschlands Luft sauber bleibt!
3. Müllberge von heute sind die Zukunft von morgen!
4. Rauf aufs Rad! Rein in die Natur!
5. Haben Sie schon Bekanntschaft mit dem Blauen Engel gemacht?
6. Umweltbewusstsein und Verantwortung durch Recycling!

19 Hör gut zu!, p. 215

MONI Du, Rolf, ich finde, wir haben schon eine ganze Menge in der Umwelt-AG gelernt. Die Beckenbauer macht das wirklich gut!

ROLF Ja, auch mein Interesse an Umweltschutz ist deutlich gestiegen, seit ich in der Umwelt-AG bin, Moni.

ULLA Tja, also ich bin erstaunt, wie viel wir hier in Deutschland schon für den Umweltschutz gemacht haben. Ich wusste gar nicht, dass wir ein Beispiel für andere Länder sind.

MONI Siehst du, Ulla! Und du hattest zuerst keine Lust, bei der Umwelt-AG mitzumachen!

ULLA Na ja, aber ich bin echt geschockt, wie viele andere Länder einfach gar nichts für die Umwelt tun. Man sollte sich echt mal dafür engagieren, dass in diesen Ländern endlich was getan wird!

MONI Ja, Ulla, mich hat es auch geschockt, was wir da in der Umwelt-AG gelernt haben. Aber weißt du, eigentlich bin ich der Meinung, dass man sich zuerst für seine eigene Umgebung einsetzen soll. Ich glaube, es gibt genug, was noch hier zu verbessern wäre.

ROLF Moni hat Recht. Es reicht einfach nicht, nur Glas und Papier zum Container zu bringen.

ULLA Was meinst du, sollten wir noch tun?

ROLF Wir sollten darauf achten, dass wir hauptsächlich Sachen aus Recyclingmaterial kaufen! Hier, schaut mal! Meine Schulhefte zum Beispiel, die sind alle aus wieder verwertetem Altpapier. Viele Leute mögen keine recycelten Sachen, weil sie die

Qualität nicht so gut finden. Ich finde, man kann der Umwelt zuliebe ruhig auf Einiges verzichten.

ULLA Ja, ich bin deiner Meinung! Ich benutze auch nur Briefpapier, das recycelt ist.

MONI Also, mir ist die Verwendung von Mehrwegflaschen wichtig. Wenn ich unsere Einkäufe für zu Hause erledige, kaufe ich immer Milch in Mehrwegflaschen.

ULLA Ich kaufe immer Joghurt in Glasfläschchen. Ich finde die Plastikbecher verursachen einen zu großen Müllberg.

MONI Ja, und außerdem lassen sich nicht alle Plastiksorten recyceln. Bei Glas ist das kein Problem. Das bringt man einfach zum Container. Glas wird dann verflüssigt und zu neuen Produkten geformt.

ROLF Du musst halt nur Joghurt kaufen, der in Plastikbehältern ist, die man recyceln kann. Die haben doch den Grünen Punkt drauf! Der ist ganz leicht zu erkennen. Zu Hause sammeln wir den Plastikmüll getrennt. Ich find's toll, dass man Plastik einschmelzen kann, um daraus wieder neue Produkte zu machen.

MONI Tja, also warum sprechen wir nicht das nächste Mal in der Umwelt-AG darüber, was wir sonst noch alles außer Recyceln tun könnten?

ULLA Gute Idee!

Answers to Activity 19

Schulhefte: aus wieder verwertetem Altpapier
Briefpapier: recycelt
Milch: in Mehrwegflaschen
Joghurt: in Glasfläschchen (Glas kann man zum Container zum Recyceln bringen)
Joghurt: in Plastikbechern mit dem Grünen Punkt (wiederverwertbares Plastik kann man vom restlichen Müll sortieren, damit es recycelt werden kann)

23 Hör gut zu!, p. 218

1. ARMIN Wir sortieren den Müll zu Hause und bringen Glas, Plastik und Papier in die Recycling-Container. Ja, und dann gehöre ich einer Umweltschutzgruppe an unserer Schule an. Wir haben uns dafür eingesetzt, dass Aluminium- und Altpapiercontainer auf dem Schulhof aufgestellt wurden. Außerdem haben wir den Hausmeister erfolgreich davon überzeugt, dass es umweltfreundlicher ist, Getränke in Mehrwegflaschen zu verkaufen und nicht mehr in einzelnen Dosen oder so. Er ist jetzt auch ganz umweltbewusst geworden und hat sogar vorgeschlagen, dass jedes Getränk zehn Pfennig weniger kostet, wenn die Schüler ihr eigenes Glas oder ihren eigenen Becher mitbringen.
2. MARIA Es macht mich echt immer traurig, wenn ich vom Waldsterben höre. Diese ganzen Autoabgase sind mit an der Luftverschmutzung schuld! Ich finde, man sollte nicht so viel Auto fahren. Ich hab auch gar keine Lust, mir ein Auto zu kaufen oder den Führerschein zu machen, wenn ich 18 werde! Ich fahre weiterhin mit dem Fahrrad oder gehe zu Fuß. Nur wenn's regnet, dann nehme ich halt den Bus.
3. FELIX Ich gehöre einer Jugendgruppe an, die sich für den Umweltschutz engagiert. Einmal in der Woche sammeln wir Müll vom Straßenrand und von Kinderspielplätzen auf. Also, ich kaufe sehr viele Sachen aus recyceltem Papier, also Hefte und Schreibblöcke für die Schule, Briefpapier und natürlich auch Toilettenpapier und so.
4. TANJA Ich kaufe grundsätzlich nur Produkte mit dem Grünen Punkt oder dem Blauen Engel drauf. Außerdem achte ich darauf, dass ich solche Produkte, die einen wahnsinnigen Verpackungsmüll hinterlassen, erst gar nicht kaufe. Und wenn es sich nicht vermeiden lässt, also wenn ich doch mal was brauche, was tausendfach verpackt ist, dann lass ich auf jeden Fall den Müll im Laden zurück.

Answers to Activity 23

1. Armin: sortiert Müll; bringt Glas, Plastik und Papier in Recycling-Container; gehört einer Umweltschutzgruppe an; hat sich mit der Gruppe engagiert, dass der Schulhof Alu- und Altpapier-Container bekommen hat; hat mit der Gruppe den Hausmeister überzeugt, nur noch Mehrwegflaschen beim Getränkeverkauf zu benutzen
2. Maria: will kein Auto fahren; fährt mit dem Rad oder geht zu Fuß
3. Felix: gehört einer Gruppe an, die sich für den Umweltschutz engagiert; sammelt mit der Gruppe Müll vom Straßenrand und von Kinderspielplätzen; kauft Sachen aus recyceltem Papier
4. Tanja: kauft nur Produkte mit dem Grünen Punkt oder dem Blauen Engel drauf; kauft keine Produkte, die eine große Verpackung haben; lässt Verpackungsmüll im Laden zurück

Anwendung

Activity 2, p. 224

THOMAS Hallo, alle zusammen! Ich heiße Thomas Burghofer und bin Mitglied der Umwelt-AG hier an der Schule. Wir, das heißt ein Team von fünfzehn Schülern, treffen uns meistens ein- oder zweimal pro Woche, um Aktionen gegen Umweltverschmutzung zu besprechen, zu organisieren und durchzuführen. Manche von euch kennen uns sicherlich schon. Wir waren es, die vor einigen Monaten die Recycling-Container im Schulhof aufgestellt haben. Fast jeden Tag sehen wir im Fernsehen Berichte über Naturkatastrophen, verseuchte Landstriche, über das Waldsterben, über die Verschmutzung der Weltmeere und so weiter und so fort. Die Liste kann beliebig lang fortgesetzt werden. Oft fragen wir uns, was wir eigentlich dagegen tun könnten und sind ganz frustriert, wenn wir feststellen, wie wenig Einfluss wir auf den weltweiten Umweltschutz haben. Nun, es mag zwar wahr sein, dass wir nichts gegen solche riesigen Umweltkatastrophen tun können. Aber ihr könnt sicher sein, dass jeder Einzelne, der hier sitzt, einen Beitrag für die Umwelt leisten kann, der unser Umfeld und unsere Umgebung, in der wir leben, entscheidend verbessern kann! Eins der schlimmsten Probleme ist die Luftverschmutzung durch Abgase von Autos und von der Industrie. Was könnt ihr dagegen tun? Fahrt mit dem Fabrrad oder geht zu Fuß! Öffentliche Verkehrsmittel sind eine andere gute Alternative.

Ein anderes Problem in unserer Gesellschaft ist der wachsende Müllberg. Nehmt Stoffbeutel und Körbe zum Einkaufen mit, und lehnt Plastiktüten an der Kasse ab! Schleppt Verpackungsmüll nicht mit nach Hause, sondern lasst ihn in den Läden! Die Industrie ist gesetzlich dazu verpflichtet, den Müll, den sie mit Verpackungsmaterial produziert, wieder zurückzunehmen.

Jeder von uns produziert Müll. Es ist fast unvermeidbar. Sortiert euren Müll! Bringt Glas, Altpapier, Plastik, Aluminium und Batterien in die entsprechenden Container, damit alles wiederverwertet oder fachgerecht entsorgt werden kann! Zeigt umweltfreundliches Verhalten bei eurem Pausensnack! Packt eure Pausenbrote nicht jeden Tag in Plastik- oder Aluminiumfolie ein! Nehmt Behälter, die sich auswaschen und wieder verwenden lassen! Kauft eure Getränke in Mehrwegflaschen, nicht in einzelnen Dosen, die weggeschmissen werden!

Vermeidet beim Einkauf umweltschädliche Produkte, die sich nicht im Hausmüll entsorgen lassen! Kauft, zum Beispiel, keine Tintenkiller, die mit gefährlichen Chemikalien getränkt sind!

Answers to Activity 2

Possible answers: mit dem Fahrrad fahren; zu Fuß gehen; öffentliche Verkehrsmittel benutzen; Stoffbeutel und Körbe zum Einkaufen nehmen; Plastiktüten ablehnen; Verpackungsmüll im Laden lassen; Müll sortieren; Müll in Container bringen; Pausensnack in wieder verwendbare Behälter einpacken; Getränke in Mehrwegflaschen kaufen; keine schädlichen Produkte kaufen

Additional Listening Activity 9-1, p. 71

JUTTA Du, Daniel, hast du mal auf den Kalender geschaut? Nächste Woche findet der Umwelttag in der Schule statt. Wir haben doch der Klasse versprochen, dass wir uns etwas ausdenken ...

DANIEL Ach du meine Güte! Das hätte ich fast vergessen, Jutta. Also, dann lass uns mal überlegen!

JUTTA So einfach ist das gar nicht. Die besten Ideen haben sich die anderen schon ausgedacht.

DANIEL So? Wer macht denn was?

JUTTA Also, die 12b macht eine Ausstellung mit Kunstobjekten aus alten Aluminiumdosen. Und die aus der 11a zeigen, wie man selbst Gegenstände recyceln kann. Die 11b macht eine Collage zum Thema Atomkraft ...

DANIEL ... und die Hauswirtschafts-AG macht für den Imbissstand essbare Suppenschüsseln aus Brotteig, damit wir uns das ganze Plastik- und Papiergeschirr sparen.

JUTTA Klasse Idee! Du, der Chemie-Kurs will im Labor eine Trinkwasseranalyse vorführen. Toll, was?

DANIEL Hm. Was können wir uns bloß ausdenken?

JUTTA Wie wär's, wenn wir was mit dem Abfall machen?

DANIEL Mit dem Abfall? Jetzt sag bloß nicht, wir sollen den Abfall einsammeln, den alle anderen weggeworfen haben!

JUTTA Doch, ganz genau! Ich hab da eine Idee: unsere Klasse sammelt einen Tag vor dem Umwelttag den ganzen Abfall ein, der nicht in die richtigen Container geworfen worden ist, oder einfach fallen gelassen wurde.

DANIEL Und was soll so Besonderes daran sein?

JUTTA Pass mal auf, Daniel! Am Ausgang der Veranstaltung hängen wir den Abfall auf eine Leine. Alle Besucher können dann ihren eigenen Abfall sehen, den sie nicht richtig entsorgt haben!

DANIEL Hm ... was werden bloß die Leute dazu sagen? Also, ich weiß nicht, Jutta! Wir sollten erst mal unsren Klassenlehrer fragen. Der Böckelmann hat bestimmt ein gutes Gefühl dafür, ob die Schulleitung damit einverstanden wäre. Außerdem sollten wir auch die Schülervertretung dazu befragen.

JUTTA Mensch, Daniel! Bloß nichts riskieren, was? Immer willst du auf Nummer sicher gehen! Seit wann hast du Angst vor der Direktorin? Und was hat denn die Schülervertretung mit unserem Projekt zum Umwelttag zu tun?

DANIEL Ich bin mir sicher, dass sich bestimmt einige Leute über den stinkenden Müll am Ausgang aufregen würden!

JUTTA Ach, komm schon, Daniel! Es ist doch für einen guten Zweck! Wir wollen die Leute doch nur auf die Müllsituation aufmerksam machen, damit sie sich in Zukunft umweltbewusster verhalten.

DANIEL Also gut! Ich mache mit!

JUTTA Prima! Was willst du lieber machen? Den Müll einsammeln oder ihn auf die Leine hängen?

DANIEL Ich helf beim Einsammeln.

JUTTA Okay! Dann kümmere ich mich um die Leine!

Additional Listening Activity 9-2, p. 71

BÄRBEL Du Herbert, ich fand den Unterricht heute richtig interessant. Die Umweltprobleme und vor allem die Luftverschmutzung, das sind Themen, über die man wirklich immer mehr nachdenken muss. Obwohl es ja schlimm ist, dass die Wälder zum Teil sterben. Es muss doch eine Alternative geben!

HERBERT Ja, Bärbel, man muss dann eben wählen, was wichtiger ist. Genügend Energie, um alle Leute glücklich zu machen, oder halt weniger Energie und dafür mehr Wald. Man könnte sich auch überlegen, ob die Kernenergie nicht etwas Vernünftiges ist.

BÄRBEL Die Kernenergie! Das kommt überhaupt nicht in Frage! Der Abfall aus einem Atomkraftwerk ist bei weitem das Gefährlichste. Und was passiert, wenn der Reaktor mal kaputtgeht, so wie in Russland mit Tschernobyl? Das können wir uns doch gar nicht leisten, hier in einem Land mit so vielen Leuten auf engem Raum. Bist du denn noch zu retten, Herbert? Also wirklich!

HERBERT Nun mal ruhig, Bärbel! Es gibt jetzt neue, kleinere Atomkraftwerke, denen so was wie in Russland gar nicht passieren kann. Und der Abfall aus diesen neuen Atomkraftwerken ist bei weitem nicht so gefährlich wie in den Anlagen, die wir zur Zeit haben. Die Italiener haben diesen neuen Reaktor erfunden. Er könnte die Lösung der Luftverschmutzung sein.

BÄRBEL Also, ich weiß nicht. Immer wieder behauptet die Industrie, dass supersichere Techniken erfunden worden wären. Man glaubt es, und später geht trotzdem was schief!

HERBERT Ja, aber daran ist doch nicht die Anlage schuld, sondern die Leute, die die Anlage bedienen.

BÄRBEL Ach, Herbert, jetzt komm mal wieder auf den Teppich! Es ist doch egal, ob es die Leute waren, die die Anlage bedient haben, oder ob es die Leute waren, die die Anlage zusammengebaut haben!

HERBERT Also gut, Bärbel, ein Risiko gibt es immer, da kann man nichts machen. Ich meine ja nur, die Leute wollen Energie, und sie wollen ihren Wald; also müssen sie das Risiko der Atomkraft tragen.

BÄRBEL Eben in dem Punkt stimme ich nicht mit dir überein. Es sind Leute wie du, die schuld an dem Problem sind; Leute, die sich nicht einschränken können! Ich wäre gerne bereit, Energie zu sparen.

HERBERT Wäre? Ach so. Na, dann bist du halt die Ausnahme.

Additional Listening Activity 9-3, p. 72

ERWIN Du, Babsi, dieses Wochenende ist der große Flohmarkt in Köln. Wollen wir dort vielleicht mitmachen?

BABSI Wir könnten bei unseren Eltern in der Garage vielleicht ein paar alte Sachen finden, die sie nicht mehr haben wollen und sie dann am Wochenende verkaufen.

ERWIN Also ich weiß nicht, Babsi. Nee, du. Das machen doch so viele. Ich glaube, es wäre besser, wenn wir nicht nur alten Trödel verkaufen, sondern etwas machen, was im Trend liegt.

BABSI Vielleicht etwas mit Umweltschutz?

ERWIN Man könnte etwas wiederverwerten; lass uns doch ein paar Sachen aus Aluminiumdosen und anderen Konservenbüchsen basteln!

BABSI Ja, zum Beispiel eine Art Spielzeugflugzeug. So ein lustiges Flugzeug, das man sich in sein Zimmer hängen kann. Man könnte auch etwas aus Flaschen bauen.

ERWIN Nee, Flaschen finde ich nicht so gut. Unter Umständen wären wir noch schuld daran, wenn sich jemand verletzt.

BABSI Na, dann lass uns doch einfach Briefpapier verkaufen, das aus recyceltem Papier ist! So was kaufen die Leute immer gern.

ERWIN Stimmt! Und danach können wir den Rest wieder an unseren Händler zurückgeben.

BABSI Und was sollen wir sonst noch verkaufen?

ERWIN Man sollte nicht zu viel anbieten. Vielleicht sollten wir noch ein Plakat aufstellen, mit dem wir die Leute auf das recycelte Papier aufmerksam machen.

BABSI Ja, oder einen überdimensionalen Stift!

ERWIN Ja, richtig, so einen könnten wir aus Altpapier zusammenbauen.

BABSI Super! Da dürften wir ja 'ne Menge zu tun haben!

Additional Listening Activity 9-4, p. 72

KIRSTEN Mann, Norbert, diese Umweltfragen! Manchmal zerbreche ich mir darüber total den Kopf!

NORBERT Aber wieso denn, Kirsten? Man soll sich doch mit Umweltfragen beschäftigen, das ist für uns alle wichtig!

KIRSTEN Die Sache ist die: Wir sind alle schuld an den Umweltproblemen, an den hohen Abgasen, den Müllbergen, dem Waldsterben und so weiter!

NORBERT Aber wieso meinst du, dass wir alle daran schuld sind?

KIRSTEN Nun, wir fahren Autos, kaufen Sachen, die Chemikalien enthalten und verbrauchen Energie. Das alles trägt enorm zur Umweltbelastung bei. Ich kann das doch nicht einfach wieder damit gutmachen, indem ich ein paar Dosen einsammle und meinen Abfall sortiere!

NORBERT Tja, aber mit vielen kleinen Schritten kann man viel erreichen. Wenn alle ein wenig umweltbewusster wären und wenn die Industrie auch darauf achtet, die Umwelt weniger zu verschmutzen, dann ist schon viel geleistet.

KIRSTEN Ja, aber ich finde trotzdem, dass zu wenig getan wird. Deswegen fühle ich mich auch so schuldig an der Umweltbelastung, weil ich mich einfach nicht genug für den Umweltschutz einsetze.
NORBERT Ich finde, du übertreibst. Man kann auch mit kleinen Dingen Großes leisten!
KIRSTEN Ach, du verstehst nicht, was ich meine. Es ist halt nicht genug!
NORBERT Na, dann schließ dich doch einer Umweltgruppe an!
KIRSTEN Ja, das wäre eine Möglichkeit.

Additional Listening Activity 9-5, p. 73

FRANK Man sollte sich wegen dem ganzen Verkehr überhaupt kein eigenes Auto mehr kaufen. Gerade Leute wie wir sind schuld daran, dass die Umwelt durch weitere Autos immer mehr belastet wird. Außerdem kaufen wir uns ja meistens gebrauchte Autos, und wir wissen ja alle, dass diese alten Autos die Luft am meisten verpesten.
BEATE Na, Frank, wenn du mit den ganzen Leuten im Bus fahren willst, das ist dann deine Sache. Aber weißt du, da habe ich ehrlich gesagt keine Lust darauf. Ich möchte zu jeder Zeit fahren können, wohin ich will.
FRANK Ja, Beate, Moment mal! Ist dir die Umwelt denn völlig egal?
BEATE Nein, natürlich nicht. Ich bin sogar in einer Umweltgruppe aktiv! Du weißt doch, dass wir alle gegen die geplante Müllverbrennungsanlage neben unserem Wohngebiet sind.
FRANK Ja, aber wenn du so aktiv bist, wie kannst du dir dann ein Auto kaufen? Das passt aber irgendwie gar nicht zusammen!
BEATE Doch, Frank! Und zwar werde ich mir ein Elektroauto kaufen. Ich brauche es nur für den Stadtverkehr. Diese neuen Autos kosten nicht viel und sind sehr umweltfreundlich.
FRANK Hm, da liegst du ja voll im Trend. Freut mich für dich, dass du eine Lösung für dieses Problem gefunden hast.
BEATE Ach, so ein großes Problem war das gar nicht, Frank. Meine Eltern haben mir es vorgeschlagen.
FRANK Na, ich weiß noch nicht, was ich machen werde. Ich muss sowieso erst mal sparen, um etwas zu kaufen.
BEATE Na, ich kann dir dann ja sagen, wie es mit dem Elekroauto ist.
FRANK Ja, ich werde mich auf alle Fälle bei dir erkundigen.

Additional Listening Activity 9-6, p. 74

HEINER Kannst du dir das vorstellen, Steffi? Wir sollen jetzt den Müll sortieren! Meine Eltern haben drei Mülltonnen vor der Garage stehen! Eine für Glas und Dosen, eine für Abfall aus der Küche, und eine für Abfall, der auf die Müllhalde kommt. Wir haben auch einen Brief gekriegt, in dem genau steht, was in welche Mülltonne kommt, und wann die Tonnen abgeholt werden.
STEFFI Aber Heiner! Das ist doch eine ganz tolle Sache! Jetzt werden endlich mal alle recyceln. Man hätte das schon längst machen sollen.
HEINER Ja, Steffi, aber weißt du was? Es gibt jetzt auch einen Inspektor von der Stadt, der kontrolliert, ob man seinen Abfall auch in die richtige Tonne wirft! Was hältst du denn davon?
STEFFI Nun, das muss sein. Es geht ja nicht, dass ein paar Leute das ganze Konzept durcheinanderbringen, nur weil sie zu faul sind, ihren Müll zu sortieren!
HEINER Ich finde, das geht zu weit! Weißt du, was unserem Nachbarn passiert ist? Der Inspektor hat ihm eine Strafe von 50 DM auferlegt, weil er keinen Müll in der Tonne für Küchenabfall hatte.
STEFFI Ja, wenn er keinen Abfall in der Tonne hatte, hat er den Abfall sicherlich in eine falsche Tonne geworfen. Man sollte ihn dafür bestrafen.
HEINER Steffi, das stimmt aber eben nicht! Unser Nachbar benutzt seinen Küchenmüll im Garten als Kompost!
STEFFI Ach so! Na, dann muss er die Strafe natürlich nicht bezahlen, ist doch klar!
HEINER Ja, aber stell dir mal den Ärger vor, den er mit der Stadtverwaltung deswegen hatte!
STEFFI Tja, einerseits ist die Idee mit den drei Mülltonnen eine tolle Sache. Es ist nur eine Frage, wie es ausgeführt wird.
HEINER Ja, leider kann man heute kaum mehr was selbst entscheiden; alles wird einem vorgeschrieben.
STEFFI Ach was, Heiner, so schlimm ist es auch wieder nicht.

Answers to Additional Listening Activities

Additional Listening Activity 9-1, p. 71

o recyceltes Plastik- und Papiergeschirr
x essbare Suppenschüsseln aus Brotteig
x Kunstobjekte aus Aluminiumdosen
o vom Aussterben bedrohte Tiere
o solarenergiebetriebene Taschenrechner
x Collage zum Thema „Atomkraft“
x nicht sortierter Müll der Schüler
o umweltfreundliche Abfallcontainer
x Trinkwasseranalyse
o biologisch abbaubare Waschpulver
x wie man Gegenstände selbst recyceln kann

Additional Listening Activity 9-2, p. 71

1. stimmt
2. stimmt
3. stimmt nicht
4. stimmt
5. stimmt nicht
6. stimmt nicht

Additional Listening Activity 9-3, p. 72

1. stimmt nicht: Erwin und Babsi wollen am Wochenende umweltfreundliche Produkte verkaufen.
2. stimmt
3. stimmt nicht: Erwin möchte nichts aus Flaschen bauen, weil er das gefährlich findet.
4. stimmt
5. stimmt
6. stimmt nicht: Erwin meint, man soll nicht zuviel anbieten.

Additional Listening Activity 9-4, p. 72

1. stimmt nicht: Kirsten denkt sehr viel über Umweltfragen nach.
2. stimmt nicht: Kirsten meint, dass alle Leute an den Umweltproblemen schuld sind.
3. stimmt
4. stimmt nicht: Kirsten sagt, dass sich alle etwas einschränken könnten.
5. stimmt nicht: Erwin findet, dass Kirsten übertreibt.
6. stimmt

Additional Listening Activity 9-5, p. 73

Answers will vary.

Additional Listening Activity 9-6, p. 74

Answers will vary.

Erste Stufe

4 Hör gut zu!, p. 236

ERWIN Hallo, Lise, hier ist Erwin! Du, wir wollten doch diese Woche mit der Clique was Kulturelles unternehmen. Hast du schon was aus dem Kulturkalender rausgesucht?
LISE Hallo, Erwin! Nee, du! Aber warte mal! Ich hole ihn sofort ... Also, hier ist er.
ERWIN Dann lies doch mal vor, was für Veranstaltungen so am Wochenende laufen!
LISE Also, da gibt es eine historische Ausstellung über das Leben der Juden im Deutschland des 19. Jahrhunderts.
ERWIN Interessiert dich denn so was überbaupt?
LISE Ja, klar! Wir sprechen gerade im Geschichtsunterricht über den Holocaust zur Zeit des NS-Regimes. Da möchte ich schon etwas mehr Hintergrundwissen haben. Und du? Interessierst du dich denn dafür?
ERWIN Ja, schon! Aber ich würde lieber in ein Konzert gehen. Was läuft denn sonst noch?
LISE Also, den ganzen Samstag lang gibt's ein Jazzfestival im Stadtpark.
ERWIN Uii! Klasse! Dazu hätte ich auf jeden Fall Lust! Und du?
LISE Hmm. Mal sehen. Du, hör mal! Am Samstag gibt es auch eine Kunstausstellung mit Bildern von Andy Warhol ... und dann noch ein Konzert des evangelischen Jugendchors in der Sankt-Pius-Kirche.
ERWIN Hmm ... äh ...
LISE Also, mir fällt es echt schwer, mich zu entscheiden. Aber, ich glaub, dass ich am liebsten zur Ausstellung über das Leben der Juden gehen möchte! Tja, und dann würde ich eventuell noch zum Chorkonzert in die Sankt-Pius-Kirche gehen. Und du, Erwin?
ERWIN Also, wenn ich ehrlich sein soll, würde ich am liebsten tagsüber zum Jazzfestival gehen. Und dann, am Samstagabend würde ich vielleicht ins Kino gehen.
LISE Kino??? Ich denke, wir wollten was Kulturelles machen! Und jetzt schlägst du Kino vor!? Das ist ja wohl das Letzte!
ERWIN Was hast du denn, Lise? Seit wann haben Kinofilme nichts mit Kultur zu tun? Denk doch mal an all die alten Kultfilme mit Humphrey Bogart oder Clark Gable! Das sind echte Klassiker! Kultur pur, sag ich dir!
LISE Na schön! Und in welchen Kultfilm möchtest du bitte gehen?
ERWIN Also, am Sanstag ist die Premiere von dem neuen Action Thriller mit Arnold Schwarzenegger. Sagenhaft soll der sein!
LISE Soso, Arnold Schwarzenegger!
ERWIN Ja, wart's nur ab! In fünfzig Jahren oder so sind seine Filme richtige Klassiker! Das kannst du mir glauben!
LISE Also, pass mal auf, Erwin! Was hältst du davon, wenn wir zuerst aufs Jazzfestival gehen und abends dann zur historischen Ausstellung über die Juden?
ERWIN Hm, okay, einverstanden! Ich ruf die anderen an und sag Bescheid, für welches Programm wir uns entschieden haben.
LISE Prima! Bis Samstag dann.

Answers to Activity 4
Lise: historische Ausstellung, Chorkonzert
Erwin: Jazzfestival, Kino
Sie entschließen sich, zum Jazzfestival und zur historischen Ausstellung zu gehen.

Zweite Stufe

17 Hör gut zu!, p. 243

SUSI Hallo, Inge! Wie hat dir unser Klassenausflug gestern Abend gefallen?
INGE Super! Das Ballett *Giselle* war echt beeindruckend. Außerdem war ich zum ersten Mal in der Staatsoper, du auch, Susi?
SUSI Ja! Schau mal, da kommen Ömur und Lutz. Ich möchte gern wissen, was sie über das Ballett denken. He, Lutz, Ömur, kommt doch mal hierher! Inge und ich haben uns gerade über die Aufführung gestern in der Staatsoper unterhalten. Was ist eure Meinung dazu?

LUTZ Also, zu Anfang war ich ja etwas skeptisch. Ich dachte immer, dass Ballett nur was für Mädchen ist.

INGE Wieso denn das, Lutz?

LUTZ Ach, das kann ich gar nicht begründen. Ich glaub, das war ein echtes Vorurteil von mir. Aber gestern, im Laufe der Vorstellung, habe ich meine Meinung allerdings geändert.

ÖMUR Ich war auch zuerst skeptisch. Ich habe nämlich gedacht, dass die Musik mir bestimmt nicht gefällt.

SUSI Und? Hast du deine Meinung geändert, Ömur?

ÖMUR Nee, eigentlich nicht! Wisst ihr, ich mag fetzige Musik, und diese Ballettmusik hat einfach zu wenig Power für mich.

INGE Das ist aber schade, Ömur. Für mich war es echt toll, mal was ganz anderes zu sehen und zu hören. Eben was Besonderes.

ÖMUR Das mag zwar sein, aber mir hat die Musik nun mal nicht gefallen. Ich kann's auch nicht ändern!

SUSI Wie fandet ihr denn die Kulissen? Ich glaube, die haben mich am meisten beeindruckt. Die erste Szene mit der Insel im Meer war doch spitze, meint ihr nicht?

ÖMUR Ja, das muss ich zugeben; mit den Kulissen haben sie sich echt Mühe gegeben.

INGE Da stecken wirkliche Künstler dahinter. Ich würde gern mal so eine Aufgabe im Kunstunterricht bei uns in der Schule machen.

LUTZ Gar keine schlechte Idee. Das würde mir auch Spaß machen. Übrigens war ich sehr begeistert von dem Schiff, das sie da auf der Bühne hatten.

ÖMUR Da stimme ich euch zu! Aber wisst ihr, was ich ganz toll fand?

INGE Na sag schon!

ÖMUR Die Tänzer waren nicht nur gute Balletttänzer, sondern meiner Meinung nach auch hervorragende Schauspieler!

SUSI Ja, da hast du Recht! Vor allem der bärtige Hilarion, der vor lauter Eifersucht ganz wütend war.

INGE Der hat mir auch besser gefallen als der junge Maler Albrecht. Der sah zwar toll aus, aber er war gleichzeitig auch ein bisschen langweilig.

LUTZ Ich fand sie alle gut. Immerhin gab es ja auch noch eine ganze Menge andere Tänzer, die nur in Nebenrollen auftraten, ohne die das Stück aber nicht möglich wäre.

ÖMUR Na ja, dafür war das Ende des Stückes aber etwas enttäuschend, genau wie die Musik.

LUTZ Nun hör schon auf mit deinen Beschwerden über die Musik, Ömur! Ich kann eigentlich nicht behaupten, dass ich vom Ende des Stückes enttäuscht war. Meiner Meinung nach muss es nicht immer ein Happy-End geben!

SUSI Hm. Also, ich stimme mit Ömur überein. Ich war auch etwas traurig darüber. Ein Happy-End hätte mir viel besser gefallen. Das hätte gut zu der märchenhaften Atmosphäre gepasst.

INGE Eben! Ach übrigens, was ich noch toll fand, das waren die Kostüme!

SUSI Ja, stimmt, Inge! Waren die nicht prunkvoll und wunderschön?

INGE Genau! Also, ich hätte Lust, bald wieder in ein Ballett zu gehen.

Answers to Activity 17

Sie waren im Ballett *Giselle.*
Inge: gut / fand die Kostüme toll
Susi: gut / fand die Kulissen spitze
Lutz: gut / hatte zuerst Vorurteile
Ömur: nicht gut / ihm hat die Musik nicht gefallen; war vom Ende enttäuscht

23 Hör gut zu!, p. 244

Guten Tag, sehr verehrte Zuhörer! Ich darf Sie herzlich zu unserem Sonntagskonzert begrüßen. Wir sind heute zu Gast in der Berliner Philharmonie. Das Konzert wird von dem weltberühmten Dirigenten Zubin Mehta dirigiert. Auf dem Programm stehen, wie bereits in unserem Vorspann angekündigt, Werke von Beethoven, Tschaikowski und Bach.

Da wir noch einige Minuten Zeit haben, bevor die Vorstellung beginnt, möchte ich Ihnen kurz beschreiben, was sich im Konzertsaal abspielt. Die Berliner Philharmoniker nahmen bereits vor einer halben Stunde ihre Plätze auf der Bühne ein. Das gesamte Ensemble ist mit den letzten Vorbereitungen beschäftigt. Die Instrumente werden von den Musikern gestimmt. Viele Zuschauer strömen in den Saal und werden zu ihren Sitzplätzen geführt.

Lassen Sie mich, liebe Freunde der klassischen Musik, die Gelegenheit nutzen, ein paar Worte über die Philharmonie einzuschieben. Für alle unsere Zuhörer, die den ungewöhnlichen Bau dieses Gebäudes nicht kennen, hier ein paar Details. Der Konzertsaal der Berliner Philharmonie ist asymmetrisch angelegt und sieht darum wie ein verschobenes Fünfeck aus. Ringsum steigen unregelmäßig angeordnete Logenterrassen an, die allen Zuschauern einen guten Blick auf die Bühne bieten. Die Akustik entfaltet sich dadurch äußerst wirkungsvoll.

Meine sehr verehrten Zuhörer, mittlerweile hat sich der Zuschauerraum fast gefüllt. Die letzten Gäste werden von den Platzanweisern zu ihren Plätzen gebracht. Das muntere Stimmengewirr des Publikums vermischt sich mit den Tönen der Geigen, Posaunen, Harfen und Kontrabässen. Die meisten Musiker sind nun bereit. Sie haben ihre Instrumente abgestellt, um noch ein letztes Mal ihre Noten auf den Notenständern zu überprüfen. Da betritt auch schon der Dirigent die Bühne. Maestro Mehta wird mit lautstarkem Beifall begrüßt. Er steht nun am Podest und erhebt seinen Dirigentenstab. Atemlose Stille füllt den Raum, bevor das Orchester unter Leitung des Maestros das Konzert beginnt. Meine lieben Zuhörer, ich verabschiede mich vorübergehend, damit Sie die harmonischen Klänge dieser wunderbaren Sinfonien genießen können.

Answers to Activity 23

die Musiker; die Zuschauer; den Konzertsaal; die Logen; die Akustik; die Instrumente; den Dirigenten / die Berliner Philharmoniker; Werke von Beethoven, Tschaikowski und Bach (klassische Musik)

Anwendung

Activity 1, p. 252

NICOLE Hallo, Regina! Konun, setz dich zu uns!
REGINA Ach, hallo, Nicole! Hallo Sascha!
RAINER Tag! Ich bin der Rainer. Kann ich dir was zu trinken bestellen?
REGINA Tag, Rainer! Ja, gern. Ich nehm 'nen Cappuccino!
NICOLE Du, Regina, hättest du nicht Lust, mit Rainer, Sascha und mir am Wochenende was zu unternehmen?
REGINA Klar! Wofür interessiert ihr euch denn so?
RAINER Also, wir überlegen gerade, ob wir zum B.B. King Konzert gehen sollen.
REGINA Gibt es noch Karten?
RAINER Ja, an der Abendkasse kriegt man immer noch welche! Das Konzert findet am Samstag in Karlsruhe statt. Wisst ihr, dieser Mann ist einfach spitze. Er ist ja bereits in den Sechzigern, geht aber trotzdem noch regelmäßig auf Tournee. Einfach sagenhaft!
REGINA Du magst wohl Rhythm 'n Blues, was?
RAINER Und wie! Du etwa nicht?
REGINA Doch schon! Aber eigentlich gehe ich nicht so oft in Konzerte. Ich gehe lieber ins Ballett oder in die Oper!
NICOLE Was? Das wusste ich ja gar nicht, dass du dich für so was interessierst!
REGINA Doch, leidenschaftlich! Am liebsten mag ich dramatische Opern mit einem tragischen Ende, so wie *La Traviata* zum Beispiel! Und du, Nicole? Was interessiert dich am meisten?
NICOLE Tja, also ich bin ein Literaturfan!
SASCHA Bücherwurm nennt man das!
NICOLE Ha! Ha! Sehr witzig, Sascha! Ich les halt gern, am liebsten Shakespeare. Und wenn sich die Gelegenheit ergibt, dann sehe ich mir auch gern Stücke im Theater an. Nächste Woche läuft im Landestheater *Andorra* von Max Frisch. Na, Sascha, gehst du mit mir dahin?
SASCHA Nur wenn du mit mir in die Kunstausstellung im Stadtmuseum gehst!
NICOLE Was wird denn ausgestellt?
SASCHA Surrealistische Gemälde von Dali und Magritte. Einfach super! Ich steh total darauf!
REGINA Hmm. Es sieht so aus, als ob wir alle ziemlich verschiedene Interessen haben.
NICOLE Willst du damit sagen, dass wir lieber doch nichts zusammen unternehmen sollten?
REGINA Nein, im Gegenteil! Ich habe einen Vorschlag: warum machen wir nicht alles der Reihe nach? Zuerst gehen wir am Samstag ins B.B. King Konzert. Dann gehen wir nächste Woche ins Theater, dann in die Kunstausstellung und irgendwann auch mal ins Ballett oder in die Oper! Na, wie findet ihr das?

NICOLE Klasse Idee! Das bringt auf jeden Fall mal etwas Abwechslung in unsere Unternehmungen! Ich bin dabei! Wie sieht's mit euch aus, Jungs?

RANIER Ich bin auch dabei!

Answers to Activity 1

Ranier: Konzert; Sascha: Kunstausstellung; Regina: Ballett, Oper; Nicole: Literatur, Theater

Scripts for Additional Listening Activities

Additional Listening Activity 10-1, p. 79

STEFANIE Hallo, Heike. Wie geht's?
HEIKE Hallo, ihr beiden. Na ja, so okay.
STEFANIE Warum, was ist denn los? Stimmt was mit dir nicht, bist du krank?
HEIKE Ne, das nicht. Obwohl ich mich fast so fühle. Habe gerade erfahren, dass meine Nichte und mein Neffe während der Ferien zu uns kommen. Und ich wollte in den Ferien so richtig faulenzen, damit ist's wohl dann vorbei.
JENS Wieso, wie alt sind die denn?
HEIKE Meine Nichte ist 10, und mein Neffe ist 11 Jahre alt.
STEFANIE Na, das ist doch toll! Da kannst du doch mit denen schon richtig was unternehmen.
HEIKE Meinst du?
JENS Na, ich beneide dich nicht um die zwei. Ich würde auch lieber meine Ruhe in den Ferien haben.
HEIKE Ja, was soll ich denn mit denen anfangen den ganzen Tag?
JENS Na, denen kannst du keine Märchen vorlesen, dazu sind die zu alt.
STEFANIE Das glaube ich nicht, es gibt auch spannende Märchen, mit denen du die beiden bestimmt begeistern kannst.
HEIKE Ich habe „Gullivers Reisen" immer gern gelesen.
STEFANIE Ja, das ist 'ne tolle Geschichte. Für Wunder sind alle Kinder zu begeistern, und diese Geschichte ist ja voll davon.
HEIKE Gut. Und was mache ich mit denen noch? Ich kann ihnen ja nicht die ganze Woche „Gullivers Reisen" vorlesen.
STEFANIE Geh mit ihnen ins Theater!
JENS Was, dazu sind die doch noch viel zu jung!
HEIKE Das würde ich nicht unbedingt sagen. Meine Eltern haben schon seit vielen Jahren ein Theaterabonnement. Sie haben mich manchmal mitgenommen. Das erste Mal war ich 10 Jahre alt.
JENS Na, da bewundere ich dich aber, Heike. Dazu wäre ich in dem Alter noch nicht fähig gewesen. Aber ich gehe ja auch jetzt noch nicht gern ins Theater ...
STEFANIE Ja, du! Aber Heikes Neffe und Nichte würden vielleicht gern mal gehen.
HEIKE Gibt's nicht auch Theater für Kinder?
STEFANIE Ja, genau. Vor allem während der Ferien werden immer Stücke für Kinder aufgeführt. Meistens sind das Märchen.
HEIKE Na, das ist vielleicht eine Idee. Für Ausstellungen werden sich die beiden ja weniger interessieren.
JENS Wieso? He, die Autoausstellung, die zur Zeit läuft, das wäre doch was für deinen Neffen.
HEIKE Meinst du, Jens?
JENS Ja, klar. Ich war da schon, war total irre. Da würde ich sogar noch mal hingehen.
HEIKE Na, da kannst du ja mit meinem Neffen gehen, wenn er kommt.
JENS Du, das würde ich sogar machen. Kein Problem.
STEFANIE Ja, ich hab in den Ferien auch noch nichts vor. Ich kann ja mit dir mitkommen, Heike, wenn du mit deinem Neffen und deiner Nichte was unternimmst.
HEIKE Oh ja, das wäre toll. Da würde es mir bestimmt auch mehr Spaß machen, wenn ihr dabei seid.
JENS Klar, das wird bestimmt lustig.
STEFANIE Und so schlimm, wie du dir das dachtest, wird's bestimmt nicht.
HEIKE Na, vielleicht hast du Recht.

Additional Listening Activity 10-2, p. 79

NINA Guten Tag! Wir sind hier zu Besuch in der Stadt. Können Sie uns vielleicht sagen, was wir hier machen könnten? Vielleicht gibt's gerade ein Volksfest?
FRAU Da muss ich Sie leider enttäuschen. Aber Sie gehen doch bestimmt auch gern ins Museum, oder?
CLAUS Na ja ...
FRAU Ein historisches Museum gibt es nicht, aber wenn Sie sich für Architektur interessieren, würde ich Ihnen unbedingt empfehlen, in die Architektur-Ausstellung im Bauhaus zu gehen.
CLAUS Ich weiß nicht, ich würde mir lieber ein technisches Museum oder so ansehen.
FRAU Ja, da sind sie in unserer Stadt genau richtig. Da würde Ihnen sicher das Motorradmuseum gefallen.
TORSTEN Oh ja, das würde ich mir auch gern ansehen. Da komme ich mit, Claus.
NINA Ich glaube, das würde mir keinen Spaß machen. Ich interessiere mich nicht so für Motorräder.
FRAU Unsere Stadt hat auch eine sehr interessante Bildergalerie. Vielleicht würden Sie lieber dorthin gehen?
NINA Hm, gibt es dort auch Bilder aus dem 17. und 18. Jahrhundert oder nur moderne Maler?
FRAU Dort gibt es nur Gemälde von Malern, die vor dem 19. Jahrhundert gelebt haben. Ich bewundere diese Maler auch am meisten. Eine Ausstellung für moderne Malerei haben wir zur Zeit nicht. Die moderne Malerei finde ich scheußlich. Ihnen geht es wohl auch so?
NINA Na ja, ich bewundere die alten Gemälde wegen der Darstellung der Menschen in den Bildern. Die sehen immer so echt aus ...
CLAUS Also, ich glaube, mich würde niemand überreden können, in die Bildergalerie zu gehen.
NINA Na, und ich beneide dich nicht um deine Motorräder.
TORSTEN Das kann ja jeder machen, wie er will. Ich würde auch gern am Abend ins Konzert oder so gehen. Wissen Sie nicht, wo da was los ist?
FRAU Oh ja, da gibt es eine ganze Reihe an Veranstaltungen. Leider kann ich Ihnen keine Hausmusik anbieten. Aber es gibt andere Konzerte. Würden Sie lieber etwas Klassisches hören, oder sind Sie mehr für das Moderne?
TORSTEN Ach, ich würde eventuell auch mal in ein klassisches Konzert gehen. Was ist denn auf dem Spielplan?
FRAU Da haben wir eine Oper von Wagner. Würde Ihnen die vielleicht gefallen?
TORSTEN Hmm, ich weiß nicht ...
CLAUS Also, es gibt kaum klassische Musik, die ich nicht hören würde, aber Wagner gefällt mir persönlich nicht. Das ist nicht gerade Musik zum Vergnügen. Was gibt's denn sonst noch?
FRAU Ja, wenn sie leichte klassische Musik wollen, kann ich Ihnen Mozart empfehlen. Da findet morgen ein Konzert im Schlosshof statt.

LISTENING ACTIVITIES • SCRIPTS & ANSWERS

NINA	Oh, das klingt ja interessant. Da würde ich möglicherweise auch hingehen.
TORSTEN	Ja, dann lass uns doch am Abend was gemeinsam unternehmen, und am Tag macht jeder für sich, was er will.
CLAUS	Das ist eine gute Idee.
FRAU	Ich würde Ihnen empfehlen, die Karten für das Mozart-Konzert rechtzeitig zu kaufen, da das Konzert sicher bald ausverkauft sein wird. Ich würde Ihnen vorschlagen, mindestens eine halbe Stunde vor Beginn an der Abendkassse zu sein. Dann haben Sie gute Chancen, Karten zu erhalten.
NINA	Gut, das werden wir machen. Und danke für die nette Beratung.
CLAUS	Ja, danke für die Tips.
FRAU	Bitte sehr. Ich wünsche Ihnen noch einen schönen Aufenthalt in unserer Stadt. Und wenn Sie weitere Fragen haben, kommen Sie einfach wieder vorbei.

Additional Listening Activity 10-3, p. 80

LISA	He, am Wochenende findet das Konzert des Jahrhunderts statt, steht hier in der Zeitung: Vivaldi gespielt vom Geiger Nigel Kennedy. Den Geiger kenn ich zwar nicht, aber wegen der Musik von Vivaldi würde ich da schon mal hingehen. Was meint ihr?
YVONNE	Ach, du, Lisa, ich finde Geigenmusik nicht gut, und Konzerte überhaupt. Anstatt eines Konzertes würde ich einen Film im Kino vorziehen.
LISA	Aber das ist doch langweilig. Ins Kino gehen wir immer.
HOLGER	Das stimmt. Ich finde das auch eine gute Idee, nicht unbedingt wegen der Musik, aber zur Abwechslung könnten wir auch mal was anderes machen. Oder was meinst du, Steffen?
STEFFEN	Ich glaube nicht, dass ich Zeit habe, überhaupt was zu machen. Außerhalb der Schule mache ich gewöhnlich nicht sehr viel. Und an den Wochenenden muss ich mich auf Tests vorbereiten.
LISA	Ach, komm. Du kannst während der ganzen Woche lernen. Sei nicht so ein Streber!
YVONNE	Genau. Außerdem lebst du ja nicht nur für die Schule.
HOLGER	Seht mal, hier in der Zeitung steht auch, dass dieses Wochenende ein Volksfest in der Stadt ist. Da würde ich gern hingehen. Nicht wegen der Tradition, aber so zum Vergnügen. Wie findet ihr das?
YVONNE	Na ja, das ist immerhin noch besser als Konzert. Da weiß ich, dass ich da zum Spaß hingehe und nicht nur zum Zeitvertreib.
STEFFEN	Ich habe noch einen ganz anderen Vorschlag. Alle diese Dinge können wir nämlich während des Winters machen, wenn es draußen so kalt ist, dass man lieber drinnen ist.
LISA	Na, was schlägst du denn dann vor?
STEFFEN	Hier in der Zeitung habe ich gerade gesehen, dass morgen der letzte Tag der Astro-Austellung auf dem Messegelände ist. Da sind wir an der frischen Luft ...
LISA	Ach, du kannst mir doch nicht erzählen, dass du da wegen der frischen Luft hin willst, ich glaube eher wegen der Wissenschaft ...
YVONNE	Genau. Es passiert wohl kaum, dass du mal was zum Vergnügen machst, außerhalb der Schule.
STEFFEN	Aber ...
HOLGER	Und übrigens — das Volksfest findet auch im Freien statt.
YVONNE	Genau, also ich bin auch fürs Volksfest.
LISA	Na gut, ins Konzert können wir mal während eines Regentages gehen. Los, Steffen, lass uns mal was zur Entspannung machen.
YVONNE	Ja, komm doch mit!
STEFFEN	Na gut, aber wenn ich wegen dieses Volksfestes dann am Mittwoch eine schlechte Arbeit schreibe ...

Additional Listening Activity 10-4, p. 81

JANA	Hallo, Claudia! Schön, dass du kommst.
CLAUDIA	Hallo, Jana! Wie geht's dir?
JANA	Na ja, Kopfschmerzen habe ich noch und etwas Fieber. So eine Grippe geht nicht so schnell vorbei.
CLAUDIA	Ja, das glaube ich. Das ist ja wirklich ein Pech. Na, wenigstens hattest du nicht noch Ohrenschmerzen oder Magenschmerzen.
JANA	Ne, das nicht. Ich ärgere mich aber, dass ich das Programm gestern nicht miterleben konnte. Wie war es denn?
CLAUDIA	Ach, es war ganz gut.
JANA	Wurde wie immer am Anfang eine Rede gehalten?
CLAUDIA	Ja, alle Leute wurden begrüßt, du weißt ja, die Lehrer und anderen Schüler und die Eltern und die Gäste, von unserem Direktor natürlich. Der hielt 'ne Rede. Ich dachte, der hört gar nicht mehr auf, so lang war die. Dann wurde ewig geklatscht. Dann haben die Musiker erst noch die Instrumente gestimmt. Und die ganze Zeit stand unser Chor schon auf der Bühne. Ich hatte ganz schön Herzklopfen.
JANA	Der Chor musste wohl zuerst auftreten?
CLAUDIA	Ja, nach der Rede des Direktors, wie gesagt. Da kam dann unser Dirigent, der Herr Fischer.
JANA	Ach ja, der macht doch immer so viel Spaß. Hat der auch wieder Witze auf der Bühne gemacht?
CLAUDIA	Ne, dieses Mal war er ganz ernst. Ich hatte das Gefühl, er musste sich sehr konzentrieren. Wir haben nämlich einen neuen Klavierspieler, also der den Chor am Klavier begleitet.
JANA	Ach, ist das nicht mehr der Herr Engel?
CLAUDIA	Nein, über den Herrn Engel wurde immer geklagt: der hat oft falsch gespielt.
JANA	So?
CLAUDIA	Na ja, irgendwie klappte das nicht mit unserem Chor, der konnte unseren Chor nicht richtig begleiten. Aber der neue Klavierspieler ist toll. Über den können wir uns nicht beklagen. Der spielt gut Klavier, und mit dem klappt eigentlich jede Aufführung.
JANA	Die Aufführung gestern war also dann gut?
CLAUDIA	Ich glaube ja. Es wurde auch viel geklatscht.
JANA	Und wie war das neue Theaterstück, das die 9b aufgeführt hat?
CLAUDIA	Ach, das war ganz gut. Aber neu war das nicht. Du kennst das doch auch, das ist schon mal aufgeführt worden. War das nicht letztes Jahr zu Weihnachten?

JANA Ach, ist das das Theaterstück mit der komischen Handlung, wo der Junge so neidisch ist auf die guten Noten seines Freundes, dass er überall in der Schule klatscht, dass sein Freund angeblich immer von ihm abschreiben würde?

CLAUDIA Ja, genau.

JANA Ja, jetzt erinnere ich mich. Dann handelt es sich also um das gleiche Stück, das die auch gestern aufgeführt haben?

CLAUDIA Ja.

JANA Ach, dann habe ich ja nicht viel verpasst.

CLAUDIA Na, unseren Chor hast du schon verpasst, der war nämlich wirklich gut.

JANA Na ja, das glaube ich. Den hätte ich auch gerne erlebt. Aber ich habe es mir ja nicht aussuchen können, daß ich gerade jetzt krank werde.

Additional Listening Activity 10-5, p. 82

JAN Mensch, ich verstehe das nicht, Heinz muss doch endlich mal kommen. Wo der nur bleibt.

DIETER Ja, Mensch, ohne den Klavierspieler können wir ja nicht anfangen!

ASTRID Und das bei unserem ersten Auftritt!

JAN Mist, die Zuschauer kommen schon. Ich kann sie schon hören. Hoffentlich machen die den Vorhang jetzt noch nicht auf.

ASTRID Mensch, hab ich vielleicht Herzklopfen!

DIETER Na, und ich erst. Dass das mit Heinz aber auch noch passieren musste. Die Aufregung ist so schon groß genug.

JAN Das stimmt. Ich hab schon eine Gänsehaut, wenn ich dran denke, dass wir das Konzert vielleicht ganz absagen müssen.

ASTRID Na, nun wart's erst mal ab. Vielleicht kommt ja Heinz doch noch.

DIETER Ansonsten müssen wir eben ohne ihn anfangen.

JAN Was, bist du verrückt, wie soll denn das klingen: Ich mit dem Kontrabass, du mit der Geige und Astrid mit der Flöte? Ohne Klavier? Das geht ja wohl nicht, oder?

ASTRID Ne, die Aufführung können wir ohne Heinz nicht machen. Das Klavier brauchen wir.

DIETER Mensch, ist das 'ne Spannung, ich halt das nicht mehr aus. Der ganze Saal ist schon voll, und alle warten, dass wir anfangen.

ASTRID Na ja, es ist gerade 18 Uhr 55. Da hat Heinz noch 5 Minuten, vielleicht schafft er's ja noch. Ich möchte bloß mal wissen, was passiert ist. Ob er den Bus nicht geschafft hat?

JAN Vielleicht. Oder er ist krank geworden?

DIETER Aber dann hätte er doch vorher was gesagt. Er kann doch nicht so von einer Sekunde auf die andere krank werden.

ASTRID Klar kann er das. Vielleicht hatte er einen Unfall.

JAN Ach, Quatsch! Sag nicht so was! Vielleicht hat er auch nur verschlafen.

ASTRID Jetzt ist es gleich 19 Uhr. Was meint ihr, ob wir schon anfangen sollen, die Instrumente zu stimmen?

DIETER Ja, das ist eine gute Idee. Heinz' Klavier muss ja nicht gestimmt werden.

JAN Na, dann mal los. Hast du deine Geige, Dieter?

DIETER Ja, klar.

ASTRID Seht mal, da kommt ja Heinz!

JAN Na, ein Glück!

DIETER Bin ich froh!

HEINZ 'n Abend. Entschuldigt, aber ich ...

ASTRID Nun beruhige dich erst mal, du bist ja ganz atemlos! Wir haben auch nicht mehr viel Zeit für lange Erklärungen, wir müssen nämlich gleich anfangen zu spielen ...

HEINZ Mensch, eh, ich hab den Bus verpasst. Tut mir Leid.

Additional Listening Activity 10-6, p. 82

STEFFI Hier in Leipzig gefällt's mir, da ist immer was los, da ist's nie langweilig. Am besten war's gestern Abend.

MATTHIAS So? Erzähl mal, Steffi, was hast du gestern Abend gemacht?

STEFFI Ich war mit Erika im Opernhaus.

MATTHIAS Ach, Oper mag ich nicht ...

STEFFI Das war keine Oper, Matthias. Das war ein Ballett, eine ganz tolle Aufführung von „Schneewittchen". So was Schönes habe ich noch nie gesehen.

MATTHIAS Wirklich?

STEFFI Ja, das Bühnenbild war phantastisch, ganz bunt, und es sah auch richtig echt aus. Und dann hatten die so einen Vorhang, der war ganz dünn und der wurde von hinten angestrahlt, so dass man dann durchsehen konnte. Und da sah es dann so aus als würde es schneien.

MATTHIAS Und die Handlung war auch gut?

STEFFI Na ja, genauso wie das Märchen Schneewittchen eben ist, du kennst es doch: mit der Königin, die in den Spiegel sieht, und dann wird ihr gesagt, dass Schneewittchen schöner ist als sie und ...

MATTHIAS Mmh, ja das Märchen fand ich schon immer gut. Ist das Ballett wirklich gut?

STEFFI Ja, es lohnt sich wirklich. Das ist nicht bloß eine Aufführung für Kinder, wie du vielleicht denkst. Das Ballett ist wirklich toll, die Tänzer waren einfach toll.

MATTHIAS Und Spannung war auch dabei?

STEFFI Na ja, ein Krimi war's natürlich nicht, aber spannend war's ein bisschen, vor allem auch durch die Musik. Die Musik war auch toll. Aber das muss man einfach erlebt haben. Übrigens ist heute die letzte Aufführung.

MATTHIAS Meinst du, ich kann an der Abendkasse noch Karten bekommen?

STEFFI Weiß nicht, gestern stand eine Schlange von vielleicht 50 Leuten, als wir kamen.

MATTHIAS Na, da habe ich wohl keine Chance, noch Karten zu bekommen.

STEFFI Warum nicht? Auf den Versuch kommt es an. Meistens haben sie noch genug Karten an der Abendkasse.

MATTHIAS Wann fängt es an?

STEFFI 20 Uhr. Jetzt ist es 18 Uhr, da hast du noch genug Zeit.

MATTHIAS Na ja, vielleicht sollte ich's wirklich versuchen. Ich hatte heute Abend sowieso noch nichts vor. Dann danke für den Tip.

STEFFI Schon gut. Hauptsache, es gefällt dir. Und viel Spaß!

MATTHIAS Danke!

Answers to Additional Listening Activities

Additional Listening Activity 10-1, p. 79

1. falsch: Sie hat gerade erfahren, dass ihr Neffe und ihre Nichte in den Ferien zu Besuch kommen und das gefällt ihr nicht, so dass sie sich wie krank fühlt.
2. falsch: Heikes Neffe ist 11, ihre Nichte 10 Jahre alt.
3. falsch: Jens denkt, dass Heikes Nichte und Neffe zu alt sind, dass man ihnen noch Märchen vorlesen kann.
4. richtig
5. falsch: Es gibt ein Theater, wo in den Ferien oft Märchen gespielt werden.
6. richtig

Additional Listening Activity 10-2, p. 79

Was es in der Stadt nicht gibt: Volksfest, historische Ausstellung, Bildergalerie moderner Maler ab dem 19. Jahrhundert, Hausmusik

Additional Listening Activity 10-3, p. 80

see complete transcript, p. 41

Additional Listening Activity 10-4, p. 81

1. c
2. a
3. a
4. b
5. b
6. c
7. b

Additional Listening Activity 10-5, p. 82

1. Der Auftritt soll beginnen, aber Heinz ist noch nicht da.
2. Noch nie, es ist ihr erster Auftritt.
3. Astrid: Flöte; Dieter: Geige; Jan: Kontrabass; Heinz: Klavier
4. Er hat den Bus verpasst.
5. *Answers may vary.*

Additional Listening Activity 10-6, p. 82

1. Sie erzählt über das Ballett „Schneewittchen", das sie in der Oper gesehen hat.
2. Das Bühnenbild war phantastisch, ganz bunt, und es sah echt aus. Es gab einen Vorhang, der war ganz dünn und der wurde von hinten angestrahlt, so dass man dann durchsehen konnte. Da sah es so aus, als würde es schneien. Die Handlung war wie das Märchen: mit der Königin, die in den Spiegel sieht und erfährt, dass Schneewittchen schöner ist als sie. Die Tänzer waren auch toll. Spannend war's ein bisschen, vor allem auch durch die Musik, die auch toll war.
3. Er hat am Anfang kein Interesse, will aber dann am gleichen Abend auch noch ins Ballett gehen.
4. *Answers may vary.*

Erste Stufe

4 Hör gut zu!, p. 261

GERD Hallo, Ulla! Hallo, Ralf! Stör ich?

RALF Ach was, natürlich nicht! Wir haben uns gerade über unsere Pläne nach dem Schulabschluss unterhalten. Hast du schon darüber nachgedacht, was du nach der Schule machen willst, Gerd?

GERD Na klar! Ich weiß schon ziemlich genau, was ich machen werde.

ULLA Beneidenswert! Ich hab mich noch nicht entschieden, ob ich studieren oder einen Beruf erlernen soll.

RALF Das klingt aber sehr allgemein. Weißt du denn wenigstens, was du studieren würdest, oder in welchem Beruf du später einmal arbeiten möchtest?

ULLA In den letzten Wochen habe ich mir darüber sehr viele Gedanken gemacht. Ich habe mich entschlossen, einen medizinischen Beruf zu erlernen. Aber ich weiß noch nicht, ob ich mir ein so schwieriges Studium zutraue. Ich könnte auch eine Ausbildung als Krankenschwester machen. Das dauert nur drei Jahre.

RALF Vielleicht solltest du dich mal mit einem Arzt oder einer Krankenschwester über diese Berufe unterhalten. Ich könnte mir vorstellen, dass es dir helfen würde, die richtige Entscheidung zu treffen.

ULLA Gute Idee! Daran habe ich noch gar nicht gedacht. Du, Gerd! Du hast gesagt, dass du schon ganz genau weißt, was du nach dem Abi machen wirst. Lass mal hören!

GERD Also, zuerst muss ich ja meinen Wehrdienst leisten. Danach fange ich ein Studium an. Ich habe mich entschieden, Englisch und Spanisch zu studieren.

ULLA Kein Wunder! Da hast ja auch immer Supernoten in den beiden Fächern.

GERD Ich hoffe, dass ich einen Studienplatz bekomme. Ich möchte Simultandolmetscher werden.

RALF Mensch, ich beneide dich, Gerd. Das stelle ich mir wahnsinnig schwierig vor.

GERD Ist es auch! Deshalb wird es auch nicht einfach sein, einen Studienplatz hier in Deutschland zu bekommen. Im Notfall werde ich eben ins Ausland gehen, wie zum Beispiel nach London oder auch nach New York. Ich muss mir das noch überlegen.

ULLA Klasse! Und wer finanziert deine Auslandspläne? Deine Eltern? Das muss doch ziemlich teuer sein.

GERD Wahrscheinlich würden sie mich schon finanziell unterstützen, aber eigentlich hoffe ich darauf, ein Stipendium zu bekommen.

RALF Ich bin echt beeindruckt, Gerd. Du hast wirklich an alles gedacht. Ich selbst hab beschlossen, Maschinenbau zu studieren. Als Diplomingenieur kann ich mich später entweder selbständig machen, oder ich kann in die Industrie gehen.

ULLA Wo willst du denn Maschinenbau studieren?

RALF Ich weiß noch nicht, ob ich nach Braunschweig oder nach Kaiserslautern gehen soll. Beide Unis sollen ein ausgezeichnetes Studienprogramm für Maschinenbau haben. Wenn das Studium gut läuft, bin ich fest entschlossen, ein Jahr in den USA oder in Kanada einzuschieben. Aber das kommt erst später.

GERD Na ja, es scheint, als ob wir alle ziemlich genau wissen, was wir nach der Schule anfangen. Mensch, wenn doch bloß der Stress mit dem Abi schon vorbei wäre!

RALF He, Leute! Da fällt mir gerade was ein. Ich hab gehört, dass der Geßner, der Klassenlehrer von der 13b, in zwei Wochen eine Party für alle gestressten Abiturienten macht. Geht ihr hin?

ULLA Das kommt ja wie gerufen! Eine Party haben wir uns schon lange verdient. Find ich toll, dass der Geßner uns alle einlädt. Also, ich muss jetzt los. Tschüs, ihr beiden!

GERD Tschüs, Ulla!

RALF Ciao!

Answers to Activity 4

feste Pläne: Gerd, Ralf
noch nicht sicher: Ulla

12 Hör gut zu!, p. 263

HORST He, Steffi! Na, wie geht's?
STEFFI Hallo, Horst! Ich hab dich gar nicht gesehen. Ist ja wieder mal ziemlich voll im Café Goethe.
HORST Sag mal, Steffi, hast du dir schon überlegt, was du nach dem Abitur anfangen willst?
STEFFI Ja, hab ich! Ich bin nicht besonders interessiert daran zu studieren. Das steht auf jeden Fall fest.
HORST Wieso nicht? Was stört dich denn so sehr an einem Studium?
STEFFI Weißt du, ich lege einfach keinen großen Wert darauf, die nächsten fünf, sechs Jahre weiterhin nur lernen zu müssen.
HORST Das müsstest du doch auch, wenn du einen Beruf erlernen willst.
STEFFI Da gibt es aber einen großen Unterschied. Für mich ist es am wichtigsten, dass ich endlich mal etwas Praktisches tun werde. Ich habe es satt, ständig nur über den Büchern zu sitzen.
HORST Woran hast du denn gedacht?
STEFFI Am liebsten würde ich an einem Projekt von UNICEF arbeiten. Ich lege großen Wert darauf, dass den Menschen in den Entwicklungsländern und vor allem den Kindern dort geholfen wird. Mir ist weniger wichtig, dass ich gut verdiene. Menschen in Not zu helfen, ist mir mehr wert als eigener Luxus.
HORST Ich wusste gar nicht, dass du auf diesem Gebiet so engagiert bist.
STEFFI Ja, als mir klar wurde, wie wichtig diese Ziele für mich sind, habe ich mich entschieden, diesen Weg zu wählen. Aber wir reden ja die ganze Zeit nur von meinen Zukunftsplänen. Erzähl doch mal, was du so vorhast!
HORST Ich werde wahrscheinlich erst einmal meinen Zivildienst machen.
STEFFI Zivildienst statt Wehrdienst?
HORST Ausschlaggebend für mich ist, dass ich beim Zivildienst nicht mit Waffen umgehen muss. Lieber arbeite ich als Sozialarbeiter, Altenpfleger oder sonst etwas in der Richtung. Nach dem Zivildienst möchte ich am liebsten Jura studieren.
STEFFI Jura! Da wirst du ewig an der Uni sein.
HORST Es ist nicht entscheidend für mich, dass das Studium lang und hart ist. Ich finde es wichtig, dass das Gesetz vertreten wird.
STEFFI Hast du dir schon überlegt, in welche Richtung du später einmal gehen möchtest?
HORST Vielleicht Grundstücksrecht.
STEFFI Wie kommst du denn ausgerechnet auf Grundstücke?
HORST Tja, also ich glaube, dass die Spezialisierung auf Grundstücksrecht Zukunft hat. Nimm zum Beispiel mal die ganzen Grundstücke in der ehemaligen DDR. Die Rechtsfrage wird auch in den nächsten fünf bis zehn Jahren noch nicht geklärt sein.
STEFFI Hm. Das mag schon sein. Ich wünsch dir auf jeden Fall viel Spaß mit deinen Zukunftsplänen. Also, ich muss wieder los. Tschüs, Horst!
HORST Tschüs, Steffi!

Answers to Activity 12

Wichtig für Steffi: etwas Praktisches tun; Menschen in Entwicklungsländern helfen / Wichtig für Horst: nicht mit Waffen umgehen müssen; dass das Gesetz vertreten wird / z.B.: es macht Horst nichts aus, weiter zu studieren, aber Steffi will lieber etwas Praktisches tun; Steffi möchte sich mit Problemen in Entwicklungsländern beschäftigen, und Horst interessiert sich für Rechtsfragen in Deutschland.

Zweite Stufe

20 Hör gut zu!, p. 269

MEIKE Hallo, Conny! Toll, dass du kommen konntest. Felix und Harry sind schon da.
CONNY Das war übrigens eine gute Idee von dir, Meike, zusammen für die nächste Englischarbeit zu lernen. Hallo, Felix! Hallo, Harry! Na, lernt ihr schon fleißig?
FELIX Hi, Conny! Eigentlich haben wir uns gerade darüber unterhalten, was wir uns im Leben mal wünschen.
MEIKE Interessant! Erzähl doch mal! Was wünschst du dir denn als Erstes nach dem Schulabschluss, Felix?
FELIX Also, am liebsten wäre mir, wenn es keine Wehrpflicht gäbe. Das ist doch alles bloß eine riesige Zeitverschwendung. Mit physischer Gewalt stimme ich sowieso nicht überein. Was meinst du, Harry?

HARRY Du kannst ja auch verweigern und statt dessen Zivildienst machen.

FELIX Dazu brauche ich aber auch mindestens eineinhalb Jahre. Gleich nach der Schule mit dem Studium anzufangen, wäre mir viel wichtiger.

CONNY Das kann ich gut verstehen, Felix. Mir wäre es auch lästig, wenn ich so eine Verpflichtung hätte. Mein Wunschtraum wäre, genug Geld zu haben, um ein ganzes Jahr in der Welt herumzureisen.

MEIKE Klingt super, Conny! Da würde ich garantiert mitkommen. Es gibt so viele Interessante Sachen auf der ganzen Welt zu sehen. Es wäre nur schön, wenn es keine Umweltkatastrophen mehr gäbe.

HARRY Da hast du Recht, Meike. Bei all den Erdbeben und Wirbelstürmen, die die Welt in letzter Zeit erlebt hat, kann ich deinen Wunsch verstehen. Ich muss allerdings eingestehen, dass ich bei meinen Wünschen etwas egoistischer bin. Ein toller Beruf, der viel Geld, aber auch viel Freizeit bringt, wäre mir sehr wichtig.

FELIX Nicht schlecht, Harry. Mir wäre außerdem noch wichtig, dass ich mal ein tolles Haus habe.

MEIKE Ihr habt wirklich sehr materialistische Wünsche. Mir ist es ganz gleichgültig, ob ich mal reich werde oder ein tolles Haus habe. Viel wichtiger wären mir echte Freunde, denen man ein ganzes Leben lang vertrauen kann.

HARRY Jeder wünscht sich eben etwas anderes, und das ist auch gut so, sonst wäre die Welt unheimlich langweilig.

MEIKE He, es ist ja schon bald halb fünf! Jetzt müssen wir uns aber ganz schön beeilen, wenn wir überhaupt noch was für die Englischarbeit lernen wollen. Immerhin müssen wir erst einmal die Schule hinter uns bringen, sonst bleiben alle unsere Wünsche nur Träume!

Answers to Activity 20

Answers will vary. Possible answers:
Felix: keine Wehrpflicht; gleich nach der Schule mit dem Studium anfangen zu können; tolles Haus
Conny: genug Geld zu haben, um zu reisen
Meike: keine Umweltkatastrophen; echte Freunde
Harry: tollen Beruf mit viel Geld und viel Freizeit

26 Hör gut zu!, p. 270

DANIEL He, Jürgen! Was liest du denn so Spannendes? Du hast uns gar nicht kommen hören.

JÜRGEN Hallo, Daniel! Ach, da kommen ja auch Sylvia und Sophie.

SYLVIA Du bist ja ziemlich in dein Buch vertieft. Zeig doch mal, was du da liest, Jürgen!

JÜRGEN Es ist eine Biographie über John F. Kennedy. Habt ihr überhaupt eine Ahnung, was der alles in seinem Leben erreicht hat? Schon als junger Mann hatte der was drauf, sag ich euch. Mit 29 Jahren war er bereits Abgeordneter im Repräsentantenhaus in der amerikanischen Regierung. Ich möchte unbedingt auch eine politische Karriere begonnen haben, wenn ich dreißig bin.

DANIEL In die Politik willst du?

JÜRGEN Ja, ich möchte mich auch mal so für mein Land und das Volk engagieren, wie Kennedy das für sein Land getan hat.

SYLVIA Du hast ja große Pläne, Jürgen.

JÜRGEN Ach, komm, Sylvia! So wie ich dich kenne, hast du doch bestimmt große Ambitionen, oder?

SYLVIA Ja, stimmt! Mit dreißig möchte ich in einer Karriere als Börsenmaklerin etabliert sein und bereits eine Menge Geld gespart haben. Für mich sind komfortable finanzielle Verhältnisse sehr wichtig. In zehn Jahren will ich mir jedenfalls keine Gedanken mehr um Geld machen müssen.

DANIEL Ihr wisst schon so genau, wie ihr euch euer Leben in zehn Jahren vorstellt, Jürgen und Sylvia. Ich weiß noch gar nicht, was ich einmal machen werde, wenn ich dreißig bin. Ziemlich sicher bin ich mir jedoch, dass ich irgendwann mal heiraten und eine Familie haben will. Vielleicht werde ich bis dahin ja meine Traumfrau gefunden haben.

SYLVIA Daniel, das finde ich toll. Wir haben alle nur an die berufliche Seite gedacht. Sophie, du hast noch gar nichts gesagt. Wie stellst du dir dein Leben mit dreißig vor?

SOPHIE Ich würde gern Schauspielerin werden, aber alle machen sich immer über meinen Berufswunsch lustig.

JÜRGEN Du musst zugeben, dass die Chancen in dem Beruf nicht gerade rosig sind, weil es so viele Menschen gibt, die diesen Wunschtraum haben.

SOPHIE Trotzdem glaube ich, dass ich eine gute Schauspielerin wäre. Bis ich dreißig bin, will ich es geschafft haben, im Deutschen Theater oder im Berliner Schauspielhaus gespielt zu haben. Ich glaube jedenfalls an mein Talent und an meine Chancen.

JÜRGEN Ich wünsche dir viel Glück dabei. Wir sollten uns alle in zwölf Jahren wieder treffen, meint ihr nicht? Ich möchte wirklich mal sehen, ob wir unsere Träume verwirklichen können!

Answers to Activity 26

Answers will vary. Possible answers:

Jürgen: will sich politisch engagieren

Daniel: will heiraten und eine Familie haben

Sylvia: will Karriere machen und viel Geld haben

Sophie: will Schauspielerin werden

Anwendung

Activity 1, p. 276

CARMEN Martin, Simone, so ein Zufall, dass ich euch hier treffe!

SIMONE Hallo, Carmen! So ein Zufall ist das nun auch wieder nicht. Wir sind oft in diesem Eiscafé. Die haben hier das beste Eis in der ganzen Stadt.

MARTIN Stimmt! Setz dich doch, Simone! Wir haben uns gerade über unsere Berufswünsche unterhalten.

CARMEN Was möchtest du denn mal machen, Martin?

MARTIN Ich möchte gern Journalismus studieren. Am liebsten würde ich später mal als Journalist für eine große Zeitung oder für ein politisches Magazin arbeiten.

SIMONE Das ist sicher wahnsinnig interessant. Du kommst mit vielen wichtigen Leuten zusammen und wirst auf jeden Fall ein paar Politiker kennen lernen.

MARTIN Ja, Simone, das denke ich auch, und darauf freue ich mich ganz besonders.

CARMEN Wird deine Arbeitszeit aber nicht sehr unregelmäßig sein? Ich kann mir vorstellen, dass du zum Beispiel an einer heißen Story rund um die Uhr dranbleiben musst.

MARTIN Na ja, Carmen, solche Fälle gibt es sicher auch hin und wieder, aber bestimmt nicht jeden Tag. Mir macht Journalismus einfach Spaß, und das ist es, worauf es mir ankommt. Was für eine Karriere hast du denn geplant, Carmen?

CARMEN Ich möchte gern Erzieherin werden.

SIMONE Du magst Kinder, nicht wahr? Wird es dir denn nicht zu viel werden, Tag für Tag mit kleinen Kindern umgehen zu müssen? Das ist doch sehr anstrengend.

CARMEN So sehe ich das eben nicht. Für mich gibt es viele positive Seiten an diesem Beruf. Ich mag Kinder sehr gern. Ich finde es faszinierend, mit so vielen kleinen Menschen umzugehen und zu sehen, wie sie sich kreativ entfalten. Außerdem macht es mir Spaß, bei der Erziehung der Kinder mitzuwirken.

MARTIN Mensch, Carmen, mir wäre diese Verantwortung viel zu groß. Die Kinder sind doch alle verschieden in ihren Charaktereigenschaften.

CARMEN Darin besteht eben die Herausforderung an mich. Ich muss einerseits Leitfigur sein, muss mich andererseits aber auch in die Kinder hineinversetzen können. Ich freue mich schon darauf.

MARTIN Viel Glück wünsche ich dir, Carmen. Sag mal, Simone, welchen Berufswunsch hast du eigentlich?

SIMONE Ich habe beschlossen, Zahnärztin zu werden.

CARMEN Zahnmedizin ist aber ein langes und hartes Studium. Außerdem kenne ich keinen, der sich darauf freut, zum Zahnarzt zu gehen. Meinst du, das wird dir auf Dauer Spaß machen?

SIMONE Mit dem Studium hast du Recht, Carmen. Ich glaube allerdings, dass ich das schon schaffen werde. Und übrigens finde ich, dass die Angst vorm Zahnarzt ein Klischee ist. Nicht jeder macht schlechte Erfahrungen. Zum Teil hängt es ja auch von der mehr oder weniger guten Zahnpflege der Patienten ab, ob sie sich vorm Zahnarzt fürchten oder nicht.

MARTIN Ich kann mir vorstellen, dass du dich mal bemühen wirst, dieses Klischee aus der Welt zu räumen, Simone. Du wirst bestimmt mal eine gute Zahnärztin.

CARMEN Zahnärzte verdienen doch auch ganz gut, oder?

SIMONE Ja, das stimmt. Geldprobleme werde ich wohl keine haben, aber das ist nicht entscheidend für mich.

MARTIN Wenn du dich selbständig machst, kannst du dir auch deine Arbeitszeit einteilen, wie du willst.

SIMONE Richtig, Martin. Ich werde als Zahnärztin viel Urlaub machen können, ganz gut verdienen, und ich werde vor allem einen Beruf haben, der mir Spaß macht.

CARMEN Das freut mich für dich, Simone.

MARTIN Ich glaube, wir bestellen jetzt endlich unser Eis. Hallo, Bedienung! Wir möchten gern bestellen!

Answers to Activity 1

Martin: Journalist / interessanter Beruf; man lernt wichtige Leute kennen / unregelmäßige Arbeitszeit

Carmen: Erzieherin / macht Spaß, bei der Erziehung der Kinder mitzuwirken / anstrengender Beruf; große Verantwortung

Simone: Zahnärztin / langes, hartes Studium; viele Leute gehen nicht gern zum Zahnarzt / guter Verdienst; man kann sich selbständig machen; man kann sich die Arbeitszeit einteilen

Scripts for Additional Listening Activities

Additional Listening Activity 11-1, p. 87

JUTTA Wer die Wahl hat, hat die Qual! Ich kann mich einfach nicht entscheiden, was ich studieren soll ... Ich interessiere mich für Jura, Politik und auch Wirtschaftswissenschaften. Aber alles kann ich ja nicht auf einmal machen, ich werde mich schon entscheiden müssen.

GEORG Ja, Jutta, bei mir ist das ganz ähnlich. Vor kurzem habe ich beschlossen, Arzt zu werden. Dann habe ich mit meinem Arzt darüber gesprochen, und er erzählte mir dann, wie viel Arbeit das ist. Da muss man einfach immer weiterstudieren!

JUTTA Hm, willst du jetzt immer noch Arzt werden, Georg?

GEORG Nein, du, ich glaube nicht. Ich glaube, ich studiere Biologie. Das war ja sowieso der springende Punkt für mich, ein Medizinstudium anzufangen.

JUTTA Ja, ich glaube, da hast du eine gute Entscheidung getroffen. Bei mir wird es noch etwas dauern. Ich werde mich beim Arbeitsamt und bei Freunden erkundigen, wie es um Jura und Wirtschaftswissenschaften steht.

GEORG Das sind beides sehr beliebte Studiengänge. Bei Jura kommen aber nicht so viele durch wie in Wirtschaftswissenschaften. Die Juristen haben recht strenge Prüfungen, das kann ganz schön schwierig werden.

JUTTA Ach, Georg, du kennst mich doch! Ich setz mich dann einfach hinter meinen Schreibtisch und lerne, was ich in den Prüfungen wissen muss. Kein Problem!

GEORG Klar kenne ich dich! Der Optimist schlechthin. Das finde ich aber gut so.

JUTTA Na, bei dir ist es doch auch nicht viel anders.

GEORG Meinst du, Jutta? Ich finde, ich bin vorsichtiger, sonst ist man doch immer so enttäuscht, wenn es mal nicht klappt.

Additional Listening Activity 11-2, p. 87

MICHAELA Ach Martin, ich kann es überhaupt nicht erwarten. Endlich kriegen wir unser Abiturzeugnis, und ich kann endlich in London studieren.

MARTIN In London studieren, aber warum denn, Michaela?

MICHAELA Ist doch klar, Martin! Mein Englisch ist jetzt schon ziemlich gut, aber wenn ich ein paar Jahre in England gelebt habe, wird es perfekt werden. Ich finde das Auslandsstudium bietet den besten Weg, sich in eine Sprache zu vertiefen.

MARTIN Da hast du Recht. Mir ist es auch wichtig, dass ich gut Englisch kann. Aber es ist mir weniger wichtig, im Ausland zu studieren. Ich glaube, ich kann auch an der Uni ein paar Sprachkurse mitmachen, um mich zu verbessern.

MICHAELA Das ist natürlich auch ein Weg. Hast du dich denn schon für ein bestimmtes Studium entschlossen?

MARTIN Nein, Michaela, ich habe mich noch nicht richtig entschieden. Germanistik ist interessant, aber damit kann man später kaum eine Karriere starten. Ich interessiere mich aber auch für Architektur, das wäre was für mich! Und wie sieht es bei dir aus?

MICHAELA Ja, ich möchte später mal in der internationalen Wirtschaft eine Karriere starten. Ich weiß noch nicht genau, was dafür die besten Voraussetzungen sind. Wirtschaft studieren, vielleicht aber auch internationales Recht.

MARTIN Und so was gibt es in London?

MICHAELA Ja, ich habe da etwas Entsprechendes gefunden; die London School of Business, zum Beispiel.

MARTIN Na, das ist ja ausgezeichnet! Vielleicht sollte ich mir das auch überlegen.

MICHAELA Klar, und wenn du dich wirklich dafür interessierst, dann kannst du bei mir vorbeikommen, ich zeig dir dann die Unterlagen.

MARTIN Oh, das finde ich aber nett von dir, Michaela!

Additional Listening Activity 11-3, p. 88

UWE Also, Katrina, bei mir ist die Sache ganz klar. Ich habe schon mit den Leuten von der Bundeswehr gesprochen, und wir haben dann gemeinsam beschlossen, dass ich Panzerfahrer werde. Später werde ich Offizier, und so ist meine Karriere gesichert.

KATRINA Na, das finde ich toll, dass du jetzt zu einer Entscheidung gekommen bist. Ich bin auch so weit. Genau wie mein Vater möchte ich auch Polizist werden. Ich weiß, das ist ein anstrengender und teilweise auch undankbarer Beruf, aber ich finde es sehr wichtig, dass wir gute Polizisten auf der Straße haben, welche, die sich nicht nur wie Machos aufführen, sondern sinnvoll für Ruhe und Ordnung sorgen.

UWE Na, Katrina, das kannst du bestimmt, da bin ich mir ganz sicher. Und selbst wenn es mal ein Problem gibt, kannst du dich schnell und geschickt zur Wehr setzen. Ich habe ja gesehen, wie du im Judowettkampf beinahe gewonnen hättest. Das war wirklich beeindruckend.

KATRINA Findest du? Das ist ja nett. Ja, mein Judo wird mir sicherlich mal zu Hilfe kommen, deswegen habe ich auch keine Angst. Aber daran denke ich eigentlich weniger. Es gibt so viele Tests, die ich jetzt erst einmal alle bestehen muss. Ich bin noch nicht aufgenommen worden, weißt du ...

UWE Aber Katrina! Das Schöne ist, dass du dich zu etwas entschlossen hast. Jetzt musst du dich nur auf diese Prüfungen vorbereiten. Schau mal: Jetzt schaffst du das Abitur. Das war ja schon schwierig genug. Und weil du weißt, dass du das geschafft hast, kannst du ruhig die Zuversicht haben, dass du mit entsprechender Vorbereitung auch die Aufnahmeprüfungen zur Polizeiakademie schaffst.

KATRINA Hm, so habe ich noch nicht darüber nachgedacht. Hast du schon deine Prüfungen abgeschlossen?

UWE Ja, das war ganz schön anstrengend, aber ich bin mir ziemlich sicher, dass alles gut gegangen ist.

Additional Listening Activity 11-4, pp. 88–89

SILKE Na, Rainer, jetzt sind wir mit der Schule fertig. Was nun?

RAINER Also, ich möchte unbedingt mit meinem Fußball weitermachen, Silke. In den letzten zwei Jahren bin ich so viel besser geworden, und mein Trainer meint, ich könnte vielleicht in der zweiten Bundesliga mitspielen. Das wäre doch Spitze!

SILKE Ich weiß nicht, Rainer, willst du das wirklich machen? Das ist doch so riskant. Ich weiß, dass du sehr großen Wert auf Sport legst und dass deine sportlichen Leistungen unbeschreiblich gut sind, aber ob du in der Bundesliga mitspielen kannst, ist trotzdem offen.

RAINER Ja, du machst mir Mut. Was soll ich denn sonst machen?

SILKE Nun, ich denke daran, eine Lehre zu machen. Drei Jahre eine Ausbildung machen, und danach steht man fest im Berufsleben. Ich finde das super. Nur Sport wäre für mich auch eine feine Sache, aber ich verlasse mich lieber auf eine geregelte Ausbildung, eine mit der ich relativ einfach eine Stelle finde, die mir auch Spaß macht!

RAINER Ja, woran hast du denn gedacht?

SILKE Du weißt ja, dass ich gut mit Zahlen bin, Rainer. Ich werde Bankkauffrau. Ich bin mir sicher, dass ich die richtigen Entscheidungen für die meisten Kunden der örtlichen Sparkasse treffen kann.

RAINER Ach, wenn ich doch nur auch so was sagen könnte. Mein ganzes Geld gebe ich für Fußballzeug und mein Motorrad aus.

SILKE Ach, mach dir nichts draus! Überleg dir lieber, ob du vielleicht auch eine Lehre machen willst, oder ob du etwas studieren möchtest!

RAINER Na, ich werde mal darüber schlafen. Sprachen finde ich ganz interessant. Vielleicht könnte ich Sprachen studieren.

SILKE Na, überleg 's dir mal! Tschüs!

Additional Listening Activity 11-5, p. 89

MARKUS Ach, nur noch ein paar Monate, und die Schule ist vorbei. Das wird eine Feier! Und ich habe beschlossen, dass ich danach für mindestens zwei Monate auf eine Reise durch ganz Europa gehe.

SABINE Echt! Das finde ich total super. Viel zu reisen ist auch für mich sehr wichtig. Auf alle Fälle werde ich viel Wert darauf legen, andere Kulturen und ihre Menschen kennen zu lernen. Deswegen habe ich mich auch entschlossen, in einem Reisebüro eine Lehre anzufangen. Später könnte ich dann vielleicht mal mein eigenes Reisebüro haben.

MARKUS Ausgezeichnet! Dann könnte ich bei dir meine Reisen buchen! Aber jetzt zu meiner Reise nach dem Abi: Soll ich zuerst nach Madrid oder nach Rom fahren?

SABINE Also Markus, du hast doch sicherlich schon von Interrail gehört? Da kaufst du dir für wenig Geld eine Bahnfahrkarte, mit der du in ganz Europa herumreisen kannst. Rom, Madrid, Paris und, ja, und vielleicht auch München!

MARKUS Hm, das hört sich ja super an! Ich werde mich sofort bei der Bahn erkundigen, was so eine Karte kostet.

SABINE Mit wem willst du eigentlich verreisen, Markus?

MARKUS Mein Bruder möchte auch fahren. Er hat gerade mit seinem Biologiestudium angefangen und wird sich nach dem ersten Semester etwas Zeit nehmen, um zu reisen. Außerdem habe ich vor, meine Eltern auf dem Campingplatz an der Costa Brava in Spanien zu treffen.

SABINE Ist das nicht wie auf einem Campingplatz in Deutschland, nur im Sonnenschein Spaniens?

MARKUS Genau, und mir macht's dort echt Spaß.

SABINE Na, wenn du meinst ...

Additional Listening Activity 11-6, p. 90

ANN Ach, Helga, es ist einfach Wahnsinn! Für mich ist das hier eine ganz tolle Erfahrung. Ich habe großen Wert darauf gelegt, meine Deutschkenntnisse durch einen längeren Aufenthalt in Deutschland zu vertiefen. Jetzt bin ich endlich hier!

HELGA Ja, Ann, und wie findest du es?

ANN Es ist echt aufregend! Ich habe mich wirklich gut vorbereitet und habe mit meinen Professoren in Amerika gesprochen. Es ist aber doch alles etwas anders, als ich es mir vorgestellt habe. Es gibt hier so viele verschiedene Gruppen und Ansichten. Außerdem wird hier vieles ganz anders gemacht als bei uns zu Hause. Und gerade deswegen ist es so interessant in Deutschland zu sein!

HELGA Genau die gleiche Aussage habe ich schon von meinen Freunden gehört, die von hier aus in die Staaten gegangen sind. Ich glaube, ich werde auch ein Auslandsstudium machen.

ANN Das finde ich eine super Idee! Es ist auch eine ideale Vorbereitung für die Karriere. Ganz egal, was man später einmal macht, es ist immer ein Vorteil, Auslandserfahrung zu haben und außerdem auch noch eine zweite Sprache zu beherrschen.

HELGA Klar, die Karriere kann man dabei auch bedenken. Für mich ist es aber eher etwas, was in der Gegenwart passiert. Mir macht es einfach Spaß, mich mit einer Fremdsprache zu beschäftigen und so etwas über eine andere Kultur und Anschauungsweise kennen zu lernen.

ANN Das spielt bei mir auch eine große Rolle. Man erweitert eben seinen Horizont. Ich möchte außerdem auch eine Reise in den ehemaligen Ostblock machen, da gibt es bestimmt auch vieles zu sehen.

HELGA Da hast du Recht! Lass mich wissen, wann du fahren willst, vielleicht kann ich mitkommen.

Answers to Additional Listening Activities

Additional Listening Activity 11-1, p. 87

	Interessiert sich für Jura	Wollte einmal Arzt werden	Erkundigt sich bei Freunden
JUTTA	Ja	Nein	Ja
GEORG	Nein	Ja	Nein

	Ist ein großer Optimist	Ist eher etwas vorsichtig
JUTTA	Ja	Nein
GEORG	Nein	Ja

Additional Listening Activity 11-2, p. 87

1. stimmt nicht
2. stimmt
3. stimmt nicht
4. stimmt
5. stimmt
6. stimmt

Additional Listening Activity 11-3, p. 88

1. stimmt nicht: Katrina möchte zur Polizei, und Uwe möchte zur Bundeswehr.
2. stimmt
3. stimmt
4. stimmt nicht: Katrina hat wenig Angst, weil sie Judo kann.
5. stimmt
6. stimmt nicht: Uwe sagt Katrina, dass sie es schaffen wird, weil sie auch das Abi geschafft hat.

Additional Listening Activity 11-4, pp. 88–89

1. stimmt
2. stimmt
3. stimmt nicht: Silke findet es vernünftiger, eine Lehre zu machen.
4. stimmt nicht: Silke möchte Bankkauffrau werden.
5. stimmt
6. stimmt

Additional Listening Activity 11-5, p. 89

1. Er reist für mindestens zwei Monate durch Europa.
2. Sie legt viel Wert darauf, andere Kulturen und andere Menschen kennen zu lernen.
3. Sie möchte eine Karriere in einem Reisebüro anfangen.
4. Er will nach Madrid oder Rom fahren.
5. Er soll sich eine Bahnfahrkarte kaufen, mit der man durch ganz Europa reisen kann.
6. Er verbringt es mit seinen Eltern in Spanien, an der Costa Brava.

Additional Listening Activity 11-6, p. 90

1. Dadurch kann sie ihre Deutschkenntnisse verbessern.
2. Es gibt so viele verschiedene Gruppen und Ansichten, und vieles wird anders gemacht als zu Hause.
3. Sie hat das Gleiche gehört von ihren Freunden, die in die Staaten gegangen sind.
4. Es ist vorteilhaft für die Karriere, Auslandserfahrung zu haben.
5. Es macht ihr Spaß, etwas über eine andere Kultur und Anschauungsweise zu lernen.
6. Sie wollen vielleicht eine Reise in den ehemaligen Ostblock machen.

Erste Stufe

3 Hör gut zu!, p. 284

ARTHUR Hallo, Sabine! Ich habe dich ja schon lange nicht mehr gesehen. Wo hast du denn gesteckt?
SABIINE Du, Arthur, ich bin erst vor kurzem aus Frankreich zurückgekommen.
ARTHUR Hast du Urlaub gemacht?
SABINE Nein, ich habe an einem Austauschprogramm teilgenommen. Ich war sechs Monate lang an der Sorbonne in Paris.
ARTHUR Mensch, Sabine! Das hört sich ja toll an. Erzähl doch mal!
SABINE Na ja, es war schon super. Ich habe 'ne Menge gelernt. Und mein Französisch hat sich enorm verbessert, sag ich dir! Vor einem halben Jahr hatte ich noch richtige Hemmungen, Französisch zu sprechen. Aber du hättest mich mal in Paris hören sollen!
ARTHUR Das glaub ich dir gern. Hast du auch nette Leute kennen gelernt?
SABINE Ja, und stell dir vor, verliebt hab ich mich auch in einen Franzosen. Jean-Luc heißt er. Ich bin richtig traurig, dass ich wieder hier bin. Ich war so glücklich in Frankreich.
ARTHUR Ja, das kann ich verstehen. Schau mal! Da kommt Markus. Aber ... was ist denn bloß mit ihm los? Er geht auf Krücken ... hallo, Markus!
MARKUS Ach, hallo, ihr beiden!
SABINE Was ist denn mit deinem Bein los, Markus?
MARKUS Tja, ich hatte vor einem halben Jahr einen Autounfall und bin ziemlich schwer verletzt worden. Drei Monate lang war ich im Krankenhaus.
ARTHUR Und wie geht's dir jetzt? Wird dein Bein wieder ganz gesund?
MARKUS Tja, das wissen die Ärzte noch nicht so genau. Ich mache nun schon seit drei Monaten Krankengymnastik, aber das Bein ist immer noch nicht ganz beweglich.
SABINE Ach, das tut mir Leid, Markus. Ich hoffe, dass du bald Erfolg mit deiner Therapie hast.
MARKUS Ja, das hoffe ich auch. Und was ist bei euch so los? Seit unserer Abiturfeier haben wir uns ja gar nicht mehr gesehen.
ARTHUR Tja, ich hab direkt nach dem Abitur angefangen zu jobben. Ich wollte mir so schnell wie möglich ein Motorrad kaufen und hatte auch schon die Hälfte des Geldes fürs Motorrad gespart.
MARKUS Und was ist dir dazwischengekommen?
ARTHUR Tja, leider ist mir der Bund dazwischengekommen. Ich musste den Job aufgeben. Das Motorrad kann ich erst mal vergessen. Seit einem halben Jahr bin ich nun schon beim Bund. Echt langweilig, sag ich euch! Hoffentlich bekomme ich nach meiner Dienstzeit den Superjob in der Computerfirma wieder, den ich aufgeben musste.

Answers to Activity 3

Answers will vary. Possible answers:
Sabine: hat ein Austauschprogramm in Frankreich gemacht; hat sich in Französisch verbessert; hat sich in einen Französen verliebt; ist traurig, wieder in Deutschland zu sein
Markus: hatte einen Autounfall; kann sein Bein kaum bewegen
Arthur: hat gejobbt, um sich ein Motorrad kaufen zu können; musste den Job aufgeben, weil er zur Bundeswehr musste

8 Hör gut zu!, p. 285

SANDRA Gregor, du siehst richtig deprimiert aus. Was ist denn los?
GREGOR Ach, nichts, womit ihr mir helfen könntet.
BIRGIT Na, komm schon! Wozu sind denn Freunde da?
SANDRA Genau! Birgit hat Recht. Komm, erzähl schon!
GREGOR Also, gut! Wenn ihr's unbedingt wissen wollt! Claudia und ich, wir hatten Streit. Ich glaub, es ist aus zwischen uns!
SANDRA Ach, ich hätte nicht geglaubt, dass ihr euch streitet. Claudia ist doch so nett. Was war denn los?
GREGOR Also, ich glaube, dass sie die Leute aus meiner Clique nicht mag. Sie hat sich beklagt,

dass ich zu viel Zeit mit der Clique verbringe. Ich war wirklich überrascht, dass sie so etwas gesagt hat. Ich habe gedacht, dass sie gern mit den Leuten aus meiner Clique zusammen ist.

SANDRA Ach, Gregor! Ich glaube nicht, dass sie deine Freunde nicht leiden kann. Sie will bestimmt, dass du mehr Zeit mit ihr verbringst. Vielleicht kannst du mal etwas mehr Zeit mit ihr und ihrer Clique verbringen. Du wirst sehen, dann gibt es keinen Streit mehr zwischen euch.

GREGOR Hm, ich weiß nicht. Also, ich bin enttäuscht von Claudia. Ich glaube nicht, dass wir uns so schnell wieder vertragen.

BIRGIT Ach, Gregor! Nun lass den Kopf nicht hängen! Andere Leute haben auch Probleme. Da bist du nicht der einzige!

SANDRA So? Hast du etwa auch Streit mit jemandem, Birgit?

BIRGIT Nein, eigentlich nicht. Ich habe Probleme mit Frau Wagner, meiner Deutschlehrerin. Sie mag meine Kommentare im Unterricht nicht. Ich glaube, sie findet, dass ich zu kritisch bin.

SANDRA Zu kritisch? Das gibt's doch gar nicht. Ich find's gut, wenn jemand mal eine andere Meinung äußert und nicht immer alles akzeptiert, was so gesagt wird.

BIRGIT Tja, sag das mal Frau Wagner! Ich finde es schade, dass sie nicht versteht, dass ich ihren Unterricht eigentlich ganz toll finde, mich aber kritisch mit der Thematik auseinandersetze. Ich befürchte, dass ich dieses Jahr eine schlechte Note in Deutsch bekomme.

GREGOR Hast du schon mal mit Frau Wagner darüber gesprochen?

BIRGIT Nein, eigentlich nicht! Ich habe einfach nur das Gefühl, dass sie meine Art nicht mag.

GREGOR Hm. Also, ich würde sagen, du gehst mal nach dem Unterricht zu ihr hin und redest mit ihr. Wenn du ihr ehrlich sagst, dass du ihren Unterricht magst und es toll findest, dass die Schüler im Unterricht offen ihre Meinung sagen dürfen, dann wird sie sich bestimmt nicht mehr durch deine kritischen Kommentare gestört fühlen.

BIRGIT Ja, vielleicht sollte ich wirklich mal mit ihr reden. Danke für deinen Rat, Gregor.

Answers to Activity 8

Gregor: hat Streit mit seiner Freundin / soll mehr Zeit mit ihr verbringen
Birgit: hat Probleme mit ihrer Deutschlehrerin / soll mit der Lehrerin darüber sprechen

11 Hör gut zu!, p. 287

HANNES He, Stefan und Nicole, habt ihr Lust, mit zum Imbissstand zu kommen? Ich will mir was zu essen holen.

STEFAN Nee du, ich hab keinen Hunger.

NICOLE Ach, komm doch, Stefan! Wir holen uns 'ne Kleinigkeit.

HANNES Ja, genau! Was ist denn mit dir los? Sonst hast du doch immer so einen Bärenhunger in der großen Pause.

STEFAN Tja, weißt du, Hannes, ich will ein bisschen abnehmen. Ich fühle mich in letzter Zeit so schlapp und ohne Energie. Ich glaube, ich esse zu viele ungesunde Sachen.

HANNES Hm. Ja, also wenn du wirklich mit Erfolg abnehmen willst, dann solltest du auf jeden Fall Sport machen. An deiner Stelle würde ich jeden Tag joggen gehen. Du wirst dich bestimmt dann auch viel fitter fühlen.

STEFAN Sport ... also, ich weiß nicht. Ich versuche lieber, weniger zu essen.

NICOLE Mensch, pass mal auf, Stefan! Damit erreichst du gar nichts! Du bekommst nur schlechte Laune, wenn du ständig Hungergefühle hast. Ich finde, du solltest lieber deine Ernährung ändern als weniger zu essen.

STEFAN Und was soll ich deiner Meinung nach tun?

NICOLE Also, du solltest viel Obst und Gemüse essen, viel Wasser trinken und zwischendurch nur fettreduzierte oder fettfreie Snacks zu dir nehmen. Einen Joghurt, zum Beispiel.

STEFAN Okay! Ich probiere es gleich aus. Also, kommt, lasst uns zum Imbissstand gehen! Ich hole mir einen gemischten Salat.

HANNES Das ist vernünftig! Wenn du was im Bauch hast, kannst du dich auch gleich viel besser auf die Mathearbeit konzentrieren und denkst nicht immer nur ans Essen.

NICOLE Apropos Mathearbeit! Ich hab in der letzten Arbeit wieder nur 'ne Vier bekommen. Dabei hatte ich alle Formeln auswendig gelernt. Ich weiß einfach nicht mehr, was ich machen soll. In der Arbeit, die wir gleich schreiben, bekomme ich bestimmt auch wieder eine schlechte Note. Ich bewundere dich wirklich, Hannes. Du bist so ein Mathegenie!

HANNES	Ach, nun übertreib mal nicht, Nicole! Mathe macht mir einfach Spaß. Weißt du, ich glaube es bringt nichts, wenn man die Matheformeln einfach nur auswendig lernt. Du musst sie auch anwenden können. Versuch doch mal, die Formeln ganz systematisch in einer Aufgabe anzuwenden. Du wirst schon sehen, es ist alles total logisch!
NICOLE	Tja. Das sagst du so einfach. Ich versteh die Aufgaben aber nun mal nicht so schnell wie du.
STEFAN	An deiner Stelle würde ich Nachhilfeunterricht nehmen. Du musst jemanden finden, der dir die Aufgaben in aller Ruhe erklärt. Du wirst sehen, das hilft bestimmt.
NICOLE	Ja, vielleicht hast du Recht, Stefan. Ich häng gleich nach der Pause einen Zettel ans schwarze Brett.

Answers to Activity 11

Hannes rät Stefan, dass er Sport machen soll um abzunehmen, damit er sich fitter fühlt.

Nicole rät Stefan, dass er lieber seine Ernährung ändern soll, anstatt gar nichts zu essen, damit er keine Hungergefühle hat.

Hannes rät Nicole, dass sie die Matheformeln systematisch anwenden soll, damit sie die Logik der Aufgaben versteht.

Stefan rät Nicole, dass sie Nachhilfeunterricht nehmen soll, damit sie die Matheaufgaben in Ruhe erklärt bekommt.

Zweite Stufe

20 Hör gut zu!, p. 293

PETRA	Du, Katja! Stell dir vor, ich weiß jetzt endlich, was ich studieren werde!
KATJA	Na, sag's schon!
PETRA	Also, ich hab mich entschieden, Kunst zu studieren. Kunst ist schon immer in der Schule mein Lieblingsfach gewesen.
KATJA	Hm. Klingt gut! Du hast ja auch immer gute Noten im Kunstunterricht bekommen. Und was willst du nach dem Studium machen?
PETRA	Tja, eigentlich reicht mir das Kunststudium nicht aus. Ich muss mir überlegen, ob ich danach noch zusätzlich eine Ausbildung als graphische Designerin machen soll. Ich glaube, wenn man praktische Erfahrung hat, hat man bessere Chancen auf einen guten Job. Aber ich bin mir noch nicht sicher. Wie sehen denn deine Zukunftspläne aus?
KATJA	Ach, weißt du, Petra, ich weiß noch gar nicht so genau, was ich mal machen will. Meine Eltern haben ein Schuhgeschäft in der Innenstadt und möchten, dass ich eine Ausbildung als Schuhverkäuferin mache. Wahrscheinlich wollen sie, dass ich später mal das Geschäft übernehme.
PETRA	Hm. Es hört sich so an, als ob du gar nicht so begeistert bist von der Idee.
KATJA	Ja, das kann man wohl sagen. Mich interessiert das Schuhgeschäft eben nicht so richtig. Ich bin mir nicht sicher, ob ich wirklich dort arbeiten will. Ach, schau mal! Da kommt Mario.
MARIO	Hallo! Was habe ich da gehört? Du interessierst dich nicht fürs Schuhgeschäft? Mensch, wäre ich froh, wenn meine Eltern ein Geschäft hätten, wo ich einsteigen könnte.
KATJA	Was willst du denn nach der Schule machen?
MARIO	Ach, ich will erst mal ein paar Monate bei meinen Großeltern in Sizilien verbringen.
PETRA	Soso, einfach nur faulenzen willst du!
MARIO	Stimmt nicht! Ich hab da schon eine Idee! Ich hab nämlich beschlossen, mich in Italien nach Geschäftskontakten zu erkundigen.
PETRA	Das hört sich ja enorm wichtig an. Was hast du vor?
MARIO	Tja, ich will mir so schnell wie möglich hier ein kleines eigenes Unternehmen aufbauen. Mir ist es wichtig, selbstständig und unabhängig zu sein.
KATIA	Hm. Was für Geschäftskontakte willst du denn knüpfen?
MARIO	Tja, ich will italienische Lebensmittel nach Deutschland importieren, also Pasta, Parmaschinken, Olivenöl und so. Ich muss in Italien nur gute Einkaufsquellen finden. Kunden in Deutschland zu finden, ist kein Problem.
PETRA	Klasse! Ich wünsch dir viel Erfolg mit deiner Idee!
KATJA	Ja, ich dir auch! Wenigstens weißt du schon genau, wie deine Zukunftspläne aussehen. Ich hab noch keine Idee!
MARIO	He, Katja! Du kannst meine Geschäftspartnerin werden!

KATJA Nee, danke! Da kann ich ja gleich im Schuhgeschäft meiner Eltern anfangen. Mich interessiert Einkauf und Verkauf nun mal nicht.

MARIO Na siehst du! Dann weißt du ja wenigstens, was du NICHT willst!

Answers to Activity 20

Petra: ist sich sicher, dass sie Kunst studieren will; es ist ihr Lieblingsfach / ist sich nicht sicher, ob sie eine zusätzliche Ausbildung machen soll; man hat bessere Jobchancen, wenn man praktische Erfahrung hat.

Katja: ist sich nicht sicher, ob sie eine Ausbildung als Schuhverkäuferin machen soll; interessiert sich nicht richtig dafür.

Mario: ist sich sicher, dass er ein eigenes Unternehmen haben will; will selbstständig und unabhängig sein.

23 Hör gut zu!, p. 294

ANDREAS He, schaut mal! Hier in der Pop-Rocky gibt's ein Preisausschreiben. Man kann eine Reise nach Griechenland gewinnen!

HARTMUT Und was soll man einsenden, Andreas?

ANDREAS Ganz einfach: Pläne und Wünsche für die Zukunft. Wer den besten Wunsch oder Plan hat, gewinnt. Los, kommt, da machen wir mit! Also, Hartmut, du fängst an!

HARTMUT Hm. Ich möchte mal gern wissen, wie die entscheiden wollen, welches der beste Wunsch oder Plan ist.

ANDREAS Ach, ist doch egal! Es macht doch einfach nur Spaß, überhaupt mitzumachen.

HARTMUT Also gut! Ich wünsche mir, dass ich mal ein weltberühmter Opernsänger an der Scala von Mailand werde. Ich will so berühmt werden wie Plácido Domingo oder Luciano Pavarotti!

VANESSA Mensch, Hartmut. Du hast wirklich eine tolle Stimme. Du solltest mal irgendwo vorsingen, damit du entdeckt wirst!

HARTMUT Tja, wenn meine Eltern nicht so dagegen wären, würde ich wirklich gern eine Gesangsausbildung machen. Aber leider meinen sie, ich sollte lieber was "Vernünftiges" lernen.

ANDREAS Tja, typisch Eltern! Was sind denn deine Zukunftspläne, Vanessa?

VANESSA Also, ich wünsche mir, eines Tages in Afrika zu leben. Ich möchte gern dort Entwicklungshilfe leisten. Wenn ich viel Geld hätte, würde ich ein Kinderhilfswerk gründen. Mir ist wichtig, Leuten, besonders Kindern, zu helfen. Ich lege keinen Wert auf ein großes Haus, ein teures Auto, schicke Klamotten und Schmuck oder so was.

ANDREAS He, Vanessa, dieser Wunsch passt wirklich sehr gut zu dir. Du bist fast die einzige aus unserer Clique, die sich immer überall freiwillig für eine gute Sache engagiert. Ich find's toll, dass du so was in deiner Zukunft machen willst. Hoffentlich geht dein Wunsch in Erfüllung.

VANESSA Martina, hast du dir schon einen Znkunftswunsch überlegt?

MARTINA Mein Zukunftswunsch ist ganz einfach, dass ich einen der heiß umkämpften Studienplätze für Medizin bekomme. Wenn ich in Biologie und Mathe eine Eins bekommen würde, hätte ich ziemlich gute Chancen.

ANDREAS Ach, Martina! Dieser Wunsch ist aber nicht sehr originell! Damit wirst du bestimmt nicht den Preis nach Griechenland gewinnen.

MARTINA Ach, weißt du, Andreas, der Preis ist mir eigentlich ziemlich egal. Für meine Zukunft ist mir wirklich am wichtigsten, einen Studienplatz in Medizin zu bekommen, damit ich meinen Traumberuf als Ärztin verwirklichen kann.

HARTMUT Jetzt bin ich aber mal gespannt, was dein Zukunftswunsch ist, Andreas. Lass mal hören!

ANDREAS Also, ich möchte gern eine große Familie haben.

MARTINA Waaas? Das ist dein Zukunftswunsch? Eine große Familie mit vielen Kindern?

ANDREAS Ja, aber das ist noch nicht alles. Ich möchte am liebsten Kinder adoptieren, für die es so gut wie keine Zukunft gibt. Zum Beispiel Kinder aus Krisengebieten wie Bosnien, deren Eltern im Krieg gestorben sind. Mein Zukunftswunsch ist es, wenigstens ein paar Kindern ein schönes Leben zu ermöglichen, damit diese Kinder selber mal Pläne für die Zukunft schmieden können.

Answers to Activity 23

Hartmut: will ein weltberühmter Opernsänger werden

Vanessa: will in Afrika leben und in der Entwicklungshilfe arbeiten

Martina: will einen Studienplatz in Medizin bekommen, um Ärztin zu werden

Andreas: will eine große Familie haben und Kinder aus Krisengebieten adoptieren

LISTENING ACTIVITIES • SCRIPTS & ANSWERS

Additional Listening Activity 12-1, p. 95

ANDREA He, ich hab eine Idee. Wir könnten Beruferaten machen. Was haltet ihr davon?
KNUT Ja, das ist 'ne gute Idee. Ich fang an, okay?
ANDREA Na gut.
KNUT Für diesen Beruf braucht man ein gutes Gefühl in den Fingern.
HEIKE Friseuse?
KNUT Hm, dazu braucht man zwar auch Gefühl in den Fingern, aber ich meinte eher Fingerspitzengefühl. Ich geb euch noch einen Tip: Der Beruf hat mit Glas zu tun.
ANDREA Glasbläser!
KNUT Ich meinte eher flaches Glas. Und Metall braucht er auch. Und die Leute kommen zu ihm oder ihr mit einem Problem.
HEIKE Wenn sie krank sind?
KNUT Na ja, so ähnlich ...
ANDREA Ah — Optiker?
KNUT Richtig. Du bist dran.
ANDREA Gut. Mein Beruf hat was mit Technik zu tun.
KNUT Ich weiß: Elektroinstallateur.
ANDREA Ne, nicht so einfach. Der Beruf braucht zum Arbeiten ein Tonstudio.
KNUT Ich weiß: Rundfunksprecher.
ANDREA Nein, aber der Rundfunksprecher braucht ihn oder sie.
HEIKE Toningenieur!
ANDREA Genau!
HEIKE Gut, dann bin ich jetzt dran. Mein Beruf ist dort, wo es warm ist.
KNUT In Afrika?
HEIKE Ne, ich meine nicht das Klima, sondern etwas, was mit der Arbeit zu tun hat.
ANDREA Schornsteinfeger, der arbeitet mit Schornsteinen, die normalerweise heiß oder warm sind.
HEIKE Ne, daran hatte ich gar nicht gedacht. Derjenige, der in meinem Beruf arbeitet, muss sich dagegen schützen mit einer feuerfesten Arbeitsbekleidung.
KNUT Ist das jetzt vielleicht der Glasbläser?
HEIKE Nein ...
ANDREA Vielleicht der Schweißer?
HEIKE Richtig! Machen wir noch weiter?
KNUT Ja, lass uns noch einen Beruf raten! Oder was meinst du, Heike?
HEIKE Na gut. Andrea ist dran, nicht? Sie hatte richtig geraten.
ANDREA Ja gut. Lasst mich mal überlegen ... Ja, ich hab einen Beruf im Kopf. Der hat mit sehr feinen Geräten zu tun.
KNUT Technischer Zeichner.
ANDREA Nein, es hat eher was mit der Gesundheit zu tun.
HEIKE Vielleicht Anästhesist?
KNUT Quatsch, der braucht doch keine feinen Geräte.
HEIKE Wieso nicht? Was weißt du, wie präzise die Technik in der Medizin heutzutage ist.
ANDREA Ja, der Beruf, den ich meine, hat auch etwas mit Medizin zu tun, und es wird am Kopfbereich etwas behandelt ...
HEIKE Zahnarzt!!
KNUT Zahnarzt!!
ANDREA Ja, prima. Und beide gleichzeitig. Jetzt müsstet ihr beide weitermachen. Oder sollen wir aufhören?
KNUT Ja, ich hab keine Lust mehr.
HEIKE Ich auch nicht unbedingt. Lass uns was anderes überlegen!

Additional Listening Activity 12-2, pp. 95–96

JENS Na, Schwester, was machst du heute für'n Gesicht? Stimmt was nicht?
ANJA Ach, lass mich!
JENS Stimmt was nicht mit Peter und dir?
ANJA Na ja, wir hatten neulich Streit.
JENS Was!? Ihr beiden. Ich hätte nicht geglaubt, dass es bei euch mal Probleme geben könnte. Ihr wart doch unzertrennlich.
ANJA Da gebe ich dir Recht, das hätte ich auch nicht geglaubt. Aber es ist nun mal so.
JENS Wann war das denn?
ANJA Ach vorgestern, am Freitag, als wir in der Disko waren.
JENS Jetzt erinnere ich mich. Da war ich überrascht, dass Dieter dich auf seinem Moped nach Hause gebracht hat.
ANJA Ja, Peter war so sauer, der wollte mich nicht mal nach Hause bringen.
JENS Das gibt's doch wohl nicht. Was hast du denn gemacht, dass er so sauer war?
ANJA Ach, ich weiß auch nicht. Peter hatte wieder mal 'ne Eifersuchts-Phase. Ich hatte mich mit Dieter mal unterhalten, und wir haben einmal zusammen getanzt. Da wurde Peter schon ärgerlich. Das hat mich aufgeregt.
JENS Da geb ich dir Recht. So was würde mich auch aufregen. So 'ne Eifersucht ist Blödsinn. Es ist ja wohl nichts dabei, wenn man sich mal mit jemand anderem unterhält oder tanzt. Aber wart mal: Dieter. War das nicht mal dein Freund, bevor du Peter kennen gelernt hast?
ANJA Ja, mit Dieter bin ich mal 'ne Zeitlang gegangen. Aber schon vor über einem Jahr habe ich mit ihm Schluss gemacht. Ich weiß zwar, dass er mich noch mag, aber ...

JENS Ach, und du findest ihn auch noch gut?
ANJA Ach, nett ist er schon. Aber ich finde Peter trotzdem besser.
JENS Weiß Peter das auch?
ANJA Was?
JENS Na, dass du ihn besser findest als den Dieter?
ANJA Weiß nicht, hab's ihm nicht so direkt gesagt.
JENS Es ist aber wichtig, dass du ihm das sagst.
ANJA Findest du?
JENS Ja, klar. Vielleicht denkt er, dass du Dieter auch noch gut findest. Und dann hat er Angst, dich als Freundin zu verlieren.
ANJA Das ist doch Quatsch!
JENS Das stimmt nicht ganz. Es kommt darauf an, wie du das siehst. Ich würde sagen, du gehst einfach mal zu Peter und erklärst ihm das. Natürlich nur, wenn du ihn überhaupt noch magst.
ANJA Na klar mag ich ihn noch. Seit Freitag hat er aber nicht mehr angerufen.
JENS Vielleicht wartet er, dass du anrufst.
ANJA Ja, vielleicht hast du da Recht. Wie spät ist es jetzt?
JENS Gleich fünf.
ANJA Da werde ich gleich mal zu ihm hingehen. Um diese Zeit ist er immer zu Hause. Dann drück mir mal die Daumen! Ach, und danke!
JENS Geht schon in Ordnung!

Additional Listening Activity 12-3, pp. 96–97

VATER He, Heike, fühlst du dich heute nicht wohl?
HEIKE Ach, es geht schon.
VATER Du solltest mehr Sport treiben. Als ich in deinem Alter war ...
HEIKE Ja ja, ich weiß. Du warst im Fußballteam und im Volleyballteam der Schule und hast außerdem jeden Tag eine Stunde Kraftsport gemacht.
VATER Ja, genau. Versuch doch mal, ein bisschen Sport außerhalb der Schule zu machen!
HEIKE Aber ich habe gar keine Zeit für Sport außerhalb der Schule. Wir haben so viele Hausaufgaben auf, und jetzt muss ich bald anfangen, für die Prüfungen zu lernen.
MUTTER Heike hat Recht, sie hat jetzt nicht so viel Zeit, um Sport zu machen. Vielleicht war das zu unserer Zeit anders. Und du willst ja auch, dass deine Tochter einen guten Abschluss in der Schule macht.
HEIKE Ich treibe genug Sport in der Schule, um fit zu bleiben.
MUTTER An deiner Stelle, Heike, würde ich aber aufhören zu rauchen.
VATER Genau! Versuch doch mal, etwas gesünder zu leben!
MUTTER Richtig! Du solltest mehr Fisch als Fleisch essen, weil Fisch gesünder ist!
HEIKE Ich mag weder Fisch noch Fleisch, aber ich esse schon immer viel Obst und Gemüse, um gesund zu essen.
MUTTER Ja, das ist gut.
VATER Und du solltest wirklich auch mehr schlafen.
HEIKE Aber ich schlafe immer mindestens 8 Stunden, um am nächsten Tag fit zu sein. Das reicht mir.
VATER Na, wie du denkst. Mutter hat Recht. Versuch erst mal, mit dem Rauchen aufzuhören! Das tut nämlich deiner Gesundheit nicht besonders gut.
HEIKE Mmh.

Additional Listening Activity 12-4, p. 97

ANDREA Hallo, Heiko! Wie geht's?
HEIKO Hallo, Andrea. Dich habe ich ja schon eine ganze Weile nicht gesehen. Mir gehts' gut. Und wie läuft's bei dir so?
ANDREA Ach, die Entscheidung für einen Beruf macht mir ganz schön zu schaffen.
HEIKO Hast du denn schon eine Idee, was du machen willst?
ANDREA Ich wollte schon immer gern Strafverteidigerin werden, weil ich mich allgemein für Recht interessiere.
HEIKO Mmh, das wäre nichts für mich. Ich stelle mir das ziemlich langweilig vor, immer im Gerichtssaal zu stehen.
ANDREA Na ja, man ist ja nicht immer im Gerichtssaal. So die Arbeit mit Leuten würde mir schon Spaß machen. Aber es ist bestimmt schwer, die Konflikte der Leute immer emotional verkraften zu können.
HEIKO Wie meinst du das?
ANDREA Na ja, man sieht immer, was für Probleme die Leute haben und in welchen Konflikten die stecken. Und man will ihnen helfen, aber manchmal geht das vielleicht nicht.
HEIKO Ja, aber dieses Problem hat man fast bei jedem Beruf. Ich will zum Beispiel Umweltökonom werden, weil ich einfach nicht mehr mit ansehen kann, was wir mit der Umwelt machen. Das ist das Positive an dem Beruf, dass ich persönlich versuchen kann, etwas dafür zu tun, dass wir mit der Umwelt besser umgehen. Aber ob ich das schaffe? Ich weiß es nicht.
ANDREA Ja, aber du hast die Chance, dass du das kontrollieren kannst. Also, indem du Daten aufnimmst über die Verschmutzung von Wasser durch einen Betrieb zum Beispiel. Und dann kannst du das melden.
HEIKO Ja, ich kann das melden, aber was passiert dann? Ob der Betrieb aufhört, das Wasser zu verschmutzen, weiß ich immer noch nicht hundertprozentig.
ANDREA Bei mir ist das genau das Gleiche. Ich will den Leuten helfen, aber ob die Leute glücklicher sind durch das, was ich mache, weiß ich auch nicht. Das größte Problem sind immer Scheidungen.
HEIKO Ja, ich weiß.
ANDREA Bei Ehekonflikten kann man kaum eine Entscheidung treffen, die für beide Seiten gut ist.
HEIKO Ja, das kann man aber wahrscheinlich nie. Nimm das Beispiel mit meinem Betrieb! Der Umwelt hilft's, aber der Betrieb freut sich bestimmt nicht drüber, weil der mehr zahlen muss.

ANDREA Da hast du Recht. Na ja, noch ein halbes Jahr habe ich Zeit, dann muss ich mich entscheiden. Vielleicht gehe ich auch erst einmal ein Jahr ins Ausland arbeiten. Da kann ich Erfahrungen sammeln und mir noch mal überlegen, ob ich wirklich Jura studieren will und Strafverteidiger werde.

HEIKO Das ist eine gute Idee, zumal das Studium sehr lange dauert. Da solltest du schon vorher wissen, ob du das wirklich machen willst.

ANDREA Da hast du Recht!

Additional Listening Activity 12-5, p. 98

STEFFI He, wisst ihr, wo ich gestern war?

MICHA Ne, aber das wirst du uns sicher gleich sagen.

STEFFI Ja, ich war bei der Berufsberatung.

ANITA Was ist denn das?

STEFFI Da kannst du hingehen und dich erkundigen, welche Berufe es gibt und was diese Berufe sind. Und die beraten dich da auch.

MICHA Ach, so was ist doch Zeitverschwendung, da erfährt man doch nichts Neues.

STEFFI Doch, du, das war sehr interessant. Da habe ich über Berufe erfahren, von denen ich noch nie was gehört hatte.

ANITA Zum Beispiel?

STEFFI Na, zum Beispiel: Industriedesigner oder PR-Berater.

MICHA PR-Berater, was ist denn das?

ANITA Privater Rechtsberater.

STEFFI Quatsch! PR steht für „Public Relations". Also, das ist so was wie ein Werbefachmann. Ich weiß jetzt, dass ich das machen will. Werbung hat mich schon immer interessiert.

ANITA Und was ist Industriedesigner?

STEFFI Soweit ich's verstanden habe, überlegt der sich, wie zum Beispiel Maschinen aussehen sollen oder andere Gegenstände, die in der Industrie gebraucht werden.

ANITA Und was haben die dir bei der Berufsberatung sonst noch so gesagt?

STEFFI Ich habe noch nach einigen Berufen gefragt, und wie lange man dafür studieren muss. Und außerdem kannst du dort erfahren, welche Berufe zur Zeit „in" sind, das heißt dann, daß es möglicherweise auch Probleme geben kann, dafür eine Lehrstelle zu erhalten. Oder wenn du das studierst und viele andere machen das gleiche, sieht's mit einem Arbeitsplatz nach dem Studium nicht so gut aus.

MICHA Darüber mach ich mir zur Zeit noch keine Sorgen. Ich will das studieren, was mir Spaß macht. Jetzt weiß sowieso noch kein Mensch, wie der Arbeitsmarkt aussieht, wenn ich mit dem Studium fertig sein werde.

ANITA Ich weiß nicht, aber interessant ist das schon, wenn man etwas studiert, was nicht so viele machen, etwas Besonderes sozusagen. Ich hab noch keine Ahnung, was ich studieren will. Vielleicht gehe ich auch mal zur Berufsberatung.

STEFFI Ja, mach das! Mir hat's wirklich geholfen.

MICHA Ich glaube nicht, dass ich da jemals hingehen werde. Ich hab mich entschieden, Jura zu studieren, und das mache ich, auch wenn das zur Zeit viele studieren. Aber Juristen werden sicher immer gebraucht.

Additional Listening Activity 12-6, p. 98

ANDRÉ Habe ich euch schon gesagt, dass ich mich entschieden habe, Kommunikationselektroniker zu werden?

SUSI Kommunikationselektroniker? Wie kommst du denn jetzt auf einmal darauf?

ANDRÉ Mir ist es wichtig, dass ich einen Job habe, wo ich gutes Geld verdiene.

JAN Mir ist es überhaupt nicht wichtig, viel Geld zu verdienen. Entscheidend für mich ist, dass mir der Beruf Spaß macht. Deshalb will ich Fotograf werden, weil Fotografieren mein Hobby ist.

SUSI Das sehe ich anders. Ich lege überhaupt keinen Wert darauf, dass ich mein Hobby zum Beruf mache. Dann habe ich ja kein Hobby mehr.

JAN Ich lege auch großen Wert drauf, dass ich nicht eingeengt bin. Entscheidend für mich ist zum Beispiel, dass ich mir meine Arbeitszeit selbst einteilen kann. Und das kann ich, wenn ich Fotograf werde.

SUSI Mir ist wichtig, dass ich in meinem Beruf viel Geld verdiene, damit ich mir was leisten kann. Ich will mal Zahntechnikerin werden. Entscheidend für mich ist, dass ich meine Familie später ernähren kann. Ich will mal eine Familie mit drei Kindern haben. Außerdem ist für mich wichtig, dass ich finanziell unabhängig bin.

ANDRÉ Mir ist es auch wichtig, dass ich genug Geld habe, um unabhängig zu sein. Ich lege keinen großen Wert auf Familie. Ich glaube, ich kann besser ohne Familie und Kinder leben. Mir ist es wichtiger, dass ich unabhängig bin, so dass ich auch ins Ausland kann, einfach, um mehr Erfahrungen zu haben und etwas anderes kennen zu lernen.

JAN Eine Familie später mal ist mir schon wichtig. Klar lege ich auch Wert darauf, andere Länder mit anderen Sitten und Bräuchen kennen zu lernen. Ich denke aber, ich kann beides haben: Familie und das Ausland.

ANDRÉ Mit einer Famlie ist man so gebunden. Außerdem hätte ich Angst, die Kinder nicht richtig zu erziehen.

JAN Davor habe ich keine Angst. Eins ist mir wichtig: Ich will meine Kinder aber nicht verwöhnen. Ich lege keinen Wert darauf, dass unser Haus später zum Beispiel einen Pool hat. Auch muss es nicht unbedingt ein Haus sein. Eine schöne Wohnung reicht auch schon.

SUSI Also, ich lege schon Wert drauf, dass ich mal ein Haus habe. Dazu gehört auch ein Pool und ein großer Garten. Ich will mich schließlich wohl fühlen. Wichtig ist für mich auch, dass ich ein bequemes, das heißt, ein großes Auto fahre.

JAN Ein großer Wagen ist mir überhaupt nicht wichtig.

ANDRÉ Oh, mir schon. Ich will mal gut leben können.

JAN Na, dann spar jetzt schon mal!

ANDRÉ Da hast du Recht, das mache ich.

SUSI Na, ich bin ja gespannt, wenn wir uns in ein paar Jahren wiedertreffen, was wir uns dann erzählen können, und wie unsere Zukunftsvorstellungen von jetzt später aussehen.

Answers to Additional Listening Activities

Additional Listening Activity 12-1, p. 95

Optiker/in: gutes Gefühl in den Fingern; hat mit Glas und Metall zu tun; Leute sind „krank"
Schweißer/in: es ist warm; schützt sich mit feuerfester Arbeitsbekleidung
Toningenieur/in: hat mit Technik zu tun; braucht ein Tonstudio; der Rundfunksprecher braucht ihn oder sie
Zahnarzt/Zahnärztin: hat mit feinen Geräten und der Gesundheit, also Medizin, zu tun; es wird im Kopfbereich behandelt

Additional Listening Activity 12-2, pp. 95–96

1. c   2. a   3. b   4. a   5. b   6. c

Additional Listening Activity 12-3, pp. 96–97

a+7: Vater	d+5: Heike	g+1: Mutter	j+8: Heike
b+4: Vater	e+9: Mutter	h+11: Heike	k+10: Vater
c+6: Heike	f+2: Vater	i+3: Vater	

Additional Listening Activity 12-4, p. 97

1. Andrea will Strafverteidigerin werden.
   positiv - Die Arbeit mit Leuten macht Spaß. - Sie will Leuten helfen.
   negativ - Es ist langweilig. - Es ist schwer, die Konflikte der Leute immer emotional verkraften zu können. - Scheidungen und Ehekonflikte sind die größten Probleme.
2. Heiko will Umweltökonom werden.
   positiv - Er kann versuchen, etwas dafür zu tun, dass wir mit der Umwelt besser umgehen.
   negativ - Man schafft es nicht immer. (Umweltverschmutzung des Betriebes geht weiter)

Additional Listening Activity 12-5, p. 98

1. sich erkundigen, welche Berufe es gibt, was diese Berufe sind und sich beraten lassen
2. Industriedesigner (wie sollen Maschinen aussehen) und PR-Berater (wie ein Werbefachmann)
3. Micha: Jurist; Steffi: PR-Beraterin; Anita: weiß es noch nicht
4. Steffi findet es nützlich, weil sie noch nicht weiß, was sie werden will. Micha findet es eine Zeitverschwendung. Er weiß schon, was er werden will.
5. Answers will vary.

Additional Listening Activity 12-6, p. 98

1. Jan will Fotograf werden.
   wichtig: dass der Beruf Spaß macht; nicht eingeengt sein; Arbeitszeit selbst einteilen können; Familie später haben; andere Länder mit anderen Sitten und Bräuchen kennen lernen; Kinder nicht verwöhnen
   nicht wichtig: Geld verdienen; dass das Haus später einen Pool hat; dass es ein Haus ist; es reicht auch eine schöne Wohnung; ein großer Wagen
   André will Kommunikationselektroniker werden.
   wichtig: gutes Geld verdienen; genug Geld haben, um unabhängig zu sein; ins Ausland gehen können; großer Wagen
   nicht wichtig: Familie, Kinder
   Susi will Zahntechnikerin werden.
   wichtig: viel Geld verdienen; Familie später ernähren können; Familie mit 3 Kindern; finanziell unabhängig sein; ein Haus haben mit Pool und großem Garten; bequemes, großes Auto haben
   nicht wichtig: Hobby zum Beruf machen
2. *Answers will vary.*
3. *Answers will vary.*

Scripts and Answers for Testing Program

Listening Scripts for Quizzes 1-1B, 1-2B

Quiz 1-1B Kapitel 1 Erste Stufe

I. Listening

A.

1. WOLF Ich musste heute viel erledigen. Zuerst habe ich den Müll sortiert und die leeren Flaschen zum Getränkemarkt zurückgebracht. Dann habe ich Bücher in die Stadtbücherei zurückgebracht und mir neue ausgeliehen.
2. JÖRG Ich war gerade auf der Post und habe Freunde im Ausland angerufen. Außerdem habe ich für meine Mutter die Stromrechnung bezahlt.
3. SIMONE Ja, ich war im Sportgeschäft. Ich habe einen Jogging-Anzug umgetauscht, weil er zu groß war. Ich habe mir dann die richtige Größe im Katalog ausgesucht und den Anzug bestellt. Danach war ich auf der Bank, um Geld umzutauschen.

Quiz 1-2B Kapitel 1 Zweite Stufe

I. Listening

A.

CHRISTINE Welche Suppe schmeckt dir besser, Zwiebelsuppe oder Spargelsuppe?

GABI Die letztere natürlich. Ich schreib's auf. Und was magst du lieber, Schweinefleisch oder Leber?

CHRISTINE Leber mochte ich noch nie. Nehmen wir das Schweinefleisch und machen Schnitzel. Ach, wir brauchen auch etwas Obst. Sollen wir die Wassermelone kaufen, die bei Edeka im Sonderangebot ist, oder sollen wir die französischen Trauben bei Jauchs nehmen? Die Melone hat mir gestern gut geschmeckt.

GABI Ich habe schon lange keine Wassermelone gegessen.

CHRISTINE Also kaufen wir Wassermelone und dann auch noch ein paar Fertiggerichte, Reis- oder Nudelgerichte.

GABI Nein, lieber keine Fertiggerichte. Teigwaren hab ich lieber.

CHRISTINE Gut! Kaufen wir Teigwaren! Möchtest du auch etwas türkisches Fladenbrot? Das schmeckt ganz toll! Mal sehen, ob sie welches haben!

CHRISTINE Au ja, ich habe noch nie Fladenbrot gegessen. Das möchte ich unbedingt mal probieren.

Listening Scripts for Chapter Test • Kapitel 1

I. Listening

A.

ARZTHELFERIN Guten Tag, Praxis Dr. Langner!

VATER Guten Tag, hier spricht Roland Groß. Ich brauche so bald wie möglich einen Termin bei Dr. Langner.

ARZTHELFERIN Was fehlt Ihnen denn, Herr Groß?

VATER Ich bin mit dem Rad einkaufen gefahren, und das Rad ist auf der nassen Straße ausgerutscht. Es hat nämlich geregnet. Ich bin hingefallen, und jetzt tut mir alles weh. Der Rücken und das Handgelenk. Die Wade ist ganz grün und blau, und ein Fingernagel ist fast zerquetscht.

ARZTHELFERIN Glauben Sie, dass Sie sich ernsthaft verletzt haben?

VATER Ich weiß es nicht. Ich kann kaum gehen. Trotzdem bin ich irgendwie allein nach Hause gekommen.

ARZTHELFERIN Haben Sie nicht neulich schon mal einen Unfall gehabt?

VATER Ja, vor kurzem bin ich mit dem Rad gegen einen Baum gefahren. Aber das letzte Mal ist mir nichts passiert. Diesmal habe ich sogar Kopfschmerzen und Bauchschmerzen.

ARZTHELFERIN Können Sie in dreißig Minuten hier sein?

VATER Ja, danke sehr, also bis gleich!

B.

HERR GROSS Hier Groß.

FRAU GROSS Roland, wie geht's? Was hat der Arzt gesagt?

HERR GROSS Hallo, Astrid! Ich fühle mich überhaupt nicht wohl. Ich habe dem Arzt erzählt, was passiert ist. Übrigens musste ich ihm versprechen, in Zukunft vorsichtiger zu sein. Ich darf nicht mehr so schnell fahren.

FRAU GROSS Hast du erwähnt, dass du neulich schon mal einen Unfall gehabt hast?

HERR GROSS Ja, die Arzthelferin hat sich sogar noch daran erinnert.

FRAU GROSS Hat der Arzt dir denn was verschrieben?

HERR GROSS Ja, und ich habe die Schmerztabletten schon abgeholt.

FRAU GROSS Also, leg dich doch bitte hin! Wenn ich von der Arbeit nach Hause komme, bringe ich dir etwas zum Lesen mit. Ich glaube, du musst einfach ein paar Tage im Bett bleiben.

HERR GROSS Hoffentlich hast du nicht Recht, denn ich habe im Büro so viel zu tun. Also dann, bis nachher!

FRAU GROSS Tschau, Roland!

Answers to Listening Activities in Quizzes 1-1B, 1-2B

ANSWERS Quiz 1-1B

I. Listening

A. (15 points: 3 points per item)
1 e, d
2. b
3. c, a

ANSWERS Quiz 1-2B

I. Listening

A. (10 points: 2 points per item)
1. a
2. c
3. a
4. c
5. a

Answers to Chapter Test Listening Activities • Kapitel 1

I. Listening Maximum Score: 30 points

A. (15 points: 3 points per item)
1. c
2. b
3. d
4. a
5. a

B. (15 points: 3 points per item)
6. a
7. b
8. b
9. a
10. b

TESTING PROGRAM • SCRIPTS & ANSWERS

Quiz 2-1B Kapitel 2 Erste Stufe

I. Listening

A.

ROLF	So, Leute, ich habe eben meinen Jugendherbergsausweis bekommen.
BEATE	Na, endlich! Also, wohin fahren wir, nach Dresden?
CARSTEN	Hast du ein Jugendherbergsverzeichnis? Wir können schauen, ob es eine Jugendherberge in der Nähe von Dresden gibt.
ROLF	Ja, ich schau mal im Verzeichnis nach. Tatsächlich, es gibt eine Jugendherberge dort!
BEATE	Gut, schauen wir uns den Stadtplan von Dresden an.
CARSTEN	Ja, den Stadtplan brauchen wir auch.
ROLF	Hier ist er. Und wo ist der Prospekt von Dresden? Ich habe doch eine Broschüre vom Verkehrsamt in Dresden bekommen.
CARSTEN	Hier ist die Broschüre.
BEATE	Ich habe gehört, dass man abends in Dresden viel unternehmen kann. Kaufen wir gleich die Ferienpässe für den Zug?
ROLF	Das ist eine gute Idee — Ferienpässe brauchen wir unbedingt, sonst sind die Fahrkarten mit der Bundesbahn zu teuer.

Quiz 2-2B Kapitel 2 Zweite Stufe

I. Listening

A. PETER *[speaks slowly as if thinking all the time about what he's going to say, pausing a little between each sentence]*

Du kannst mir glauben, wir müssen unbedingt nach Göttingen fahren, denn dort ist es bestimmt ganz toll! Tja, ich hab neulich von Lise gehört, dass es im Harz sehr schön sein soll. Aber eigentlich ist mir das egal, weil ich überall gern hinfahre. Ach ja, und außerdem bin ich leider nicht sicher, dass wir viel unternehmen können, weil es doch im Harz oft regnet. Eigentlich ziehe ich die Berge vor. Hm, also, ich schlage vor, in die Schweiz zu fahren!

I. Listening

A.

KATJA Wenn ich ein Picknick mache, esse ich am liebsten ein belegtes Brot, zum Beispiel Schwarzbrot mit Mozzarella-Käse und Tomaten.

RALPH Ich esse auch gern Brot, aber Brötchen ziehe ich immer vor, Brötchen mit Erdnussbutter oder Leberwurst, etwas zum Streichen.

SIMONE Wenn ich ein Picknick mache, dann bringe ich immer Tee mit. Der schmeckt unheimlich gut, wenn man so im Herbst wandert und dann Picknick macht — was Heißes an einem kühlen Tag.

BERND Meine Mutter macht gern ein Picknick im Sommer. Ich finde es deshalb wichtig, dass man viel zu trinken mitbringt, und zwar was Kühles, mehrere Flaschen Wasser oder Apfelsaft zum Beispiel.

JENNIFER Für ein richtiges Picknick im Sommer braucht man unbedingt einen Nachtisch. Mir schmeckt am besten Schokoladeneis oder Joghurteis mit Erdbeeren, am besten frisch gepflückte.

B.

FRANK Du, Tobias, weißt du schon, wo du deine nächsten Ferien verbringst?

TOBIAS Nee, Frank. Das plane ich auch nicht so lange im Voraus. In zwei, drei Tagen habe ich alles organisiert, und schon kann's losgehen.

FRANK Hm. Also, ich überleg mir so was das ganze Jahr lang. Manchmal ist es gar nicht so einfach, weil sich meine Interessen ändern.

TOBIAS Wie meinst du das?

FRANK Na ja. Vor einigen Wochen hab ich von meinem Cousin gehört, dass er zum Surfen an die Nordsee gefahren ist. Es soll ganz toll gewesen sein.

TOBIAS Und jetzt willst du natürlich surfen lernen, stimmt's?

FRANK Dachte ich zuerst auch. Aber dann habe ich mich doch vor kurzem bei diesem Wanderverein hier im Ort angemeldet.

TOBIAS Dann ziehst du also jetzt das Wandern dem Surfen vor?

FRANK Ja, genau. Ich werde meine nächsten Ferien in den Bergen verbringen.

TOBIAS Hm. Nicht schlecht! Aber ich bin da gar nicht so sicher. Was ist, wenn es ständig regnet. Ich bezweifle, dass das Wetter im Oktober schön ist. Hast du nicht neulich davon gesprochen, dass du Spanisch lernen willst und einen Sprachkurs in Spanien machen willst?

FRANK Ach ja. Ich wünschte, ich könnte alle drei Sachen zusammen machen. Aber das geht nun mal nicht. Schade!

TOBIAS Ja, leider! Da kann man nichts machen.

Answers to Listening Activities in Quizzes 2-1B, 2-2B

ANSWERS Quiz 2-1B

I. Listening

A. (15 points: 3 points per item)

1. a
2. e
3. d
4. c
5. b

ANSWERS Quiz 2-2B

I. Listening

A. (12 points: 2 points per item)

1. e
2. d
3. f
4. b
5. a
6. c

Answers to Chapter Test Listening Activities • Kapitel 2

I. Listening Maximum Score: 30 points

A. (15 points: 3 points per item)

1. a
2. d
3. b
4. e
5. c

B. (15 points: 3 points per item)

6. c
7. b
8. c
9. c
10. d

TESTING PROGRAM • SCRIPTS & ANSWERS

Listening Scripts for Quizzes 3-1B, 3-2B

Quiz 3-1B Kapitel 3 Erste Stufe

I. Listening

A.

1. Mit Diät allein nimmt man nicht ab, man muss gleichzeitig auch Sport treiben, sich fit halten. Ich halte Diäten auch für gefährlich. Wie man aussieht, ist nicht das Wichtigste.
2. Ich esse vernünftig, damit ich mich wohl fühle. Meine Mutter achtet darauf, dass wir vollwertige Sachen essen, Gemüse, Obst und so. Sie achtet schon darauf, dass wir immer Biokost essen. Ich halte das auch für wichtig. Schmeckt auch besser.
3. Ich achte auf mein Aussehen. Ich gehe zweimal in der Woche ins Fitness-Center und mache ein regelmäßiges Krafttraining. Das ist sehr wirkungsvoll. Radfahren hilft auch, fit zu bleiben. Ich treibe aber nicht viel Sport.
4. Ich trinke zum Beispiel zu viel Cola. Cola schmeckt zwar, aber ich denke, sie ist schon ungesund. Ich möchte weniger davon trinken.
5. Mein Vater ist Vegetarier, darum gibt es bei uns nur selten Fleisch, und wenn schon, dann mehr Hühnerfleisch und weniger rotes. Ich mache mir Gedanken über das Töten von Tieren. Ich finde es gar nicht gut.

Quiz 3-2B Kapitel 3 Zweite Stufe

I. Listening

A.

1. Ich gebe zu, dass einige Menschen das Aussehen für sehr wichtig halten, aber ich finde das nicht so wichtig. Du brauchst dich nicht zu schminken. Du fühlst dich viel besser, wenn du etwas Sport treibst.
2. Du solltest dich bequem anziehen, aber nicht schlampig. Man drückt sich durch die Kleidung aus!
3. An deiner Stelle würde ich versuchen, positiver zu denken. Dann kommst du bei den anderen gut an. Sei nicht zu mickrig!

Listening Scripts for Chapter Test • Kapitel 3

I. Listening

A.

1. Wie wichtig mir die Kleidung ist? Ich mache nicht mit der Mode mit. Aber wenn ich Zeit und Geld habe, kaufe ich mir gern etwas Neues, meistens etwas Billiges im Secondhand-Laden. So was hebt meine Laune.
2. Was ich gern trage? Meine Kleidung muss immer bequem sein. Latzhosen zum Beispiel gefallen mir sehr, und weite Hemden. Ich könnte es auch den ganzen Tag in Jeans aushalten, aber Trainingsanzüge finde ich hässlich.
3. Sollte man sich der Mode anpassen? Ich trage gern ausgefallene Klamotten, was mir eben so gefällt. Nur alte Damen denken, dass alles zusammenpassen muss. Ab und zu ziehe ich mich ganz verrückt, ausgeflippt an. Ich würde mir zum Beispiel nie eine Modezeitschrift kaufen.
4. Soll man sich schminken? Ich schminke mich ab und zu mal ein bisschen, wenn ich Lust dazu habe, aber nicht jeden Tag. Das wäre übertrieben.
5. Was für mich wichtig ist? Man drückt durch die Kleidung aus, zeigt, wie man sich fühlt, also muss man schon auf das Aussehen achten.

B.

6. Du musst anfangen, zwei Stunden am Tag für die Schule zu lernen. Du sollst auch damit aufhören, den Unterricht zu schwänzen.
7. Du hast zu viel für den Fotoapparat bezahlt. Jetzt musst du versuchen, auf anderen Gebieten zu sparen. Du darfst dir eine Zeit lang keine neuen Kleider kaufen.
8. Meine beste Freundin hat mich nicht zu ihrer Fete eingeladen. Sie will mich nie wieder sehen.
9. Meine Mutter schimpft die ganze Zeit mit mir und kritisiert mein Aussehen.
10. Du siehst sehr schlecht aus. Bleib einen Tag zu Hause und versuche, dich zu entspannen! Lies ein gutes Buch, oder hör dir Musik an! Bald fühlst du dich schon besser.

Answers to Listening Activities in Quizzes 3-1B, 3-2B

ANSWERS Quiz 3-1B

I. Listening

A. (15 points: 3 points per item)

1. N
2. P
3. P
4. N
5. P

ANSWERS Quiz 3-2B

I. Listening

A. (10 points: 3.3 points per item)

1. c
2. d
3. b

Answers to Chapter Test Listening Activities • Kapitel 3

I. Listening Maximum Score: 28 points

A. (15 points: 3 points per item)

1. a
2. c
3. b
4. a
5. a

B. (15 points: 3 points per item)

6. d
7. a
8. c
9. b
10. e

Listening Scripts for Quizzes 4-1B, 4-2B

Quiz 4-1B Kapitel 4 Erste Stufe

I. Listening

A. 1. BERTA Bei uns, also an unserer Schule, gibt es ein paar Punker, Grunger, Öko-Freaks und so. Die Punker zum Beispiel sind immer zusammen, aber sie unterhalten sich genauso mit anderen Leuten wie untereinander. Und ich versteh mich mit denen auch ganz gut.

2. GABI Meine Schwester geht aufs Gymnasium, in die 7. Klasse, und da sind ein paar türkische Schüler mit ihr in der Klasse. Und die Elke, so heißt meine Schwester, sagt, dass sie unter sich bleiben, also in der Pause und auch nach der Schule. Das finde ich gar nicht richtig. Ich meine, das ist wirklich dumm.

3. HANS Ja, wenn sich die Türken zum Beispiel isoliert fühlen, sind sie selber schuld daran. Sie versuchen oft gar nicht, sich in unserm Land anzupassen.

4. NORBERT Das stimmt aber so nicht! Auch wenn sie versuchen, sich anzupassen, werden sie oft von uns Deutschen nicht akzeptiert, weil sie Ausländer sind.

5. WOLF Die haben eben in der Türkei andere Sitten und Gebräuche. Ich finde, wir sollten nicht vergessen, dass sie sich nicht absichtlich absondern, sondern dass es kulturbedingt ist.

Quiz 4-2B Kapitel 4 Zweite Stufe

I. Listening

A. *[Sound of telephone ringing like one hears on the radio for call-ins]*

MODERATOR Guten Tag! Wie heißen Sie, und worum geht's denn?

FRAU BAUER Ja, guten Tag! Ich heiße Edith Braun. Ich rufe deswegen an, weil mein Mann und ich ganz verzweifelt sind! Unser Ältester hat vor fast zwei Jahren den Hauptschulabschluss nicht geschafft. Er hat dann doch noch eine Lehrstelle bekommen, ist aber nach einem halben Jahr abgehauen. Danach hat er als Hilfsarbeiter gearbeitet, wir glauben in einer Gärtnerei. Vor zwei Wochen, als Gerd 18 wurde, ist er ausgezogen. Wir wissen nicht, wohin. Ein früherer Klassenkamerad hat Gerd jetzt einmal im Stadtpark gesehen — mit Punkern! Wir können es nicht glauben, dass unser Gerd mit Punkern herumläuft. Was haben wir falsch gemacht? Sind wir schuld an allem? Wir glauben, dass wir unser Bestes getan haben: Wir haben uns früher mit Gerd immer verstanden. Jetzt haben wir keine Ruhe. Was können wir tun? Wir möchten unsern Jungen wiederhaben.

A. VATER Du, Ralph, setz dich mal zu mir, ich muss mal mit dir reden. Ich habe nämlich das Angebot bekommen, in Frankfurt an der Universität zu unterrichten. Das bedeutet aber, dass wir nach Frankfurt ziehen müssen.

RALPH Was, weg aus Leipzig? Weg von hier, wo ich alle meine Freunde habe?

VATER Ja, schon, aber du findest bestimmt neue Freunde in Frankfurt, da bin ich mir ganz sicher.

RALPH Ja, aber die Freunde hier kenne ich schon so lange. Und dann muss ich auch in eine andere Schule. Und das vor meinem letzten Schuljahr, das ist vielleicht blöd.

VATER Ja, da stimme ich dir zu, aber ich habe eben dieses Stellenangebot dieses Jahr. Wenn ich noch ein Jahr warte, haben sie jemand anderen. Dieses Angebot ist halt die Chance für mich, wieder an die Uni zu kommen.

RALPH Das stimmt schon. Aber warum gerade Frankfurt? Kannst du nicht in Leipzig an die Uni?

VATER Tja, da habe ich leider kein Angebot für eine Stelle.

RALPH Aber gerade Frankfurt, diese Großstadt, und dieser Lärm! Da ist es in Leipzig viel ruhiger, ist zwar auch 'ne Großstadt, aber Frankfurt ist so riesig. Ich habe gehört, da gibt's jetzt so viele PKWs, dass da ständig Stau auf den Straßen ist. Die Luft soll auch sehr schlimm sein.

B. REGINA Wenn ich Angst davor hätte, spät nach Hause zu kommen, weil sich meine Eltern darüber ärgern, würde ich höchstwahrscheinlich einfach mal die ganze Nacht wegbleiben und sehen, was dann passieren würde. Wenn ich im Ausland wohnen würde, was ich wahrscheinlich in ein paar Jahren machen werde, könnten sie so was sowieso nicht kontrollieren.

WALTER Wenn ich im Ausland wohnen würde, würde ich mich wahrscheinlich gern ganz anders verhalten. Die Interessen meiner Bekannten und Freunde wären bestimmt auch anders. Vielleicht würden sie alle viel für die Schule lernen, statt abends immer auszugehen. Ich habe jetzt Angst davor, meinen Eltern meine Noten überhaupt zu zeigen. Ich weiß, ich sollte mehr für die Schule arbeiten, aber ich will immer mitmachen, was die anderen machen. Und jetzt habe ich eine Vier in Englisch und in Mathematik.

MATTHIAS Na, was ich mit meiner Zeit mache, ist bei uns kein Problem. Aber was mich ärgert, ist, dass mein Vater immer mein Aussehen kritisiert, besonders wie ich mich anziehe. Eigentlich sollten heute auch die Eltern wissen, dass so was schlecht für das Selbstbewusstsein ist. Wenn sie mich in Ruhe lassen würden, könnte ich viel besser arbeiten und etwas in der Schule leisten.

DAGMAR Bei uns geht es nicht darum, wie ich aussehe, sondern wie mein Zimmer aussieht. So was sollte denen doch egal sein, sie brauchen überhaupt nicht reinzukommen. Sauber machen und aufräumen ist nun wirklich meine Aufgabe, und sie sollten jetzt endlich anfangen, mich deswegen in Ruhe zu lassen.

Answers to Listening Activities in Quizzes 4-1B, 4-2B

ANSWERS Quiz 4-1B

I. Listening

A. (15 points: 3 points per item)
1. P
2. N
3. N
4. P
5. P

ANSWERS Quiz 4-2B

I. Listening

A. (9 points: 3 points per item)
1. c
2. b
3. c

Answers to Chapter Test Listening Activities • Kapitel 4

I. Listening Maximum Score: 30 points

A. (16 points: 3 1/2 points per item; #5: 2 points)
1. a
2. c
3. a
4. a
5. a

B. (14 points: 3 1/2 points per item)
6. b
7. c
8. e
9. a

Listening Scripts for Quizzes 5-1B, 5-2B

Quiz 5-1B Kapitel 5 Erste Stufe

I. Listening

A. KLÄRE Christiane, ich höre, du bist letzten Monat 18 geworden. Herzliche Glückwünsche! Wie hat sich dein Leben seit dem Geburtstag geändert?

CHRISTIANE Vor allem in zwei Beziehungen: Ich erlaube es mir jetzt, spät nach Hause zu kommen, wenn ich mit Freunden unterwegs bin und Spaß habe, weil ich mich dann unabhängiger fühle. Und ich habe einen Kaufvertrag unterschrieben für etwas, was ich mir schon lange gewünscht habe: einen Computer. Ich glaube, damit schaffe ich viel mehr in der gleichen Zeit. Aber du, du bist schon fast 19. Bist du unabhängiger geworden, seitdem du 18 bist?

KLÄRE Das Erste, was ich machte, war zum Fahrunterricht zu gehen, um mich auf die Führerscheinprüfung vorzubereiten. Ich habe es geschafft, und jetzt kann ich in den Ferien allein wegfahren. Das macht es mir viel leichter, an den Vereinsausflügen teilzunehmen. Ich hätte auch heiraten können, aber in dieser Hinsicht bin ich etwas vorsichtig. Ich denke, es ist meine Pflicht, mich zuerst um eine Ausbildung zu kümmern, dann um das Studium, damit ich später im Leben mehr Möglichkeiten bei der Berufswahl habe, auch wenn ich Kinder habe.

Quiz 5-2B Kapitel 5 Zweite Stufe

I. Listening

A. OGUZHAN Ich will immer klein bleiben. Erwachsenwerden finde ich doof. Erwachsene machen viele Dinge, die ungesund sind. Zum Beispiel Rauchen. Und außerdem müssen Erwachsene arbeiten. Ich kann als Erwachsener viele Dinge nicht mehr machen — mit meinen Flugzeugen spielen oder schnell rennen. Erwachsene sind lahm.

MARC Gut am Erwachsenwerden finde ich, dass man Auto fahren darf oder spät abends in Discos gehen kann. Angst habe ich davor, dass später nichts aus mir wird, dass ich keinen Job finde und dass ich die Verantwortung für die eigene Familie nicht tragen kann.

MANUEL Manchmal habe ich auch Angst, dass das Leben, der Beruf und die Partnerschaft langweilig werden, wenn ich älter bin.

SUSANNE Mit 14 musste ich mich noch bei meinen Eltern durchsetzen, als ich mal allein weggehen wollte. Heute verstehe ich mich mit ihnen sehr gut. Auch in der Schule läuft alles prima. Ich habe gute Erfahrungen mit dem Erwachsenwerden gemacht. Das liegt wahrscheinlich daran, dass ich mit meinen Eltern über alle Probleme sprechen konnte. Was beim Erwachsenwerden positiv ist? Man bekommt immer mehr Rechte. Mit 18 kann man den Fühererschein machen und Politiker wählen.

Listening Scripts for Chapter Test • Kapitel 5

I. Listening

A. 6.00 Uhr: Das frühe Aufstehen ist nicht leicht. Nach dem Frühstück, mit zwei Broten im Bauch, geht es schon besser. Ich fahre mit dem Fahrrad ins Altersheim.

6.30 Uhr: Ich habe Frühdienst. Ich gehe durch die Zimmer. Die meisten Leute sind schon wach. Manchen helfe ich beim Waschen und beim Anziehen. In den ersten zwei Monaten bin ich ganz oft mit den anderen Pflegern mitgegangen, um alles zu lernen. Heute kenne ich die alten Menschen und ihre Eigenarten. Die kennen mich natürlich auch.

8.00 Uhr: Es gibt Frühstück. Ich teile Kaffee aus und schmiere Brote. Ich gehe zu den Alten und Schwachen und füttere sie.

9.30 Uhr: Jetzt habe ich selbst Frühstückspause. Ich schmiere mir ein paar Brötchen und setze mich mit den Kollegen zusammen. Als Zivi frühstücke ich im Heim und esse dort auch Mittag. Ich kann auch im Heim wohnen. Aber meine Eltern leben nur zwei Kilometer vom Heim weg. Darum bin ich nicht umgezogen.

10.00-13.00 Uhr: Aufgaben habe ich wie zum Beispiel Einkäufe für die alten Leute machen, oder wenn sie einen Termin beim Arzt haben, bring ich sie dahin. Und wenn ich Zeit habe, rede ich mit den Leuten. Sie erzählen von früher. Manche sind geistig durcheinander. Sie reden von ihren Eltern und fragen, wann sie sie abholen.

13.00 Uhr: Dienstschluss. Die Kollegen der Spätschicht lösen uns ab. Es ist ziemlich hart, in der Altenpflege zu arbeiten. Die Schulzeit war viel lockerer. Jetzt muss ich oft am Wochenende ran. Ich habe nur einen freien Tag pro Woche und bekomme 400 Mark im Monat. Ein Sozialarbeiter verdient ungefähr 1800 Mark. Aber ich habe ein gutes Gefühl. Die alten Menschen sind wie gute Bekannte. Sie brauchen Hilfe und sind auch dankbar dafür.

B. Same text as **A.**

C. HELMUT Was hat sich mit deinem achtzehnten Geburtstag wirklich geändert?

KLAUS Interessant, dass du fragst! Das Erste war, dass ich jetzt endlich Schule schwänzen konnte und meine eigene Entschuldigung schreiben kann.

HELMUT Und heute?

KLAUS Die Schule ist weiterhin stressig, aber ich muss das Abi schaffen, sonst ist es aus mit dem Studium. Ich bin froh, dass ich jetzt auch wählen darf. Ich habe angefangen, mit meinen Eltern über Politik zu diskutieren. Ich hatte nie vorher gemerkt, dass die beiden gern verschiedener Meinung sind, auch wenn es zum Streit kommt. Ich war wirklich überrascht, weil ich den Eindruck habe, wenn mein Vater SPD wählt, dann wählt meine Mutter bestimmt die Grünen — und auch umgekehrt! Diese Diskussionen sind sehr interessant, aber leider helfen sie mir nicht viel damit, meine eigenen Entscheidungen zu machen.

Answers to Listening Activities in Quizzes 5-1B, 5-2B

ANSWERS Quiz 5-1B

I. Listening

A. (16 points: 4 points per item)

1. c
2. d
3. a
4. b

ANSWERS Quiz 5-2B

I. Listening

A. (12 points: 3 points per item)

1. b
2. c
3. b
4. a

Answers to Chapter Test Listening Activities • Kapitel 5

I. Listening Maximum Score: 30 points

A. (15 points: 1 1/2 points per item)

1. aufstehen
2. Frühstück
3. zur Arbeit fahren
4. alten Leuten beim Waschen/Anziehen helfen
5. Frühstück servieren
6. Pause
7. Einkäufe machen
8. Leute zum Arzt bringen
9. mit den alten Leuten reden
10. nach Hause fahren

B. (2 points)

11. c

C. (12 points: 3 points per item)

12. b
13. a
14. a
15. b

TESTING PROGRAM • SCRIPTS & ANSWERS

Listening Scripts for Quizzes 6-1B, 6-2B

Quiz 6-1B Kapitel 6 Erste Stufe

I. Listening

A. 1. KATRIN Nun, Zeitunglesen finde ich langweilig. Fernsehen ist viel interessanter. Man sieht alles, es ist lebendiger, aktueller. Das Radio ist gut zum Musikhören, aber das hat man so im Hintergrund, und man hört nie richtig zu.

2. JÖRG Die Nachrichten im Fernsehen sind zu oberflächlich. In der Zeitung kann man so viel oder so wenig lesen, wie man will. Wenn ich zum Beispiel etwas nicht gleich verstanden habe, kann ich den Artikel noch mal lesen, ihn vielleicht sogar ausschneiden und mit Freunden darüber diskutieren.

3. GEORG Zeitung und Fernsehen sind beide wichtig und gut. In der Zeitung hat man auch Lokalanzeigen und so. Man ist nicht an eine bestimmte Zeit gebunden. Das Fernsehen ist eben interessant, und ich finde, es macht schon viel aus, wenn man die Bilder sieht. Aber ich persönlich ziehe das Radio vor. Das Radio bietet so viel: Musik, Nachrichten, Kommentare. Die Nachrichten kommen alle Stunden, so hat man immer wieder Gelegenheit, sie zu hören. Und dann hat man das Radio eben überall, wo man es haben will: im Zimmer, in der Küche, im Garten, im Auto.

Quiz 6-2B Kapitel 6 Zweite Stufe

I. Listening

A. FRANK Was mich stört, ist, dass der Unterricht so selten richtig anregend ist.

NORA Ja, das macht mich auch sauer, aber gestern haben wir eben diesen Film *Die Ehe der Maria Braun* von Fassbinder gesehen. Ich bin überrascht, dass wir einen so tollen Film in der Schule sehen konnten.

FRANK Ja, der Hintergrund war interessant. Ich hatte ja keine Ahnung, was in den 50er Jahren in Deutschland so alles ablief.

ALEX Die meisten Leute in Deutschland kennen den Film nämlich nicht.

NORA Sagst du das im Ernst?

ALEX Ja, natürlich.

FRANK Übrigens, hast du mir nicht neulich gesagt, dass das deutsche Fernsehen oft amerikanische Serien zeigt? Was für Serien laufen denn?

ALEX Alles, was du willst.

NORA Alles? Und die sprechen dann alle deutsch? Übertreibst du da nicht?

ALEX Nein, man kann einfach alles sehen!

FRANK Miami Vice, LA Law?

ALEX Alles! Es ist furchtbar. Ich kann's nicht leiden.

I. Listening

A. and **B.**

MODERATORIN Also, was haltet ihr vom deutschen Fernsehen? Nehmt mal dazu Stellung!

THORSTEN Ich finde deutsches Fernsehen echt okay! Am liebsten „Dallas", „Der Denver-Clan", „Schwarzwaldklinik", echt! Ich schaue so lange, bis es nichts mehr Gutes gibt. Abends meistens. Zwei Stunden oder mehr.

CHRISTOPH Ich war gerade in Amerika, und ich finde amerikanisches Fernsehen ganz toll, weil es eben so viele Programme hat, dass es eigentlich immer was gibt, was einem gefällt. Hier seh ich wenig fern. Und dann nur das Erste Programm.

ANABELLE Ich finde das deutsche Fernsehen schon gut zur Unterhaltung. Wenn ich Fernsehen gucke, dann meistens abends einen Film. Wenn es etwas Gutes im Nachmittagsprogramm gibt, dann auch. Ätzend ist Sport. Nachrichten — na ja.

STEFAN Meiner Meinung nach ist Fernsehen zur Entspannung geeignet; man kann vor der Glotze einfach relaxen, muss sich nicht mit irgendetwas Schwerem auseinandersetzen und kann einfach zuschauen. Ja, denn es gibt genug Sendungen, bei denen man nicht zu denken braucht, Spielshows, Sport und so was. Wenn ich nach Hause komme, habe ich keine Lust mehr, mich noch groß mit etwas auseinanderzusetzen.

PETRA Ich schaue eigentlich wenig fern, weil ich es doof finde. Es gibt zu viel Quatsch und Wiederholungen, und vor allem zu viel Werbung. Pro Tag schaue ich etwa eine Stunde, schlafe manchmal dabei ein. Dabei esse ich auch, lese oder mache etwas anderes. So interessant ist es ja auch nicht. Manchmal läuft die Glotze einfach, ohne dass jemand wirklich zuschaut.

C. GERD Über unsere Schülervertretung kann sich wirklich niemand beschweren. Unsere SV hat es im letzten Jahr erreicht, dass jetzt alle Schüler einen Parkplatz für ihre Fahrräder haben. Bisher mussten die Schüler die Räder an die Hauswand lehnen, und das war nicht gut für die Wand und besonders nicht für die Räder. Die SV hat auch ein Rauchverbot an der ganzen Schule durchgesetzt, das auch für die Lehrer gilt. Wer rauchen will, muss den Schulhof verlassen und draußen auf dem Bürgersteig rauchen. Dank der SV haben wir seit zwei Jahren auch einen Umweltgarten hinter der Schule. Hier wächst alles. Der Garten wird von allen Bio-Klassen besucht und bewundert. Da ist auch schon ein Artikel in der Zeitung über den Garten erschienen. Ja, und jetzt haben wir auch eine Graffitiwand neben der Schule, da gleich beim Eingang. Da kann jetzt jeder malen, was er will. Nur müssen die, die die Wand benützen, auch ab und zu die Wand wieder weißstreichen, damit andere von neuem anfangen können. Keiner in der 11b möchte auf die SV verzichten. Sie hat schon so viel für die Schule getan, und mit unserer Unterstützung erreicht sie noch mehr.

Answers to Listening Activities in Quizzes 6-1B, 6-2B

ANSWERS Quiz 6-1B

I. Listening

A. (9 points: 3 points per item)
1. c
2. a
3. b

ANSWERS Quiz 6-2B

I. Listening

A. (16 points: 4 points per item)
1. b
2. b
3. a
4. b

Answers to Chapter Test Listening Activities • Kapitel 6

I. Listening Maximum Score: 29 points

A. (10 points: 2 points per item)
1. b
2. a
3. e
4. c
5. d

B. (10 points: 2 point per item)
6. b
7. a
8. b
9. a
10. a

C. (10 points: 2 points per item)
11. b
12. b
13. a
14. a
15. b

I. Listening

A.

HELMUT Grüß dich, Beate!
BEATE Hallo, Helmut! Was gibt's?
HELMUT Tja, ich muss doch was zum Essen holen.
BEATE Ja, ich sehe deine Einkaufstasche. Ganz schön voll!
HELMUT Ja, der Kühlschrank ist leer bei mir zu Hause. Also, meine Mitbewohner sind zu faul, einkaufen zu gehen. Und du, es ist dein erstes Semester hier an der Uni. Wie gefällt es dir hier?
BEATE Ganz gut, aber Berlin ist so groß. Ich kenne mich wirklich nicht so gut hier aus. Zum Beispiel habe ich immer noch keine gute Bäckerei gefunden, wo es richtige Brötchen gibt. Im HL-Markt bekommt man keine frischen Backwaren und KaDeWe ist zu groß. Ich würde gerne eine kleine Bäckerei finden. Ich kriege wirklich Heimweh, wenn ich daran denke. Ich vermisse die Bäckerei meiner Heimatstadt so sehr. Weißt du, wo es eine richtige Bäckerei gibt? Ich würde sogar mit der U-Bahn dahinfahren, auch wenn sie auf der anderen Seite der Stadt wäre!
HELMUT Ja, eigentlich gibt es eine in der Nähe von hier. In der Staakener Straße.
BEATE Ich habe auch Durst auf eine Tasse Tee. Gibt es auf dem Weg dahin ein Café? Ich würde mich gerne ein bisschen hinsetzen. Ich laufe seit heute Morgen in der Stadt herum.
HELMUT Ja, es gibt ein Café, wo man sogar draußen sitzen kann. Aber ich bezweifle, dass du noch Brötchen vom Bäcker bekommen wirst.... Es ist schon eins.
BEATE Macht nichts! Es wäre nur schön, herauszufinden, wo ich richtige Brötchen und ein gutes Café finden könnte! Hast du Lust, mir den Weg dahin zu zeigen?
HELMUT Ja, klar! Ich bin sowieso fertig mit dem Einkaufen und würde mich auch gern etwas ausruhen!
BEATE Gut, dann los!

B.

HOLGER Na, Thomas, du bist jetzt 18, fertig mit der Schule und den Führerschein in der Hand. Was wirst du wohl machen? Sofort zum Wehrdienst oder Zivildienst?
THOMAS Ich habe mich noch nicht entschieden, Holger. Ich habe ein Angebot von meiner Tante und meinem Onkel aus Amerika bekommen. Sie wollen, dass ich den Sommer bei ihnen verbringe. Sie haben eine große Farm und brauchen jemanden, der ihnen hilft.
HOLGER Wo wohnen sie denn? In Kalifornien?
THOMAS Nein, sie wohnen in Süddakota.
HOLGER Warst du schon mal da? Wie sieht's da aus?
THOMAS Leider war ich noch kein einziges Mal da. Aber wir haben viele Fotos von ihnen. Sie wohnen in den „Black Hills". Es sieht ja sehr schön da aus, aber es gibt fast keine Leute... das könnte nämlich ein Nachteil sein!
HOLGER Hm, ja , ganz schön langweilig.
THOMAS Ja, deshalb bin ich immer noch nicht sicher, ob ich besser zum Wehrdienst gehen soll oder dieses Angebot ausnützen soll. Auf jeden Fall stehe ich jetzt vor einer Entscheidung.
HOLGER Was sagen deine Eltern dazu?
THOMAS Sie sagen, du bist jetzt erwachsen, du musst dich selber entscheiden.
HOLGER Weißt du, ob deine Verwandten viel Platz da haben?
THOMAS Warum fragst du?
HOLGER Na, wenn sie viel Platz hätten, könnten wir beide den Sommer da verbringen und ihnen helfen.
THOMAS Keine schlechte Idee! Aber was würden deine Eltern dazu sagen?

HOLGER Ich bin auch erwachsen und kann mich auch selber entscheiden, was ich in der Zukunft machen werde!

THOMAS Bist du so sicher?

HOLGER Ja, natürlich!

THOMAS Auch wenn deine Eltern zustimmen, muss ich meine Tante und meinen Onkel erst mal fragen. Aber ich bin fast sicher, dass es kein Problem sein wird.

C.

INTERVIEWER Herr Winkler, was machen Sie, um sich fit zu halten?

HERR WINKLER Um mich fit zu halten, mache ich halt ziemlich viel. Weil meine Frau und ich Rentner sind, haben wir viel Zeit, Fitnesstraining zu machen. Wir sind Mitglieder eines Fitnessklubs hier im Dorf. Meine Frau macht mindestens dreimal in der Woche Aerobic, und ich schwimme fünfmal die Woche und mache Bodybuilding ungefähr dreimal die Woche. Sonst gehen wir auch gern wandern. Wir wohnen nämlich in der Nähe von einem Naturpark, und fast jedes Wochenende gehen wir mit unseren Enkelkindern dahin. Wir essen auch vernünftig. Wir haben jetzt die folgenden Regeln zu Hause: Hier wird nicht gebraten. Hier wird nicht gesalzen. Hier wird täglich Rohkost gegessen, und hier wird nur einmal die Woche Rind- oder Schweinefleisch gegessen.

INTERVIEWER Angela, ist dir Fitness wichtig? Und warum oder warum nicht?

ANGELA Fitness — ja Fitnesstraining ist mir wichtig, aber ehrlich gesagt, habe ich fast keine Zeit, mich darum zu kümmern. Ich bin Studentin an der Uni in Frankfurt. Ich muss stets lernen. Ich würde gern ab und zu joggen gehen, aber in der Stadt ist die Luft zu stickig und schmutzig. Vorher habe ich auf dem Land gewohnt und hab ziemlich oft gejoggt. Im Moment ist Laufen mein einziges Training, denn ich wohne in einer kleinen Einzimmerwohung außerhalb der Stadt, in dem Vorort Offenbach. Das heißt, es wird fast täglich weit gelaufen. Ich muss zum Bahnhof laufen und dann zur U-Bahn. Na ja, wenn ich endlich mit dem Studium fertig bin und einen richtigen Job habe, werde ich Mitglied eines Fitnesscenters werden.

INTERVIEWER Und Jakob, was hältst du von der Fitnesswelle?

JAKOB Die Fitnesswelle? Eigentlich halte ich nicht sehr viel davon. Für die Leute, die im Büro arbeiten und genug Geld haben, ist das wohl was Wichtiges, denn sie machen keine anstrengende Arbeit wie ich. Ich arbeite jetzt Teilzeit, denn ich mache eine Lehre als Metzger. Da meine Aufgabe als Metzger sehr anstrengend ist, brauche ich kein Fitnesstraining zu machen. Meiner Meinung nach ist diese Fitnesswelle Quatsch und überhaupt nicht wichtig für Leute, die wirklich arbeiten. Jeden Tag oder wöchentlich zum Fitnessklub zu gehen, ist nämlich nicht nur eine Zeit-, sondern auch eine Geldverschwendung. Tja, ich bin sozusagen ein Fitnessmuffel.

Answers to Midterm Exam Listening Activities

I. Listening Maximum Score: 30 points

A. (10 points: 2 points per item)

1. d
2. c
3. c
4. c
5. a

B. (10 points: 2 points per item)

6. c
7. b
8. c
9. c
10. c

C. (7 points: 1 point per item)

11. b
12. b
13. a
14. a
15. b
16. b
17. a

D. (3 points: 1 point per item)

18. c
19. a
20. b

Listening Scripts for Quizzes 7-1B, 7-2B

Quiz 7-1B Kapitel 7 Erste Stufe

I. Listening

A.
1. Auf zu Kaufmanns! Diese Woche wieder Superangebote. Kaufen Sie täglich frisches Obst und Gemüse und überzeugende Qualität aus der Fleisch- und Fischabteilung!
2. Sahnig, mild und fein. Milchprodukte, die nicht nur Ihren Proteinbedarf decken, sondern auch schmecken!
3. Genießen Sie die wohlige Wärme der Sonne, ohne Ihre Haut zu gefährden! Sonnenschutzprodukte von Eubos! Erhältlich als Gel, Lotion oder Sonnenblocker mit verschiedenen Schutzfaktoren. Ihrer Haut zuliebe!
4. Immer fit, immer top mit topfitz! Vitamine, die im Munde zergehen.
5. Warum denn immer nur Milch? Lust auf was Neues? Wie wär's mit Buttermilch? Herrlich frisch im Geschmack. Löscht den Durst an heißen Tagen!

Quiz 7-2B Kapitel 7 Zweite Stufe

I. Listening

A.
CONNIE Schau mal, Werner!
WERNER Was ist?
CONNIE Obst für morgen. Was schmeckt dir am besten?
LAUTSPRECHER Willkommen zu Kaufmanns, wo Sie nur beste Qualität finden. Heute im Sonderangebot, Trauben aus Frankreich: nur vier Mark sechzig das Kilo. In unserer Tiefkühlabteilung finden Sie mageres Rindfleisch, nur neun Mark neunzig das Kilo. Alle Angebote sind gültig bis Montag, den dritten März.
WERNER Schön, machen wir morgen einen Obstsalat. Da sind Trauben für vier Mark sechzig und Äpfel aus dem Schwarzwald für vier Mark zehn pro Kilo. Tu je ein Kilo in den Einkaufswagen! Und ich kaufe den Fisch. Was möchtest du lieber, Heilbutt oder Forelle? Mir ist es ziemlich gleich.
CONNIE Am liebsten Forelle. Warte mal! Das ist doch nicht unser Wagen.
WERNER Wieso nicht?
CONNIE Ja, in unserem Wagen müssten doch schon tiefgekühlte Pommes frites und eine Packung Tütensuppe sein, nicht wahr?
WERNER Na klar.
CONNIE Nun, in diesem Wagen sind aber keine Suppe und keine Pommes frites, nur Karotten und grüne Bohnen.
WERNER Wo ist denn bloß unser Wagen geblieben?

I. Listening

A.

1. Kuren mit der Heilkraft der Natur — dem Bad Driburger Schwefelmoor und den kohlensäurehaltigen Mineralquellen. Weit weg vom Alltag finden Sie hier Ruhe und Abwechslung und zum Beispiel mit Krankengymnastik, Elektrotherapie, Rückenschule und autogenem Training zurück zu Wohlbefinden und innerer Ausgeglichenheit. Kuren in besonderer Atmosphäre — Bad Driburg, im ostwestfälischen Naturpark.
2. Sportive Freizeitmode für aktive Sportlerinnen und dynamische Freizeit-Genießerinnen: eigenwillig, apart, jung, anders, exklusiv, direkt vom Hersteller: Conrad-Schmidt-Sportswear. Für einen Katalog rufen Sie an, Vorwahl 06721, Telefonnummer 71077. Das war 06721/71077.
3. Sie brauchen für alle Geräte jetzt nur noch eine Fernbedienung: die Toptel I. Für immer mehr Geräte im Haushalt gibt es Fernbedienungen: für Fernsehgeräte, Videorecorder, CD-Player, Tuner, Stereoanlagen, Satellitenempfänger und so weiter. Diese sensationelle Fernbedienung ist universell! Die neue Technologie macht dieses Hightechprodukt zukunftssicher und begehrt.
4. Beton-Bauteile Baumann für den Gartenbau. Der Garten ist für lärm- und stressgeplagte Stadtbewohner ein Refugium der Ruhe und Entspannung, besonders aber in Städten auch ökologisch wichtig. Fordern Sie unsere Broschüre an bei Beton-Bauteile Baumann, Postfach 21 02 67, 53158 Berlin.
5. Steppen Sie sich fit! Der Mini-Stepper bringt ihren Kreislauf in Schwung, stärkt Herz und Muskulatur und verbessert Durchblutung und Venentätigkeit. Sie trainieren ganz einfach wetterunabhängig in ihrem Zimmer. Der Mini-Stepper braucht nur wenig Platz. Ideal für Herz und Kreislauf, zur Figurformung und zum Abnehmen. Testen Sie den aus der TV-Werbung bekannten Mini-Stepper, nur neunundneunzig Mark neunzig, vom Conterna-Versand in Keltern.

B.

GABRIELE Ich kann nicht sagen, dass ich von der Werbung manipuliert werde.

HANS-JÖRG Aber Gabi, du sagst ja selbst, dass du durch die Werbung zum Kaufen angeregt wirst.

GABRIELE Da hast du ganz Recht, aber die Reklame informiert mich einfach, sie beschreibt das Produkt.

HANS-JÖRG Übertreibst du nicht, Gabi? Ich finde, dass die Werbung weniger die Eigenschaften des Produkts dem Konsumenten beschreibt und mehr das Produkt in einem günstigen Licht zeigt.

KERSTIN Da stimme ich dir zu.

USCHI Ja, das meine ich auch.

HANS-JÖRG Besonders für Kinder ist die Fernsehwerbung gefährlich. Da werden Sachen angepriesen, die eigentlich schädlich sind.

USCHI Genau, so ist es auch. Und noch schlimmer sind die versteckten Mitteilungen. Meinst du nicht, Gabi?

GABRIELE Es scheint, da ist schon was dran. Aber so was muss man machen, wenn unser Wirtschaftssystem funktionieren soll. Werbung ist ein unumgänglicher Teil unseres Lebens, und Kinder sind halt eine wichtige Zielgruppe der Werbung.

HANS-JÖRG Woher weißt du denn, was für die Wirtschaft nötig ist? Vielleicht sollten wir es ausprobieren, ob wir nicht mit rein informativer Werbung weiterkommen.

GABRIELE Ja, das ist schon logisch, Hans-Jörg. Damit bin ich ganz einverstanden.

Answers to Listening Activities in Quizzes 7-1B, 7-2B

ANSWERS Quiz 7-1B

I. Listening

A. (10 points: 2 points per item)

1. d
2. a
3. e
4. c
5. b

ANSWERS Quiz 7-2B

I. Listening

A. (15 points: 3 points per item)
Circled: a, e, o, i, j

Answers to Chapter Test Listening Activities • Kapitel 7

I. Listening Maximum Score: 30 points

A. (15 points: 3 points per item)

1. a
2. b
3. e
4. c
5. d

B. (15 points: 3 points per item)

6. a
7. a
8. c
9. b
10. a

Listening Scripts for Quizzes 8-1B, 8-2B

Quiz 8-1B Kapitel 8 Erste Stufe

1. Es ist unwahrscheinlich, wie wenig die Amerikaner lesen. Die Tageszeitung, ja, aber Bücher?
2. Ich fand es unangenehm, wie so viele Leute ihren Kaugummi kauen—ich mein, so richtig kauen!
3. Mir haben die Lehrer gefallen: der Unterricht ist lockerer als bei uns, weniger stressig.
4. Ich hätte nicht gedacht, dass die meisten Amerikaner so hilfreich sind.
5. Ich habe gestaunt, wie gut mir das Essen drüben geschmeckt hat—alles frisch und wenig aus Büchsen.
6. Ich war erstaunt, wie wenig die Amerikaner über die Bundesrepublik wissen—meistens solche Klischees wie das Oktoberfest und unsere Autobahnen.
7. Ich finde es schade, dass die Leute so wenig für die Umwelt tun.
8. Es hat mich wahnsinnig gestört, dass es dort keine Fahrradwege gibt, jedenfalls nicht dort, wo ich war.
9. Ich war überrascht, dass die Amerikaner so kinderlieb sind.
10. Ich hatte nicht gewusst, dass sie sich für die Ereignisse in Deutschland interessierten.

Quiz 8-2B Kapitel 8 Zweite Stufe

1. Die Deutschen sind ein reiselustiges Volk. Allein im Jahr 1990 gaben sie bei Auslandsreisen fast 49 Milliarden DM aus. Damit stehen sie mit weitem Abstand an der Spitze der Europäer. Spanien, Frankreich und Italien sind die beliebtesten Reiseziele für die Deutschen, die ihr Urlaubsglück häufiger jenseits der Grenzen als daheim suchen. Das liegt wohl zum Teil daran, dass die Deutschen ein wohlhabendes Volk sind und über viel Freizeit verfügen. Andere Europäer verbringen ihre Ferien bevorzugt im eigenen Land.
2. Schüler des Antonius-Gymnasiums ziehen mit Spaten, Hacken, Heckenscheren und Schubkarren hinaus ins Freie, um an „ihrer" Oase zu arbeiten. Und wie die blüht und wächst! Es gibt Gemüse- und Blumenbeete sowie einen Kräutergarten. Die Schüler beliefern die Schulküche mit Zwiebeln, Karotten, Tomaten, Kartoffeln und Erdbeeren. Nicht nur der Garten, sondern auch die Klassenzimmer werden immer grüner. Im Sommer gibt es dort jetzt frische Blumensträuße. Die jungen Hobbygärtner sind ganz begeistert. „Die Schule macht viel mehr Spaß, weil etwas ganz Eigenes entsteht," meint Lizzy. „Klar kostet das Arbeit, aber dann siehst du etwas wachsen, kannst es riechen, anschauen." Am Ende kann man einiges sogar schmecken, essen und davon satt werden.
3. Es ist Sommer, und immer wieder denken Sie an ein Eis. Und je mehr Sie versuchen, nicht daran zu denken, desto stärker wird der Gedanke. Forscher der Uni Houston haben dieses Phänomen untersucht und festgestellt: Machen Sie es genau andersrum — denken Sie bewusst an etwas, das Sie verdrängen sollen, und Sie werden es bald vergessen. So lassen sich auch Schmerzen „wegdenken." Je mehr Sie sich auf den Schmerz konzentrieren, desto leichter vergeht er.
4. „100 Mark für jeden, der das Rauchen aufgibt," sagte der Bielefelder Fahrradfabrikant Hans-Werner Schreiber zu seinen Angestellten. Gesagt, getan. Jeden Monat zahlt der Fabrikant 100 Mark an seine Nichtraucher. Das verlockende Angebot wirkte: Zwei Männer und drei Frauen hörten sofort mit dem Rauchen auf. Nach und nach folgten alle anderen Mitarbeiter — bis auf einen. Die Nichtraucher freuen sich natürlich über das zusätzliche Geld. Der Angestellte Sven Harter sagt: „Ich bezahle damit jedes Jahr meinen Urlaub."

TESTING PROGRAM • SCRIPTS & ANSWERS

Listening Scripts for Chapter Test • Kapitel 8

I. Listening

A.
1. Männer kaufen keine Sonnencreme, um sich die Haut zu schützen.
2. Ein Mädchen in diesem Alter sollte nicht so viel arbeiten, sondern draußen an der frischen Luft spielen.
3. Dieser Junge hat bestimmt ein glückliches Leben, wenn er in so einem Haus lebt.
4. Ich finde, ein Kind braucht die Mutter, wenn es krank ist. Ein Vater hat nicht das richtige Gefühl dafür.
5. Dieser Junge braucht einen Papierkorb; sonst verbreitet er Bakterien.

B.
6. Man muss nur darauf achten, dass man sich nicht an einen reservierten Tisch setzt oder an einen Stammtisch, der immer für eine bestimmte Gruppe reserviert ist.
7. Ich kann dir einen Tip geben: Wenn man in einem deutschen Lokal keinen leeren Tisch findet, dann setzt man sich eben zu anderen Leuten hin, nachdem man vorher höflich gefragt hat, „Ist hier noch frei?"
8. Es lohnt sich, sich eine Tiroler Blaskapelle im Gebirge anzuhören.
9. Ich empfehle dir Pommes frites mit Mayonnaise, und das gemütliche Frühstück mit Bauernbrot und Aprikosenmarmelade fehlt mir auch.
10. Leider sieht man überall Skinheads, und einige sind wirklich Rassisten.

Answers to Listening Activities in Quizzes 8-1B, 8-2B

ANSWERS Quiz 8-1B

I. Listening

A. (20 points: 2 points per item)

1. n
2. n
3. p
4. p
5. p
6. n
7. n
8. n
9. p
10. p

ANSWERS Quiz 8-2B

I. Listening

A. (8 points: 2 points per item)

1. c
2. a
3. b
4. d

Answers to Chapter Test Listening Activities • Kapitel 8

I. Listening Maximum Score: 30 points

A. (10 points: 2 points per item)

1. c
2. a
3. e
4. b
5. d

B. (10 points: 2 points per item)

6. b
7. a
8. a
9. a
10. b

Listening Scripts for Quizzes 9-1B, 9-2B

Quiz 9-1B Kapitel 9 Erste Stufe

I. Listening

A. SABINE Guck mal, Ulf! Ein toller Taschenrechner im Sonderangebot! Nur 22 Mark. Du wolltest doch einen kaufen, oder?

ULF Ja, aber, ich möchte keinen Rechner mit Batterien. Haben sie keinen Solartaschenrechner hier?

SABINE Ich sehe keinen. Na ja! Gehen wir in die Lebensmittelabteilung!

ULF Ja, gut!

SABINE Hier ist die Limonade.

ULF Ja, aber nur in Einwegflaschen. Gib mir die da in der Mehrwegflasche oder in einer Aludose! Ich kaufe lieber keine Einwegflaschen.

SABINE Ja gut! Sag, brauchst du nicht Waschmittel? Ich kann dir dieses Waschmittel hier empfehlen. Der Preis ist sehr günstig.

ULF Ich kaufe lieber ein Waschmittel ohne Phosphate. Dieses hier zum Beispiel, „Ecomittel". Das kaufe ich meistens im Bioladen, aber hier ist es schon erheblich billiger.

SABINE Wolltest du auch nicht Glasreiniger fürs Auto?

ULF Schon, aber nicht in so einer Flasche. Ich verstehe nicht, wie sie so etwas verkaufen dürfen. Sieht aus, als ob es eine Spraydose mit Treibgas ist. Ich habe gelesen, dass das Treibgas in Spraydosen die Natur belastet. Ich benutze nur Pumpzerstäuber. Ich nehme diesen Reiniger hier. Gehen wir an die Kasse!

SABINE Brauchst du eine Tüte? Kostet mittlerweile 20 Pfennig bei Karstadt.

ULF Nein, danke! Guck! Ich habe schon zwei Einkaufstaschen mitgebracht. Aber wir brauchen bestimmt nur eine davon. Ich pack die Sachen schon ein.

Quiz 9-2B Kapitel 9 Zweite Stufe

I. Listening

A. REPORTER Darf ich euch eine Frage stellen?

JÖRG UND RALF Ja klar! Sicher!

REPORTER Was macht ihr, um die Umwelt zu schützen?

RALF Ja, ich bringe Einwegflaschen und Aludosen immer zum Recycling-Container und Pfandflaschen zurück zum Geschäft. Das hab ich auch immer gemacht.

REPORTER Und du, Jörg? Machst du irgendwas Besonderes für die Umwelt?

JÖRG Ich fahre meistens Rad statt mit dem Auto. Es dauert auch nur halb so lang mit dem Rad in die Stadt zu fahren. Und man findet sowieso mit dem Auto keinen Parkplatz.

REPORTER Und du? Was machst du?

HEIKE Ich schaue mir immer die Etiketten an, bevor ich Seife oder Spülmittel oder Waschmittel kaufe. Ich kaufe nichts, was Phosphate, Bleichmittel oder Duftstoffe enthält. Darauf kann ich ohne Problem verzichten.

REPORTER Und Ulrike? Was machst du zu Hause der Umwelt zuliebe?

ULRIKE Ja, was wir zu Hause für die Umwelt tun ... Wir benutzen statt Kunstdünger immer Kompost im Gemüsebeet. Wir stellen unseren eigenen Kompost mit Speiseresten her. Das geht ganz einfach. Und sonst kaufe ich immer Biokost. Ich möchte die Verwendung von gefährlichen Chemikalien nicht unterstützen, und als Verbraucher hab ich schon ein bisschen Macht.

I. Listening

A. CHRISTOPH Heute fahre ich auf der Autobahn langsamer als vorher. Ich spare damit Benzin und schone die Umwelt. Ich bin umweltbewusst erzogen worden. Wenn ich aus dem Zimmer gehe, mache ich immer das Licht aus. Im Winter drehe ich die Heizung ab, sobald ich das Haus verlasse. Beim Einkaufen achte ich auch immer auf die Verpackung.

INES Papier und Glas werfe ich nur in Spezialcontainer, die stehen in jedem Stadtteil. Dafür laufe ich gern ein paar Meter. Meine Mutter denkt auch an die Umwelt. Im Supermarkt macht sie zum Beispiel die Verpackungen ab und lässt sie einfach liegen.

STEPHAN Beim Einkaufen denke ich selten an die Umwelt. Außerdem gibt es viele Produkte nur in Dosen. Und mit dem Auto oder Motorrad bin ich schneller als mit dem Bus oder der Straßenbahn.

TOBIAS Der Einzelne kann nur wenig für die Umwelt tun. Ich kann das kritische Umweltgerede nicht mehr hören. Es gibt schließlich auch noch andere Themen.

VERENA Alufolie, Kunststoffabfälle usw. gebe ich an Sammelstellen ab, weil Umweltschutz für mich wichtig ist. Von diesen Sammelstellen sollte es viel mehr geben. Wenn die öffentlichen Verkehrsmittel öfter kämen und billiger wären, würde ich sie mehr benutzen. Jeder Einzelne muss viel mehr an die Umwelt denken.

B. TOBIAS Ich fahre Kat und sammle Altbatterien. Mein Vater ist Atomphysiker und forscht nach umweltfreundlicher Kernenergie. Meiner Meinung nach liegt das Hauptproblem bei den Kohlekraftwerken und den Autoabgasen.

SUSANNE Das Hauptumweltproblem, denke ich, ist der Hausmüll. Natürlich auch die Autoabgase. Es gibt ja auch immer mehr Autos. Leider wird gerade da nicht viel getan.

THOMAS Ich tue für den Umweltschutz, was ich kann. Auch meine Familie. Wenn wir durch den Wald wandern, nehmen wir Tüten mit und sammeln den Abfall. Ein besonders großes Problem ist das Ozonloch. Man könnte mehr ändern, wenn sich auch die Politiker ändern würden.

ERWIN Das Hauptproblem sehe ich darin, dass sich unsere Lebensweise geändert hat. Wir leben von der Industrie, also nicht mehr so natürlich wie früher. Das belastet die Umwelt. Doch sehe ich Chancen, damit fertig zu werden. Alle müssen mithelfen. Umweltschutz kann nicht befohlen, er muss gelebt werden.

BIRGIT Ich kenne auch eine ganze Menge Leute, bei denen dieses Engagement wirklich schwach ist. Ich glaube, es gibt kein Hauptumweltproblem. So genau kann man das gar nicht mehr differenzieren. Wichtig ist, dass die Leute im Umweltschutz einen Sinn sehen und durch eigenes Engagement ihre Umgebung erhalten und schützen.

Answers to Listening Activities in Quizzes 9-1B, 9-2B

ANSWERS Quiz 9-1B

I. Listening

A. (15 points: 3 points per item)
b, c, f, i, j

ANSWERS Quiz 9-2B

I. Listening

A. (8 points: 2 points per item)

1. c
2. d
3. b
4. a

Answers to Chapter Test Listening Activities • Kapitel 9

I. Listening Maximum Score: 30 points

A. (15 points: 3 points per item)

1. a
2. a
3. b
4. b
5. a

B. (15 points: 3 points per item)

6. a
7. a
8. c
9. a
10. c

TESTING PROGRAM • SCRIPTS & ANSWERS

Listening Scripts for Quizzes 10-1B, 10-2B

Quiz 10-1B Kapitel 10 Erste Stufe

I. Listening

A. ANKE Jochen, was würdest du gern in unseren vier Tagen in Berlin machen?

JOCHEN Eine Stadtrundfahrt finde ich nicht so gut, ich sehe mir lieber alles selbst an. Ich bin ein großer Fan von klassischer Musik, also ein klassisches Konzert wär' nicht schlecht, aber Oper, Ballett oder Musicals, die interessieren mich nicht so.

ANKE Und Klara, was meinst du, was wir in Berlin machen sollen?

KLARA Ja, also, ich bin dafür, dass wir eine Stadtrundfahrt machen. Ich würde auch gern etwas Kulturelles machen, also zum Beispiel ins Ballett gehen oder in die Oper, finde ich beides gut. Ein Konzert, das ist nicht so mein Fall, ich möchte mir was anschauen beim Hören. Aber gibt es nicht einen berühmten Zoo in Berlin? Das würde mir unheimlich viel Vergnügen machen.

ANKE Ja, es gibt sogar zwei. Tagsüber könnten wir zwei die Zoologischen Gärten besuchen und die Stadtrundfahrt machen, während Jochen sich allein die Stadt anguckt. Abends gehe ich mit Jochen ins Konzert, und am nächsten Abend mit dir ins Ballett. Ich würde auch gern mit dir in die Oper gehen.

Quiz 10-2B Kapitel 10 Zweite Stufe

I. Listening

A. ANNETTE Es ist Sommer in der Großstadt, aber wir können noch nicht zum Urlaub aus der Stadt weg. Was machen wir? In den sonnigen Monaten des Jahres verwandeln sich viele Städte in große Bühnen. Die Fußgängerzonen werden Schauplätze eines vielseitigen Programms. Überall stehen Musiker und Akrobaten und zeigen ihre Künste. Sie kommen aus der ganzen Welt. Mit etwas Glück verdienen die Künstler Geld für die Urlaubskasse. Bei einigen reichen drei Griffe auf der Gitarre; die bekommen ein paar Groschen aus Mitleid. Doch es gibt auch Talentierte, die Menschen wie Magnete anziehen. Die Rockabilly-Schülerband bringt täglich ihre Instrumente her und versucht, Geld für einen Urlaub zu verdienen. Andere machen kleine Happenings. Die Jungs zum Beispiel, die sich als Mädchen verkleidet haben. Sie wollen die Leute ein bisschen schockieren. In den Parks sieht man immer öfter Jongleure. Feuerschlucker veranstalten Umzüge durch die Straßen. Die Passanten klatschen Beifall. Ihnen gefällt es, dass die grauen Städte ein bisschen mehr Farbe bekommen.

I. Listening

A. MICHAEL Montag. Eine Reiseleiterin begleitet uns auf der Stadtrundfahrt. Wir sehen uns alle um und merken den Unterschied zwischen der Gegend um das Brandenburger Tor heute und im Film über die DDR, den wir gesehen haben. Ich erkenne auch andere historische Gebäude aus dem Film, und Marta liest aus ihrem Reiseführer vor.

Dienstag. Ich bewundere die Zirkusclowns, weil sie sich über die kleinen Probleme des Lebens beklagen und dabei ganz heiter zu sein scheinen. Ich finde sie gar nicht grotesk.

Donnerstagabend. Der Vorhang ist gerade aufgegangen. Eine Frau in einem langen Kleid steht auf der Bühne und singt. Sie stellt eine Walküre dar. Die Handlung erinnert uns an eine alte nordische Sage. Ich habe leider nicht die Geduld, zwei Stunden lang eine Oper anzuschauen. Während der Aufführung schlafe ich manchmal ein.

Freitagabend. *Romeo und Julia* wurde im Deutschen Theater aufgeführt. Es handelt sich um eine tragische Liebe. Die jungen Leute beklagen sich, weil ihr Versuch, trotz Familieneifersucht zu heiraten, vergeblich war.

Samstag. Morgen würde ich mir möglicherweise auch klassische Musik anhören. Wir beneiden unseren Freund, weil er ein Konzertabonnement hat. Geige spielt er selbst. Bei diesem Konzert ist das Orchester berühmt, habe ich gehört. Der Dirigent wird wie wild applaudiert, als er herauskommt.

B. MODERATOR Wenn die Schüler des Kirchdorfer-Gymnasiums zum Kunstunterricht gehen, lassen sie den Zeichenblock zu Hause. Sie arbeiten mit dem Computer. Im Kunstunterricht gab es Computer bisher noch nicht. In vielen Schulen benutzt man sie in Informatikkursen. Doch wie kann man mit Computern Kunst machen? Jürgen Schmidt ist Kunstlehrer. Er hat vor einigen Monaten entdeckt, dass er mit dem Personal Computer — dem PC — wunderbar in seinem Unterricht arbeiten kann. Auch seine Schülerinnen und Schüler sind begeistert. Heute weiß jedes Kind, wie ein Keyboard aussieht. Manche sagen: wie eine sehr flache Schreibmaschine. Über die Tasten gibt man Signale ein. Die Elektronik im Computer macht daraus Formen und Farben auf dem Monitor.

Die Schüler verstehen sehr schnell, wie die Technik funktioniert. So arbeiten sie ohne Schwierigkeiten mit dem neuen elektronischen Medium. Auch die Kreativität geht nicht verloren, wie manche Kritiker glauben. „Das Schöne ist, dass man seine Ideen schnell verwirklichen kann“, sagt der 17jährige Michael. Er liebt abstrakte Bilder. „So was kann ich nie mit dem Pinsel malen“, meint er. „Aber mit dem Computer geht's ganz einfach. Und ich kann sogar aus einem Bild zwei machen.“

Es ist ein neuer Weg, sich kreativ auszudrücken, und er macht den jungen Leuten großen Spaß. Am Stundenende muss Lehrer Schmidt die Schüler oft mit sanfter Gewalt aus dem Kunstraum schieben.

Answers to Listening Activities in Quizzes 10-1B, 10-2B

ANSWERS Quiz 10-1B

I. Listening

A. (15 points: 1.5 points per item)

1. b
2. e, c, d, a
3. a, e, b, c, d

ANSWERS Quiz 10-2B

I. Listening

A. (15 points: 3 points per item)

1. b
2. d
3. a
4. d
5. c

Answers to Chapter Test Listening Activities • Kapitel 10

I. Listening Maximum Score: 30 points

A. (15 points: 3 points per item)

1. d
2. e
3. a
4. c
5. b

B. (14 points: 2 points per item)

6. b
7. b
8. a
9. a
10. a
11. b
12. b

TESTING PROGRAM • SCRIPTS & ANSWERS

Listening Scripts for Quizzes 11-1B, 11-2B

Quiz 11-1B Kapitel 11 Erste Stufe

I. Listening

A. INTERVIEWER Was sind deine Pläne für die großen Ferien?

EUGEN Ich habe mich noch nicht entschieden, was ich mache. Ich könnte natürlich hier zu Hause bleiben und viel schwimmen. Ich werde mal sehen, ob ich auch Lust habe, Tennisspielen zu lernen. Ich bereite mich darauf vor, dass meine Eltern mich zwingen, mit ihnen zu Oma nach Bayern zu fahren. Wenn ja, dann werde ich eine lange Radtour von Omas Haus aus machen, weil es da schöne Wege gibt. Meine Eltern sind noch nicht mit ihrem Planen fertig.

GISELA Ich lege großen Wert darauf, dass ich jeden Sommer an die Ostsee fahre und dort viel schwimme. Meine Eltern überlegen, ob sie diesmal nicht doch lieber in die Schweiz fahren, in die Berge. Dort würden sie in einem Hotel wohnen. Ich dürfte zwar mitkommen, aber ich halte nicht viel von solchem Luxus. Für mich ist es auch am wichtigsten, dass ich junge Leute aus anderen Ländern kennen lerne, und das passiert wohl eher, wenn ich an der Ostsee in einer Jugendherberge ohne meine Eltern wohne. Ich bereite mich schon auf die Ostseereise vor.

INTERVIEWER Und du, freust du dich auch auf das Schwimmen?

TRUDI Es kommt darauf an, ob das Wetter diesen Sommer so warm ist wie letzten Sommer. Entscheidend für mich ist, dass ich Abenteuer erlebe. Beim Bergsteigen kommt das immer vor, aber hier in der Gegend können wir das nicht. Ich habe es nicht nötig, in den Ferien Sachen zu machen, die ich auch das ganze Jahr durch machen kann, wie zum Beispiel mit meinen Freunden in der Disko tanzen oder Tennis spielen. Also fahre ich mit meinen Eltern in die Berge.

KLAUS Für mich spielt die größte Rolle, dass mein Opa angeboten hat, mich auf einer Kreuzfahrt mit einem großen Schiff mitzunehmen. Das könnte ich mir nie selber leisten. Ich bin fest entschlossen, da mitzufahren. Ich möchte etwas Neues erleben. Es wäre auch schön, irgendwohin zu fahren, wo ich nicht mal die Sprache verstehe. Wir könnten in verschiedenen Häfen etwas von fremden Kulturen erleben.

WERNER Ich habe gerade angefangen, mich über verschiedene billige Urlaubsmöglichkeiten zu erkundigen. Ich bin völlig auf meine eigenen Mittel angewiesen. Mir ist es weniger wichtig, dass ich eine schöne Landschaft sehe. Ich interessiere mich mehr für die Geschichte und würde gern in den Ferien etwas lernen, was ich später als Geschichtslehrer gebrauchen kann. Aber ich habe mich noch nicht entschieden.

Quiz 11-2B Kapitel 11 Zweite Stufe

I. Listening

A. BERNT Du, Andreas, ich habe mir gestern ein neues Auto gekauft.

ANDREAS Das gibt's doch nicht!

BERNT Doch, kannst du mir glauben. Na ja, mein Vater hat mir Geld dazugegeben, ist doch klar.

ANDREAS Aber du hast doch gar keinen Führerschein.

BERNT Noch nicht, aber den mache ich in zwei Monaten, dann bin ich 18. Aber was ich sagen wollte, an dem Auto gibt's einige Extras, das ist nämlich kein normales Auto. Das hat zum Beispiel eine Klimaanlage, die funktioniert auch schon, ehe ich ins Auto einsteige und fahre. Die kann ich mit Fernbedienung von weitem einstellen, und wenn ich ins Auto einsteige, ist es schon kühl.

ANDREAS Ach, das ist doch nicht möglich!

BERNT Doch! Ehrlich! Das kannst du mir glauben! Aber das ist noch nicht alles. Es hat auch automatische Scheibenwischer, die fangen von selbst an zu wischen, wenn es regnet.

ANDREAS Ach, das gibt's doch gar nicht!

BERNT Doch, das stimmt! Und das Radio geht auch von selbst an, sofort wenn ich die Tür aufmache und ...

ANDREAS Ach, du spinnst! Und das Auto fährt auch von allein, genau die richtige Geschwindigkeit. Wie schnell man fährt, ist auch automatisch bestimmt, nicht?

BERNT Ja, genau, aber woher weißt du das?

ANDREAS Heute ist der erste April! Du, ich hab dir nie geglaubt. Aber so ein Auto würde ich gern haben. Man braucht nichts zu tun, sich einfach reinsetzen und los.

BERNT Mensch, so ein Auto wäre spitzenmäßig! Na ja. Aber in zwei Monaten mache ich doch meinen Führerschein. Aber das mit dem Auto kaufen, das dauert ein bisschen länger.

I. Listening

A. MODERATOR Wir nennen sie Lehrlinge, oder Azubis: das ist die Abkürzung für „Auszubildender", also jemand, der eine Ausbildung macht. Tanja, Thomas, Heike, Sangduan und Ulrike sind Azubis. Zusammen mit 400 anderen Jugendlichen lernen sie bei der Firma Dräger in Lübeck. Seit 100 Jahren stellt diese Firma Atemgeräte her. Nun, lass uns von den Azubis hören!

HEIKE Hallo, ich heiße Heike. Ich bin im dritten Lehrjahr. Ich will Bürokauffrau werden. Ich habe schon eine abgeschlossene Berufsausbildung als Köchin. Aber diesen Beruf kann ich nicht mehr machen, weil ich Allergien habe. Das Arbeitsklima hier bei Dräger gefällt mir. Ich möchte nach der Ausbildung gerne hier bleiben.

SANGDUAN Ich bin Sangduan. Ich lebe schon ein paar Jahre in der Bundesrepublik und lerne jetzt technische Zeichnerin. Die Umstellung von Schule auf Beruf fiel mir schwer. Die Arbeit macht Spaß, aber ich habe nicht gewusst, dass man so viele handwerkliche Arbeiten machen muss. Beim Feilen bekommt man kaputte Hände. Gut finde ich, dass ein Ausbilder nur acht Azubis betreut.

THOMAS Ich bin der Thomas. Ich lerne Mechaniker. Es war nicht leicht, hier in Schleswig-Holstein eine Stelle zu bekommen. Ich habe sechs Bewerbungen an verschiedene Firmen geschickt. Dann bekam ich die Lehrstelle. Da war ich schon froh.

TANJA Ich heiße Tanja, bin 18 Jahre alt. Ich persönlich hatte keine Lust, einen typischen Frauenberuf zu lernen, wie Friseuse oder Verkäuferin. Ich wusste: Nach der Schule mach ich was mit Maschinen, ich werde Industriemechanikerin. Mich stört, dass man in der Berufsschule zu viel Theorie lernt. Da fehlt die Verbindung zur Praxis.

ULRIKE Ich bin die Ulrike, und ich komme aus Osnabrück. Ich habe mich schon früher für Chemie interessiert. Nach ein paar Jahren habe ich die Lehrstelle hier bekommen. Als Frau muss ich viel mehr leisten als ein Mann. Darum weiß ich noch nicht, ob ich bei der Firma bleibe. Vielleicht mache ich noch ein Studium! Ich habe mich noch nicht entschlossen.

B. JENNIFER Mein größter Traum ist, dass die Kinder in den armen Ländern nicht mehr hungern müssen. Ich träume von einem Leben ohne Krieg und ohne Krankheit für alle. Sonst gibt es nichts, was ich mir wünsche.

KYLE Mein größter Traum ist Glück! Jemanden finden, den ich liebe, und mit dem ich die ganze Welt kennen lernen kann.

NICOLE Mein größter Traum ist, immer unabhängig und frei zu sein. Unabhängig im Job, das heißt keine „Bürohockerei". Ich möchte die Möglichkeit haben, raus zu können. Ich möchte reisen, wenn ich Lust dazu habe, und dort leben, wo es mir gefällt, und meine Freizeit genießen, wie ich will.

LUTZ Mein größter Traum ist der Erfolg des Songs „Misery". Das Lied wird gerade für mich geschrieben. Im Januar sind dann die Schallplattenaufnahmen im Studio. Wenn das mit einer Karriere in Musik nicht geht, dann will ich ein Psychologiestudium machen und mit guten Noten mein Studium abschließen.

PETER Wenn ich an mich denke, dann träume ich von einer Frau, die ich liebe, und von einem schönen Haus am Strand, und viel, sehr viel Sonne.

ANTJE Ich bin Realist. Darum ist mein Traum — mit Anstrengung — auch zu verwirklichen. Ich möchte nämlich ein Hotel leiten.

Answers to Listening Activities in Quizzes 11-1B, 11-2B

ANSWERS Quiz 11-1B

I. Listening

A. (15 points: 3 points per item)

1. e
2. d
3. a
4. c
5. e

ANSWERS Quiz 11-2B

I. Listening

A. (15 points: 3.75 points per item)

1. c, f, e
2. stimmt

Answers to Chapter Test Listening Activities • Kapitel 11

I. Listening Maximum Score: 30 points

A. (12 points: 2 points per item)

1. b
2. b
3. a
4. a
5. a
6. a

B. (18 points: 3 points per item)

7. a
8. c
9. c
10. b
11. c
12. b

TESTING PROGRAM • SCRIPTS & ANSWERS

Listening Scripts for Quizzes 12-1B, 12-2B

Quiz 12-1B Kapitel 12 Erste Stufe

I. Listening

A. SARAH Häufig habe ich Ärger an meiner Arbeitsstelle. Manchmal gibt's Stress mit dem Chef. Wenn ich dann nach Hause komme, will ich vor allem Ruhe haben. Ich bin gern in meinem Zimmer. Dort ruhe ich mich aus, indem ich mich einfach aufs Bett lege. Ich tue gar nichts, oder ich höre Musik per Kopfhörer. Ab und zu lese ich auch, um auf andere Gedanken zu kommen. Am liebsten so ein paar richtig schöne Liebesromane mit Happyend.

ISABELL Seit ich etwas ‚punkig' drauf bin — seit 1 1/2 Jahren etwa — gibt es oft mal ‚Zoff'. Vor allem meine Mutter bemängelt meinen Umgang. Sie meint, ich habe mich in meiner Art verändert. Sie meint hauptsächlich mein Äußeres. Weil ich nicht mehr so ordentlich und ‚geschäftstochtermäßig' herumlaufe. Ich finde, meine Eltern — besonders meine Mutter — sollten toleranter auf mich und meine Freunde reagieren.

TOBIAS Mein Vater ist ungerecht zu mir. Wenn zum Beispiel im Haushalt etwas zu tun ist, muss ich immer mehr machen als meine Schwester. Das finde ich unerträglich! Schlimm finde ich auch an meinem Vater, dass er sich über vieles sehr schnell aufregt. Vor allem, wenn ich Sachen nicht gleich wegräume. Aber ich denke schon, dass er auch zum Teil Recht hat. Ich könnte doch mehr aufräumen, um die Lage zu entspannen. Ich könnte auch meinem Vater mehr Verständnis zeigen — als Alleinerziehendem.

Quiz 12-2B Kapitel 12 Zweite Stufe

I. Listening

A. 1. TONJA Ich möchte am liebsten Schweißerin werden, aber es ist schwer, einen Ausbildungsplatz zu bekommen. Jetzt mache ich erst mal Urlaub. Mit dem Beruf wird wohl auch mal alles klappen.

2. HAROLD Mein Traumberuf ist Rundfunkmoderator. Ich arbeite schon jetzt bei einem Sender als freier Mitarbeiter. Ich lerne viele Menschen kennen, darf hinter viele verschlossene Türen schauen und kann die so genannte Prominenz aus nächster Nähe erleben. Das ist spannend. Ich arbeite gerne hier in meiner Heimatstadt.

3. SEBASTIAN Wenn ich die Eignungsprüfung bestehe, dann will ich Schreiner werden. Du musst dafür fit sein, körperlich und geistig. Und du darfst keine schlechten Augen haben. Man muss sehr genau mit Holz arbeiten können.

4. MELINA Ich habe gerade Abitur gemacht und möchte am liebsten Kauffrau werden, oder vielleicht PR-Beraterin. Jetzt mache ich ein Praktikum, wobei man mir die verschiedenen Arbeitsgebiete zeigt. Erst saß ich am Telefon, beantwortete schriftliche Anfragen und verschickte Prospekte. Nun soll ich auch noch den Umgang mit Computern besser lernen. Die Schule fängt erst im Herbst an, und da arbeite ich gleichzeitig bei derselben Firma wie jetzt.

5. TINA Ich arbeite in einer Firma, die Steuerberatung macht. Nach dem Abitur möchte ich hier eine Lehrstelle haben. Die Firma hat Früh- und Spätschichten. Ich arbeite meistens nachmittags, wenn ich mit den Schulaufgaben fertig bin. Jetzt sortiere ich vor allem die Quittungen, die uns die Kunden bringen, aber bei der Lehre werde ich etwas über Buchhaltung und etwas über die Steuergesetze lernen.

Listening Scripts for Chapter Test • Kapitel 12

I. Listening

A.

HERR MOSER ZVM-Personalabteilung. Moser am Apparat. Guten Tag!

ANGELIKA Guten Tag! Ich heiße Hofer, Angelika Hofer. Ich habe Ihre Anzeige in der Zeitung gelesen, in der Berliner Lokalzeitung. Ist sie noch aktuell?

HERR MOSER Natürlich! Wir suchen ständig Sekretärinnen. Welche Sprachen sprechen Sie denn?

ANGELIKA Englisch und Französisch ganz gut und auch etwas Spanisch.

HERR MOSER Was meinen Sie mit „gut"? Sprechen Sie fließend Englisch?

ANGELIKA Ja, ich spreche fließend Englisch. Ich habe ein Jahr in den Vereinigten Staaten gelebt als Austauschschülerin.

HERR MOSER Sehr gut! Und Französisch?

ANGELIKA Na ja. Mein Englisch ist schon besser als mein Französisch.

HERR MOSER Ich verstehe schon. Arbeiten Sie zur Zeit?

ANGELIKA Ich arbeite halbtags in einem Reisebüro. Und einen Abschluss am Fachgymnasium habe ich auch vorher gemacht, also Bürokraftarbeit gelernt in Tübingen, daher komme ich. Aber ich bin seit zwei Jahren in Berlin, und ich suche eine ständige Beschäftigung, ganztägig.

HERR MOSER Nun, ich würde vorschlagen, Sie schicken uns ein Bewerbungsschreiben, Ihren Lebenslauf mit Foto und Ihr letztes Schulzeugnis. Wenn wir an Ihrer Mitarbeit interessiert sind, laden wir Sie zu einem Vorstellungsgespräch ein.

ANGELIKA Danke schön. Auf Wiederhören!

HERR MOSER Auf Wiederhören!

B.

DIETER Ich freu mich eigentlich sehr auf meine Zukunft. Zur Zeit mach ich noch eine Lehre als Elektriker, und mit dreißig habe ich vor, mein eigenes Geschäft zu haben. Wenn ich dreißig bin, möchte ich schon verheiratet sein, ein oder zwei Kinder haben. Das heißt, dass ich im Moment versuchen muss, Geld zu sparen und auf Urlaube zu verzichten. Na ja! Das lohnt sich bestimmt, denke ich mir.

MARIA Im Moment mache ich erst mal den Abschluss im Realgymnasium. Danach würde ich mich gern für die Umwelt engagieren. Wenn's geht und ich angenommen werde, möchte ich schon mit dreißig Umwelt-Technikerin sein. Das ist ein Beruf mit Zukunft. Ich glaube nicht, dass ich mit dreißig verheiratet sein werde oder Kinder habe. Bis ich dreißig bin, denke ich schon, dass ich einen tollen Wagen haben werde. Und noch ein Wunsch ist, eine ganz schöne Wohnung zu haben.

GREGOR Ich bin froh, dass meine Noten gut sind; ich werd das Abi also bestimmt schaffen. Dann kommt der Zivildienst — zum Bund geh ich nicht — und dann kommt das Studium. Ich möchte wie mein Vater Ingenieur werden. Das wird allerdings einige Jahre dauern, aber bis dreißig geht das schon. Ich glaub also nicht, dass ich mit dreißig schon verheiratet sein werde oder ein eigenes Haus habe. Aber ich schaffe es schon, ein gutes Auto zu fahren, mein eigenes. Wichtig für mich in dem Alter ist jedenfalls, dass ich auch weiterhin gesund bin, damit ich die Möglichkeit habe, ein wenig von unserer schönen, großen Welt zu sehen.

Answers to Listening Activities in Quizzes 12-1B, 12-2B

ANSWERS Quiz 12-1B

I. Listening

A. (12 points: 4 points per item)

1. Stress bei der Arbeit/in meinem Zimmer mich entspannen
2. Die Eltern kritisieren mein Aussehen./Sie sollten mehr Toleranz zeigen.
3. Mein Vater regt sich über den Haushalt auf./Ich könnte mehr zu Hause helfen oder dem Vater mehr Verständnis zeigen.

ANSWERS Quiz 12-2B

I. Listening

A. (16 points: 3.2 points per item)

1. f
2. c
3. g
4. d
5. e

Answers to Chapter Test Listening Activities • Kapitel 12

I. Listening Maximum Score: 30 points

A. (10 points: 2 points per item)

1. b
2. c
3. a
4. c
5. b

B. (18 points: 2 points per item)

6. b
7. a
8. e
9. c
10. d
11. a
12. d
13. c
14. e

TESTING PROGRAM • SCRIPTS & ANSWERS

Listening Scripts for Final Exam

I. Listening

A.

1. ELFRIEDE Wenn ich an die Zukunft denke, habe ich immer etwas Angst davor. Alles scheint mir so unsicher. Wenn man die Zeitung liest oder die Nachrichten schaut, findet man heraus, wie sehr unsere Erde beschädigt wird: Die ganze Umwelt ist in Gefahr, Wälder sterben und Tiere haben immer weniger Platz. Auch gibt es die Gefahr der Überbevölkerung. Die Zahl der Menschen wächst so sehr auf der Erde, dass im Moment viele Leute verhungern. Also, wenn ich in die Zukunft blicke, habe ich wirklich keine große Hoffnung.
2. AHMED Ich habe neulich mein Abi geschrieben. Also, wenn ich an die Zukunft denke, bin ich recht positiv. Ich werde Medizin an der Uni studieren. Was ich als Arzt machen will, ist Forschen in den Regenwäldern von Südamerika. Ich will die Heilkraft von Pflanzen und Kräutern untersuchen. Ich bin der Meinung, dass Pflanzen und Kräuter den Schlüssel enthalten, viele Menschenkrankheiten zu heilen. Vielleicht werde ich eine Heilung für Krebs oder andere Menschenkrankheiten entdecken.
3. JASMINE Zukunft, Zukunft, meine Eltern sagen immer, dass ich daran denken soll. Wieso, frage ich mich? Heute ist mir sowieso wichtiger als was morgen passiert. Man hat keine Kontrolle über die Zukunft. Es ist wohl möglich, dass alles bald zu Ende gehen wird. Es gibt eine Menge Probleme auf der Welt, was alle Leute bestimmt durch die Medien wissen: Die Umwelt, Krieg, Überbevölkerung, Verhungern, tödliche Krankheiten usw. Leider kann ein einzelner Mensch überhaupt nichts dagegen machen. Deshalb ist meine Philosophie ganz einfach: Man soll sich jeden Tag ein bisschen amüsieren.
4. NORBERT Mir scheint die Zukunft ganz sicher. Ich habe gerade einen Job als Postträger begonnen, was wirklich ein Vorteil für mich ist. Leider sind im Moment viele von meinen Freunden arbeitslos. Sie haben gerade ihre Lehre oder ihr Studium erledigt, aber sie haben immer noch keine richtigen Angebote bekommen. Aber ich glaub, dass es nur etwas Zeit dauert, bevor sie auch gute Angebote bekommen werden. Ich bin neulich in meine eigene Wohnung umgezogen. Jetzt bin ich meine Eltern los und kann wirklich machen, was ich will. Vielleicht in fünf oder zehn Jahren werde ich heiraten, aber vorher würde ich gern reisen, nach Amerika, Griechenland, Japan usw.
5. GERD Meine Freunde sagen immer, dass ich zu optimistisch bin. Ich sage ihnen, „wenn ihr euch nun wirklich engagieren würdet, wäre die Zukunft immer besser.“ Ich bin ein Typ, der sich in der Schule sehr engagiert hat. Ich war in der Schulvertretung und habe wirklich viel erreicht. Die Leute, die ich nie leiden kann, sind die, die sich immer über die Probleme der Welt beklagen und nichts dagegen machen. Meiner Meinung nach haben sie kein Recht, sich aufzuregen oder enttäuscht zu sein, wenn die Zukunft schlimmer wird. Man kann doch etwas verändern. Das ist meine Philosophie: Die Zukunft wird immer besser, wenn die Leute sich für die Probleme interessieren und versuchen, etwas zu machen.

B.

VERONIKA Jutta, hast du mal die neue Austauschschülerin aus Amerika gesehen? Diese Marilyn?

JUTTA Ja, aber warum fragst du?

VERONIKA Sie hatte ja die komischsten Klamotten an, die ich je gesehen habe. Ich dachte, dass alle Amerikaner sich fesch und modisch anziehen würden.

JUTTA Woher weißt du das denn? Aus dem Fernsehen?

VERONIKA Ja, zum Teil. Wir wissen ja viel über Amerika durch die Medien. Ich glaube, die meisten Amerikaner ziehen sich wohl modisch an.

JUTTA Ich glaube, du siehst zu viel fern.

VERONIKA Amerika ist aber ein so reiches Land! Fast alle Leute haben gute Jobs, besitzen ihr eigenes Haus und können sich fast alles leisten, oder?

JUTTA Schaust du die Nachrichten auch an? Nicht alle Leute in Amerika sind unbedingt reich. Es gibt auch große Armut und viele soziale Probleme da.

VERONIKA Okay, da hast du Recht, aber diese Marilyn ist wirklich keine typische Amerikanerin. Sie ist ja so ruhig. Letztes Jahr war die Austauschschülerin Natalie so gesellig und freundlich. Die hat sich auch fesch angezogen. Viele meinten, dass sie oberflächlich war, aber ich fand sie wirklich nett.

JUTTA Wenn ich mich recht erinnere, sind Natalies Eltern auch sehr reich. Deshalb hatte sie immer die neusten Klamotten an. Gesellig und freundlich war sie, aber ich hatte das Gefühl, dass sie nie ihr wahres Gesicht zeigte. Ich konnte ihr nicht trauen.

VERONIKA Wie du meinst! Aber diese Marilyn gefällt mir wirklich nicht.

JUTTA Komm, Veronika, sei nicht so eigensinnig! Vielleicht ist Marilyn nur etwas schüchtern. Sie ist bestimmt zum ersten Mal von zu Hause weg, und vielleicht fällt es ihr schwer, ohne Kontakte zu ihren Freunden und ihrer Familie hier zu sein. Ich glaub, wenn ich an ihrer Stelle wäre, würde es mir auch am Anfang schwer fallen, mit Leuten zu reden.

VERONIKA Vielleicht hast du Recht, aber ich kann ihren ersten Eindruck auf mich nicht los werden. Sie ist merkwürdig, und ich habe kein Interesse, sie besser kennen zu lernen.

C.

MONIKA Paul, du siehst schon wieder fern?

PAUL Lass mich in Ruhe! Ich kann machen, was ich will.

MONIKA Und was machst du eigentlich? Du sitzt da und machst gar nichts!

PAUL Doch, ich schaue eine Natursendung über Wale an und lerne was darüber.

MONIKA Meinst du, dass das wirklich etwas verändert, ganz passiv vor dem Fernseher zu sitzen?

PAUL Na klar! Ich informiere mich eigentlich sehr viel über die Probleme der Welt. Letzte Woche zum Beispiel gab es eine Sendung über Umweltverschmutzung. Die hat mich nämlich sehr interessiert!

MONIKA Was tust du eigentlich, um die Umweltprobleme zu lösen? Gar nichts, sag ich dir. Als ich so alt war wie du, war ich sehr aktiv in der Schülervertretung und in der Schülerzeitung. Ich habe mich für die Umwelt engagiert und viel dadurch verändert. Du kennst bestimmt die Recyclingtonne in der Schule, oder? Die Schülervertretung war dafür verantwortlich.

PAUL Na, Monika, du gibst mir stets Rat, aber ich bin nicht wie du. Ich bin nicht bereit, mich zu engagieren. Ich bin zu jung und will etwas Vergnügen als Teenager haben, und nicht immer alles so ernst nehmen wie du. Nimm das nicht übel, aber ich bevorzuge ein passiveres Leben als Teenager. Es tut mir Leid!

MONIKA Wenn alle Leute so wären wie du, würde es keine Hoffnung auf eine bessere Zukunft geben!

PAUL Ach komm! Und wie oft hast du versucht, mich zu überzeugen, dass ich engagierter sein sollte? Du kannst das Wesen eines Menschen nicht verändern. Es ist leider so!

Answers to Final Exam Listening Activities

I. Listening Maximum Score: 30 points

A. (10 points: 2 points per item)

1. c
2. b
3. c
4. d
5. c

B. (10 points: 1 point per item)

6. a
7. a
8. a
9. b
10. a
11. b
12. a
13. a
14. a
15. b

C. (10 points: 2 points per item)

16. a
17. b
18. a
19. a
20. b